产业集群化与
创新能力提升机制研究

黄西川　著

北京邮电大学出版社
www.buptpress.com

内 容 简 介

本书研究产业集群化发展与立足于产业集群中的企业提升创新能力之间相互依存、相互促进的理论与实践问题。本书以经济全球化和知识化为背景、以产业国际竞争力为前瞻，围绕高技术产业集群发展与中小型高技术企业竞争及其相互关系，系统论述并总结出一系列模型、机制等理论和方法工具，给读者呈现了多个在实践中具有启迪和借鉴价值的案例。

全书共分8章，分别为产业集群理论溯源与发展；区域经济主流模式：产业集群化与竞争力；知识经济：动态环境与企业战略范式转型；实证与应用：空间经济结构成因与创新资源配置；集群内链环关系：聚集动力、集聚体结构与互动函数；网络与知识流动：技术创新绩效提升机制；技术创新：高技术集群企业成长与获取竞争优势的途径；产业集群化之路：正反馈互动机制的发现与利用。

本书适合从事创新理论与政策、科技创新管理与产业经济研究的人员阅读；可作为高等院校研究生的创新管理与政策、科技创新理论与实践、区域与产业经济管理、企业战略管理、科研管理、技术经济及管理等课程的教学参考书；还对各级各类园区的经济管理者和规划工作者以及地方政府科技和产业主管部门的负责人和相关工作人员具有参考价值。

图书在版编目(CIP)数据

产业集群化与创新能力提升机制研究 / 黄西川著. --北京：北京邮电大学出版社，2018.11
ISBN 978-7-5635-5485-0

Ⅰ.①产… Ⅱ.①黄… Ⅲ.①产业集群—产业发展—研究 Ⅳ.①F263

中国版本图书馆CIP数据核字(2018)第147850号

书　　名：产业集群化与创新能力提升机制研究
著　　者：黄西川
责任编辑：徐振华　董晓丽
出版发行：北京邮电大学出版社
社　　址：北京市海淀区西土城路10号(邮编:100876)
发 行 部：电话：010-62282185　传真：010-62283578
E-mail：publish@bupt.edu.cn
经　　销：各地新华书店
印　　刷：北京九州迅驰传媒文化有限公司
开　　本：720 mm×1 000 mm　1/16
印　　张：12.5
字　　数：249千字
版　　次：2018年11月第1版　2018年11月第1次印刷

ISBN 978-7-5635-5485-0　　定价：39.00元

前　言

今天已没有人怀疑科技进步、科技创新和高科技产业发展对一个国家综合国力提高的决定性意义，也没有人怀疑美国西海岸加利福尼亚州斯坦福研究园(the Stanford Research Park)的“硅谷”和东海岸北卡罗来纳州的北卡罗来纳三角研究园(the Research Triangle Park of North Carolina)这些举世闻名的高科技研究开发区对科技进步、科技创新和高科技产业发展模式的示范价值，但正如我在本书中第二章第四节阐释的那样，我国各级政府在实践中建构各类园区希望发展高技术产业集群，然而有研究结论表明：它们在创新能力、知识溢出和企业衍生数量等表征的创新驱动、收益递增的投入产出比方面尚不尽人意。另一个事例是在2014年，我给一批来江苏省委组织部培训的青海省主管科技和经济工作的干部做科技创新知识讲座，在讲解科技创新的概念、科技创新影响经济社会发展的机理和新经济增长理论时，绝大部分干部课后表示听不懂！由此在我心中产生了一个基本的判断：各地区政府针对高技术企业技术创新、科技成果转化与产业化，在科技园区有意识地运用创新体系和创新网络的思想做了大量建构性工作，如在科技园区中建立研发设施、企业孵化器、科技公共服务平台，设立金融和投资机构，开设技术市场，甚至将许多高校的分校安置在园区周边等，希望通过高新技术产业和相关机构的集聚，带来正外部性和规模与范围经济，实现递增收益。之所以实践效果不佳是因为在对科技园区和产业集群创新网络这些复杂系统进行建构的集成性工程活动时，目前尚缺乏完备的、可应用的理论与方法体系及其工具。填补和创新一些这方面的应用理论、方法和工具的强烈愿望是撰写本书的初衷之一，也希望能给予科技园区和高技术产业集群研究者以启迪、规划者以方法、建设者以工具、管理者以指导和借鉴。

回顾我个人学术发展背景、阶段和研究兴趣、领域、方向转移演进的历程，有助于读者厘清、理解和认知本书的思想观点、理论架构、方法和工具及其可能的应用领域，这是一个伴随着我的学历教育、职业经历与中国改革开放经济发展进程、为回应实践需求的变化而变化的历史。

记得高中时学业不紧张，我痴迷无线电，就爬到家门口的树上用铜丝架设天线，与矿石和探针相连，再加个耳塞就制作出了一个收音机，觉得自然科学原理的技术利用和工程再现很是神奇。1978年上大学，带着对工程技术的喜爱选择了特种机械设计与制造专业，大学教育使我系统地掌握了企业层面研发设计制造知识。20世纪80—90年代，中国科技、产业和经济发展有一系列模仿经济发达国家且具有开放性的做法：实施"863"计划、建设国家级高新技术产业开发区、三省一市试点运行生产力促进中心和加入WTO谈判等，当时我在高校的科技处工作，边学习边搞研究：组织高技术跟踪研发与开展产学研合作，研究高校科技管理；接受香港生产力促进局(HKPC)的ISO9000培训，帮助企业建立质量管理体系；参加北京现代管理学院软科学进修班学习，担任南京国家级高新技术产业开发区管委会顾问，深入考察各行业的高新技术企业、帮助制定开发区"九五"规划；直接参与组织并以中小企业技术水平、出口潜力、国际技术贸易为题撰文发表在由联合国工业发展组织(UNIDO)主办的1996年南京亚太地区中小企业技术合作国际会议和以"高新技术产业开发区运行评价"为题撰文发表在俄罗斯莫斯科理工大学召开的第二届管理科学与工程国际会议上；为加强江苏省域科技、经济和社会发展与国际组织的合作，作为江苏省专家组成员出访总部设在曼谷的联合国亚洲及太平洋经济社会委员会(ESCAP)和总部设在新德里的联合国世界中小企业联合会(WASME)；还以国际产业竞争为视野研究我国"入世"后江苏省咨询业发展的因应之策等。这一时期我完成了经济与管理学类硕士研究生所需的课程学习并考核合格，我的研究兴趣和领域也主要从高校科技管理、产学研合作研发、企业质量管理向企业技术创新、企业战略管理、产业经济和区域发展方向转移。

进入20世纪90年代中后期，特别是2000年以后，那时我已考入管理科学与工程学科攻读博士研究生，当时各类各级科技园区、经济园区、技术经济开发区已在中国县乡一级得到发展，有些地区明确提出把发展产业集群作为地区经济发展战略；为量化考察经济社会发展质态，我国政府各地区科技进步统计检测工作层层落实到了设区城市的区县一级；为平衡资源、发展与环境问题，发展清洁技术和工艺、生态工业、循环经济和建设循环型社会被提上日程，中国在加快工业化步伐时信息化和知识经济也悄然而至；在创新经济和创新管理学术界，20世纪90年代风靡全球的国家创新系统学派及新熊彼特主义学者们的思想、观点和方法引入了中国，同时产业和区域经济学领域源起于总结意大利阿鲁依纳瑙和普拉特地区的皮革业和毛纺织品业小企业聚集现象与产业集群发展的研究蓬勃兴起。我的研究开始向两个方向集中：其一是揭示和解释科技型中小企业成长的规律性、研究高技术集群中的科技型中小企业发展战略和地区科技进步背景下新兴产业生成发展的环境与条件；其二是在检验国家和区域创新系统理论假设前提基础上，应用它们研究高技术产业集群创新网络生成扩展的演化规律、高技术产业集群行为主体结构和资源分布以及区域空间经济结构形成规律，这10多年是我研究成果最丰硕的时期。

在由美国次贷危机引发的全球性金融危机爆发直至后金融危机时代的前后，2006 年中国科技发展提出自主创新、建设创新型国家战略，接着中国先后提出了国家十大产业振兴纲要和发展七大战略性新兴产业；国家知识产权战略纲要；创新驱动发展国家战略与经济发展方式转型；中国制造 2025 以及供给侧改革，这其中始终贯穿着一个基本的、核心的经济发展理念就是要依靠科技创新引领产业经济转型升级、迈向高端和高效。2006 年我由高校科技处从事科技行政管理转入教学科研一线，2009 年起担任高校的公共管理系主任，于是我的研究兴趣和领域中再一次引入了政府行为的变量。寻求政府与市场两种力量相互配合、共同驱动科技创新和高技术产业发展，特别是在创新理论指导下探寻区域高技术产业经济实现集聚经济形态发展的动力机制和建构创新集群的原理成为我最近 10 年上下求索、进行理论研究与实践验证的主要目标。在追求理论创新内在逻辑的自洽性和不失一般性的同时，我把自己的学术研究成果更多地与国际（海外）学术界、特别是市场经济发达的国家同行交流讨论，如参加了第二届全球创新学术网络国际会议（The second Globelics International conference）、第九届全球创新学术网络国际会议（the 9th Globelics International Conference）、第 60 届国际区域科学理事会北美年会（60th Annual North American Meetings of the Regional Science Association International）、2017 年 IEEE 技术与工程管理会议（2017 IEEE Technology & Engineering Management Conference）以及我们自己主办的首届海峡两岸科技创新管理与政策学术研讨会、江苏科技创新政策与管理国际学术会议和 2017 年中美科技创新政策与管理国际交流系列圆桌会议。此次成书恰是汇集这三个学术研究阶段研究成果在本书名命题下沿内在逻辑顺序、层次和关联性的系统集成与总结。

本书共含八章。第一章“产业集群理论溯源与发展”主要阐释了产业集群理论与其密切相关理论中的重要概念，如空间成本、联系成本、外部规模经济和创新群落等；回顾和总结了自经济学家阿尔弗雷德·马歇尔（Alfred Marshall）发现外部规模经济与产业集聚之间的密切关系直到经济合作与发展组织（OECD）提出“创新集群”（innovation clusters）思想以来的国际著名学者和组织有关产业集群的理论，形成了一个分析、理解和认知书中研究产业集群相关范畴和重点内容的理论集合。

第二章“区域经济主流模式：产业集群化与竞争力”分析了全球经济发展趋势和产业经济国际竞争力的实现途径，通过归纳呈现了全球范围各类产业地理集中的特征，凸显超越国界的以产业集群形态发展的区域经济的全球影响力；提出科技创新是高技术新兴产业形成发展的主要影响因素和具有普适性的区域高技术新兴产业选择标准；该章结尾以笔者在“2016 大梅沙中国创新论坛”上的演讲作为对中国产业集群化实践的总结。

第三章“知识经济：动态环境与企业战略范式转型”解释了科学技术的公共和准公共物品属性、新经济增长理论观点、政府规制与长期增长率的逻辑联系，分析了企业外部环境动态性不断加剧的直接驱动因素，把立足于知识经济的企业战略分析前沿推演到技术优势之争，继核心能力和产业预见理论之后，对企业战略管理理论做出新的创新，也成为本书市场主体创新能力提升动力机制与战略制定的理论基础之一。

第四章“实证与应用：空间经济结构成因与创新资源配置”选择和参考主流国家和区域创新系统理论及技术创新模型思想观点，运用建模、回归和相关分析，证实了技术转移与知识溢出存在空间经济性、区域知识系统与高新技术产业系统存在交互效应及知识密集型服务业向中心城市的中心商务区集聚。呈现上述内在必然性的引发因素，通过建模应用，可构成空间经济结构建构的方法和工具，本章列举了区域高技术产业不同行业的选择方法和创新资源配置案例。

第五章“集群内链环关系：聚集动力、集聚体结构与互动函数”和第六章“网络与知识流动：技术创新绩效提升机制”，是理解本书名中两个重要概念——“产业集群化”与“创新能力提升机制”内在逻辑的关键。创新性提出集聚体多元主体系统结构性变量、描述变量联系的函数关系、结构优化标准与原则、产业集群理论模型，实证区域与高技术产业集群创新系统网络联系的存在性和验证网络内知识流动性越强技术创新绩效越高等，目的在于尝试揭示高技术企业和其他创新资源提供组织从“聚集”逐步走向“集聚”再发展到“集群”及其创新网络的形成且高级化过程与集聚体内多元主体基于商业联系和不断提升合作创新、协同创新能力需要相互结网与不断扩展网络规模、不断增强主体间互动过程是一个共生过程的事实。

第七章“技术创新：高技术集群企业成长与获取竞争优势的途径”从企业技术效率出发演绎高技术产业集群中企业成长的一般规律、建立技术创新观的核心能力概念模型和高技术企业产品创新决策评估模型用于判断高技术企业技术创新能力的提升状况以及高技术集群企业竞争优势分析模型都是笔者的得意之作，结合本书第三章内容，共同构成完整的诠释科技型中小企业应对动态外部环境、依托高技术产业集群、不断主动提升创新能力成长发展的逻辑链环。

第八章“产业集群化之路：正反馈互动机制的发现与利用”基于研发与产业载体空间集聚的正反馈互动机制的发现和对前七章相关理论成果的应用，在本章提出了高技术产业集群建构的方法论和案例。

本书的顺利完成，要感谢 2010—2017 年我的已毕业的研究生们，他们积极地参与了我主持的多项科研课题，他们将勤奋和智慧融入学术成果中，转化成书中章节段落里的一些思想和观点。特别感谢贾倩倩、李瑶抽出宝贵的时间，比较系统地整理了产业集群环境要素的资料；还有赵丽莎、朱清怡在初稿文字出来后，多次参与了全书结构、章节编目的讨论，她们的有些建议得到了采纳。感谢我的妻子周秋莲和女儿 Niyun Huang 对我一贯的支持。

2018 年 10 月于南京

目　录

第一章　产业集群理论溯源与发展

第一节　概念的辨析和界定

一、产业集群研究简述

产业集群现象进入经济学家和管理学家视野是从产业和区域经济发展的层面开始的。第一个研究产业集聚现象的经济学家阿尔弗雷德·马歇尔(Alfred Marshall)发现外部规模经济与产业集聚之间的密切关系。他认为产业集聚是因为外部规模经济所致(马歇尔,1890,1920)。阿尔弗雷德·韦伯(Alfred Weber,1909)是工业区位理论的创立者,他从工业区位理论的角度阐释了产业集聚现象,他认为,产业集聚分为两个阶段,在第二阶段主要是靠大企业以完善的组织方式集中于某一地方,并引发更多的同类企业出现,这时,大规模生产的显著优势就是有效的地方性集聚效应。① 胡佛(E. M. Hoover,1948)、利奇腾伯格(R. M. Lichterberg,1960)、亨德森(J. V. Henderson,1984)等人均对产业集聚的主题作过专门的研究和论述[1]。保罗·克鲁格曼(Paul Krugman)是第一位把产业集聚与国际贸易因素紧密联系起来的知名经济学家,他在阐释产业集聚现象时说,产品的贸易活动实际上间接地起到了生产要素贸易的作用,无论生产要素最初的分配状态如何,通过贸易活动,总会使某些产品的生产集中于某些工业区。克鲁格曼认为,产业集聚中的外部规模经济因素是一种开放经济状态(克鲁格曼,1997,1999),是多个国家产业选择和取得优势的决定性因素。这一点和他的“新贸易理论”观点是一致的,即各

① 有不少学者认为产业集群仅仅发生在小企业当中,似乎只有小企业才有集群现象。事实上,无论是已经完成工业化的国家还是正在工业化的国家,大企业的产业集群现象也十分普遍,而且,大企业因产业集群引起的规模经济效应要优于小企业,韦伯在他的研究中也专门论述了这个观点。

国的贸易优势并不来自于国与国的产业区别以及由此引起的比较优势，而是来自于各国内部的地区产业分工和在此基础上所能达到的规模经济的程度。克鲁格曼的“新经济理论思想”认为，当企业和劳动力集聚在一起以获得更高的要素回报时，存在本地化规模报酬递增。克鲁格曼设计模型演化了在一个区域内工业生产活动的空间格局趋向集聚的最终结果(克鲁格曼，1996)，这从理论上证明了工业活动倾向于空间集聚的一般性趋势。为主流经济分析理论框架下研究空间集聚形态的多样性开辟了空间，证明了经济发展中“区位是重要的”(克鲁格曼，1995)。

从对运输成本、企业间的物质投入产出关系的关注转向对经济活动所处的制度和社会文化环境的关注，是产业区位研究近年来的一个重要特点(Storper，1997)，形成了产业集聚研究中的社会经济网络理论[2]。威廉姆森(Williamson)用不确定性、交易频率和资产专用性解释了经济活动的规制结构，他把处于市场与等级之间的混合型规制结构和组织形态统称为网络，并认为这种网络是相当稳定的。停留在企业间贸易关系上的网络概念是有局限性的，现实的社会网络关系要复杂和广泛得多，基于本地化的行为主体之间的非贸易依赖性，在地方产业集群演变中具有特别重要的意义。以格兰诺维特(Granovettor)为代表的新经济社会学认为，经济行为是根植(嵌入)在网络与制度之中的，这种网络与制度是由社会构筑并有文化意义的，社会网络是经济网络的基础之一。里查德森(Richardson)从互补性活动的角度论证了网络组织存在的理论基础。在他看来，企业只是从生产和服务过程中截取某些阶段从事分工活动。企业从事分工活动的范围取决于它的能力，它将从事与它的能力相适应的活动，而把其他活动留给市场，同时，企业的边界是由它的能力所决定的。由于企业所从事的只是某种分工活动，所以它的活动从来不是孤立的，而是与其他企业相互依赖的，企业间活动是互补的。

20 世纪 90 年代以后，产业集聚研究从新熊彼特主义观点出发，将创新、技术变化与经济增长联系起来，探讨产业集聚创新体系问题。关于产业集聚与区域创新网络关系研究的新产业区理论(注：高新技术产业园区被认为是一种类型的新产业区[3])起源于 20 世纪 70 年代末，由意大利的社会学家 Bagnasco(1977)首先关注意大利东北部与中部地区的发展，并提出“第三意大利”的概念起，直到 20 世纪末，众多中外学者做出了许多首创性和综合性研究成果。他们是 Giacomo Becattini(1979)、Piore 和 Sabel(1984)、Adylot(1985)、欧洲创新研究小组(Groupe De Recherche Europe Surles Millieu Lnnovateeurs，简称 GREMI)、Scott(1988)、Camagini(1991)、Saxenian(1991)、Storper(1992)、Harrison(1992)、Grabher(1993)、Parks. O(1994)、Haytor(1997)、Bramantiu Maggioni(1997)、Remigio(1997)、Capello(1999)、庞效民(1995)、李小建(1997)、王辑慈(1998)、安虎森(1998)和盖文启(2000)等。这些成果归纳起来主要有：在解释新产业区形成与发展的机制方面形成了柔性专业化学派和区域创新环境学派[当时他们将区域创新环境和区域创新网络看作同一个概念(Rewigio,1997)],并认为企业的柔性专业化是产业空间集聚的推动力和产业内部结网的动因,区域的发展正是依赖所形成的区域网络不断创新以及创新网络在区域环境中的发展和根植。这种区域创新网络不仅仅包括同一产业或相关链条上的企业之间正式的产业和经济网络,而且还包括企业在创新与发展过程中,与当地的大学、研究机构、行业协会等中介服务组织以及地方政府等公共组织机构之间合作基础上而结成的研究和开发合作网、社会关系网、企业家间的个人关系网络等。

自经济合作与发展组织(OECD)1999年出版《集群——促进创新之动力》研究报告提出"创新集群"(innovation clusters)思想以来,国际著名数据库检索表明,在国际重要学术期刊上创新集群研究论文剧增,从OECD对芬兰、爱尔兰、丹麦和西班牙等发达国家的创新集群进行实证研究后出版的研究报告《创新集群:国家创新体系的推动力》看出,OECD吸收了迈克尔·波特(Michael. E. Porter)的思想,认为集群是企业通过相互作用逐步聚合以提高竞争力的经济现象。钟书华(2008)认为[4],创新集群从结构和功能看具有五个典型特征,即多元参与的创新活动,发达的战略联盟与合作关系,高强度的研发经费投入,大量的知识转移和知识溢出,快速增长的集聚经济。创新集群超越了普通产业集群,表现为大学、研究机构、中介组织等进入了创新集群,从事研发、咨询、培训和中介服务等活动。在普通产业集群中,这些活动是外在的;而在创新集群中,则是内在的和不可或缺的。创新集群具有研发功能和研究组织属性,但又不等于学术机构,创新集群具有技术-经济二相性。钟书华(2008)认为,当创新网络与特定产业集群融合时,就升华成创新集群。也有学者认为,创新集群就是创新性产业集群[5],是产业集群演化发展的高级阶段。

二、产业集群、知识密集型产业集群和高技术产业集群概念界定

(一)产业集群概念界定

纵观有关产业集群研究的大量文献,除了产业集群概念有不同定义外,还有许多与产业集群概念相关的提法,如企业集群、产业区、新产业区、柔性专业化综合体、地方企业网络、地方生产系统、企业簇、产业群、产业群簇和地域集群,等等。可见,产业集群的概念是存在一定混乱的,其主要原因有二:一是学者们在开展产业集群研究时,研究视角不同或研究层面不同,对产业集群的某些或部分特征予以强调所致。如慕继丰等(2001)将"企业网络"定义为:企业网络是指一批具有相互联系的企业和机构在某些地理区域的集中。如美国硅谷的计算机业、好莱坞的电影娱乐业和华尔街的金融业,瑞士的手表业,以色列的灌溉机械农业,意大利的皮革业和时装业,英国伦敦的金融业,法国巴黎的服装业及其他区域的葡萄酒业,奥地利维也纳的音乐,北京的中关村以及世界其他地区的高新技术开发区(带)和科技园区(带),等等[6]。他们在给出企业网络定义后,列举的企业网络例子在其他学者

的文献中都视为产业集群。二是对各国的区域研究文献和政府文件中采用的不同英文词组或同一英文词组，从词义原义出发翻译成了多种称谓，有可能在概念上对后续学者系统性的认识产业集群的特征产生误导。如与产业集群相关的不同英文词组有：Industrial clusters，Local clusters of enterprises，Regional cluster，Industrial district，Enterprise cluster，Industrial clustering 等，而英文文献称之为 Local clusters of enterprises 或 Industrial clusters，在我国相关文献翻译中就有："企业集群""产业群""企业簇""产业群簇"和"产业集群"等多种称谓[7]。

这种混乱还表现在同一术语的不同定义上。如巴卡提尼(Giacomo Becattini，1979)将"新产业区"定义为：具有共同社会背景的人们和企业在一定自然地域上形成的社会地域生产综合体。而盖文启(2002)将"新产业区"定义为：新产业区是指大量的中小企业在一定地域范围集聚成群(cluster)，集聚区内的企业在生产经营中进一步专业化分工，并在市场交易与竞争过程中彼此之间形成密集的合作网络(包括正式和非正式的)，协同创新。这种创新的网络根植于并融入当地不断创新的社会文化环境中，进而形成具有较强创新动力和竞争力的区域创新系统(Regional Innovative System)或柔性生产地域系统(Flexible Production Territorial System)[3]。徐康宁(2011)认为：产业集群是指相同的产业高度集中于某一特定地区的一种产业成长现象。而迈克尔·波特(1998)将"产业集群"定义为：产业集群是指在某一特定领域中(通常以一个主导产业为核心)，大量产业联系密切的企业以及相关支撑机构在空间集聚，并形成强劲持续竞争优势的现象。后来波特在《哈佛商业评论》上将产业集群重新定义为：在一个特定区域内一群相互联系的公司和各种组织在地理上的集中。可以看出，对同一个概念，不同的学者根据研究的需要，对概念定义的宽松与严格程度是不同的；同理，同一个学者对同一个概念，随着对研究对象认识的不断深化，对其概念的界定宽严也会发生改变。因此，一个概念的认识和界定，随着对客观事物内在规律性认知的不断深化，表现出与时俱进的动态特征。

事实上，尽管对产业集群存在上述概念上的混乱，但各种术语的含义大同小异，都反映了企业和相关机构(组织)在商务联系基础上所存在的地理组合现象，它还代表了一种特定的产业社区，其公民基于历史的社会关系，或者基于社会认同的法规和道德规范，建立并维持着一种有利于创新和发展的商业联系，这种联系一直能够延伸和扩展到区域创新系统和区域创新环境。

综上所述，本书对产业集群的概念做以下界定：产业集群是指在一定地域范围内，在某些特定产业领域中一群相互联系的企业和相关机构(组织)在地理上集聚，集聚体内的企业在生产经营中进一步专业化分工，并在市场交易与竞争过程中彼此之间以及与相关机构(组织)之间逐渐形成合作网络(包括正式与非正式的)，协同生产经营与创新，这种合作网络根植于当地的社会文化环境，并形成强劲优势的现象。

(二) 知识密集型和高技术产业集群概念界定

国内外已有大量文献从产业层面上对各种类型的产业集群进行了研究，并从不同的视角对产业集群进行了各种分类。联合国贸易与发展会议根据产业集群企业技术总体水平、产业集群变化的广泛性、产业集群企业间相互协作与网络化程度三个标准，将产业集群分为五种：(1)非正式产业集群；(2)有组织的产业集群；(3)创新产业集群；(4)科技园区和孵化器；(5)出口加工区。按产业组织形式分类有：(1)企业间横向关联产业集群，如"第三意大利"的 Emillia 和 Tuscany 等地区，我国一些传统产业的专业化生产地区，如"中国袜业之乡"——浙江省的大唐镇，"中国塑料城"——浙江省余姚市，"中国羊绒城"——河北省清河县等。(2)企业间纵向关联产业集群，如日本东京南部出现的产业集群。(3)企业间纵横向混合关联产业群，如美国的硅谷地区、德国的 Baden-Württemberg 地区，以及我国的北京中关村地区、武汉东湖高新区等[8,9]。还有学者根据产业性质，将集群分成三类[10]：第一类是高科技企业集群，如美国的高技术产业集群——硅谷、波士顿 128 公路、得克萨斯州的奥斯汀，印度的班加罗尔地区，以色列的特拉维夫，英国的剑桥工业园，法国的索菲亚等。第二类是传统产业集群，如意大利艾米利亚-罗马格纳地区；中国浙江的一些地区——嵊州、诸暨市大唐镇、海宁、柳市镇等。第三类是一般资本与技术结合型的产业集群，如日本的大田、德国南部的巴登-符腾堡等。

随着全球经济一体化和知识经济的影响，技术(知识)将成为工业资源结构中最重要因素，工业结构将进一步表现出"技术(知识)密集化"趋势。为了更加准确地分析不同知识密集度的产业部门对经济增长的贡献，分析这些部门的变化特征，加拿大的葛拉(Surendra Gera，1997)等将社会所有产业部门归纳为 55 个商业部门，以产业知识密集度(Knowledge intensity)为指标将它们划分为高知识密集产业、中知识密集产业和低知识密集产业三个产业群组，如表 1-1 所示。这提供了以产业技术或知识化程度来统一各种产业分类的方法。

表 1-1 不同产业知识密集程度分类

高知识密集产业群	中知识密集产业群	低知识密集产业群
① 科学与专业设备	① 其他运输设备	① 捕捞与狩猎
② 通信与其他相关设备	② 其他电力与电子产品	② 其他机械制造
③ 电子设备	③ 非铁矿金属工业	③ 木材
④ 飞机及零部件	④ 纺织	④ 家具与耐用消费品
⑤ 计算机及相关服务	⑤ 通信	⑤ 运输
⑥ 商业机械	⑥ 纸张及纸制品	⑥ 仓储
⑦ 工程与科学服务	⑦ 采矿	⑦ 农业
⑧ 制药与药品生产	⑧ 橡胶	⑧ 零售
⑨ 电力	⑨ 塑料	⑨ 土石沙方挖掘
⑩ 机械制造	⑩ 非金属矿物生产	⑩ 居住、食物与饮料
⑪ 能源与化工	⑪ 批发贸易	⑪ 成衣
⑫ 心理咨询服务	⑫ 原油与天然气	⑫ 皮革
⑬ 教育服务	⑬ 金属产品制作	⑬ 饮料

续 表

高知识密集产业群	中知识密集产业群	低知识密集产业群
⑭ 医疗与社会服务 ⑮ 管道运输	⑭ 汽车及零部件 ⑮ 粮食 ⑯ 其他商业服务 ⑰ 烟草 ⑱ 金融、保险和不动产 ⑲ 其他公用产业 ⑳ 急救服务 ㉑ 其他服务 ㉒ 印刷与出版 ㉓ 建筑 ㉔ 娱乐与休闲服务	

资料来源：Gera S，Mang K. The knowledge Based Economy：Shifts in Industrial output. Industry Canada. Working Paper，Number 15，January 1997；转引自陈禹、谢康：《知识经济的测度理论与方法》，第 121、第 122 页，中国人民大学出版社，1998 年。

综上所述，本书借鉴葛拉以产业技术(知识)化程度分类产业的思想方法，将技术和知识密集型产业定义为二类产业：一是高新技术产业；二是知识密集型服务业[11,12]。本书研究工作限定在高技术制造业和知识密集型服务业范畴，即高技术企业集聚和高技术产业集群以及知识密集型服务业或称智力服务业的相关问题。

第二节　分工、专业化和外部经济理论

一、斯密定理与规模经济

亚当·斯密(Adam Smith)在《国富论》中强调了分工和生产专业化对增进经济效率的意义和作用，他从劳动分工和专业化的角度出发，揭示了大头针制作工序细节改进带来效率提高的原理。按照斯密的观点，分工与专业化发展其实质就是提高了生产力，分工与专业化发展和效率递增之间为一种函数关系。斯密同时指出：这种作用不是无限的，分工和专业化生产的进程受到市场发育和市场规模的制约，因为正是交换的力量为劳动分工提供了可能，因此，劳动分工始终受这一力量大小的限制；或者换句话说，受市场规模的限制。分工经济的基本特征表现为企业的专业化生产及其高度的依赖性。

施蒂格勒(G. J. Stigler)把“斯密定理”看作厂商和产业组织理论的核心。他首先假设企业不是简单的投入产出关系，而是一系列不同操作活动的集合，“我们不

是按照购买投入品的市场,而是按照厂商的功能或构成其活动范围的操作程序来分割厂商的”[13]。其次,他假定企业内部各种操作过程的成本是由生产工艺水平决定的。在规模经济规律的作用下,各种操作活动之间存在着成本-收益差异。企业的总成本是各种操作程序成本的总和。在此基础上,施蒂格勒提出,有些生产程序是企业收益递增的关键环节,为什么厂商不进一步发掘企业内部这类生产程序的潜力,并由此垄断这类操作程序呢?根本原因是规模经济规律的作用。因为在某一时期,使企业收益递增的生产程序的规模太小,市场不能满足该程序所要求的规模经济产量要求,该厂商不得不自己从事所有的操作。但是随着市场需求的增加,企业内部收益递增的生产程序的产量可能会增加,其规模可能会逐步扩大到足以允许某一厂商专门从事这一生产,同时放弃具有成本劣势的生产程序。总的来看,随着市场规模的扩大,企业是纵向分解,而不是一体化。施蒂格勒认为:现实经济中,占主导地位的企业之间的竞争和生产专业化的不断深化和发展,市场规模的扩大对分工和专业化生产率的提高有一个临界点。因为一旦达到了规模经济水平,专业化生产的效率将达到极值,市场规模的进一步扩大只会增加经济活动中企业的数量。

奥斯丁·罗宾森(Austin Robinson)在1931年出版的《竞争的产业结构》中解释到,由于技术的非无限可分性,分工超过一定限度反而意味着复杂程度的提高、操作成本的增加和效率的损失。另一方面,企业规模越大,管理层次越多,决策时间越长,灵活性降低,会使机会成本增加。两方面的原因,使企业在现有技术条件下达到单位平均成本最低点的最佳规模[14]。在市场经济条件下,理性的市场主体在激烈的、优胜劣汰的市场竞争中,为了获取竞争优势,获取更大的经济收益,不仅不断地进行着技术创新,而且也在不断地进行着更能节约交易费用、生产费用和管理费用的新的生产组织结构的革新,微观经济主体生产结构和产业组织结构的演进过程,都是围绕着效率如何提高而自发演进的。

二、规模经济的分类与外部经济理论

(一)最低经济规模

规模与效率之间的关系关键是看随着产量的增加,平均成本是否大于边际成本。理论上最低经济规模点是长期平均成本曲线的最低点,其经济学意义是企业在选择生产能力规模或进行资本投资时,至少要大于这个产量。

(二)规模经济的分类

规模经济分为以下几类:内部规模经济和外部规模经济,静态规模经济和动态规模经济。内部规模经济产生于单个企业,外部规模经济产生于某个产业或区域水平。静态规模经济指提高了生产力水平,而动态规模经济指提高了生产力发展的速度。

产生静态内部规模经济最重要的原因是固定成本的不可分割性而导致的随产量增加单位固定成本的下降，其他因素包括技术进步、更细的专业化分工等。动态内部规模经济是指随着企业产量积累性的增长而产生的单位成本下降的现象，即学习效应。外部规模经济又称外部效应、外部性或聚集经济，指企业可以从相邻的其他企业中获益。企业之间生产过程的前后向联系、劳动力市场的集中、基础设施和专业知识的共同分享以及技术进步带来的溢出效应均使得聚集经济活动产生正的外部性。静态外部规模经济产生较高的生产力水平，动态外部规模经济产生较高的生产力增长速度。静态外部规模经济可描述为一个企业的单位成本对整个产业或区域的产量的弹性小于1，即别的企业的产量增加对一家企业的单位成本减少产生影响。动态外部规模经济来源于地理上集中的企业群体而产生的知识、技术在企业之间的溢出效应。

对于静态外部规模经济，当外部效应来源于某企业所处的产业内部，被称为区域化规模经济；当外部效应来源于某企业所处的区域或城市时，被称为城市化规模经济。而根据外部性的特性可将动态外部规模经济分为二种：一种是 Marshall-Arrow-Romer 规模经济，即学习效应和溢出效应在产业内部产生；另一种是 Jacobs 规模经济，即溢出效应来源于产业外部[14]。

内部规模经济有两个模型，一是工厂模型，二是企业模型。工厂模型是从设备、技术、生产工艺过程等角度提出的，因此可以称为生产技术规模经济，其形成原因是技术经济规律。企业模型是从经营管理的角度提出的，因此又可以称为经营管理型规模经济，其形成原因是企业的经营管理。工厂模型实质上是一个实物模型，指实物和投入产出关系，即在既定的投入(包括固定资产、原材料、劳动力等)下追求使用价值的实物或服务产出最大化；或者说，在产出既定的条件下，物质消耗和劳动力消耗最小。这一模型反映的是工厂的技术条件，体现技术规律的要求。企业与工厂的区别在于：工厂是一个生产中心，核算的是实物性消耗和产出数量；企业是一个利润中心，核算的是成本与利润。工厂的管理是直接的生产管理，不含经营性活动；企业不仅是生产管理，还有其他管理内容，如人事管理、行政管理、财务管理等。企业与工厂的不同之处在于，工厂是生产的主体，不是经营的主体，企业既是生产主体又是经营主体，并且以经营活动为中心。

比较两个提供完全相同产品的企业，资本规模不同，利润相同，自然是规模更小的企业更有效率。如果资本规模相同，利润不同，则自然是利润高的企业更有效率。这就是说企业的资本结构对企业的效率是有影响的，讨论企业的规模经济模型时，不能简单地以利润总额作为标准，而应以利润率为指标加以衡量。只要生产能力达到工厂规模经济的要求，不管企业的规模有多大，产出能力多高，利润率高的企业理所当然具有更高的效率。决定企业的效率的，不仅是它的工厂规模是否经济，还包括它的经营管理能力。在工厂达到规模经济的条件下，企业利润率最大化取决于经营管理能力，因而不同的经营管理能力对应不同的利润率，从而导致企业的有效规模是不同的。因此，我们可以把企业的有效规模表述为，在工厂规模经济条件下，由经营和管理能力所决定的一个区间规模。

综上所述，规模经济的分类可用图 1-1 表示。

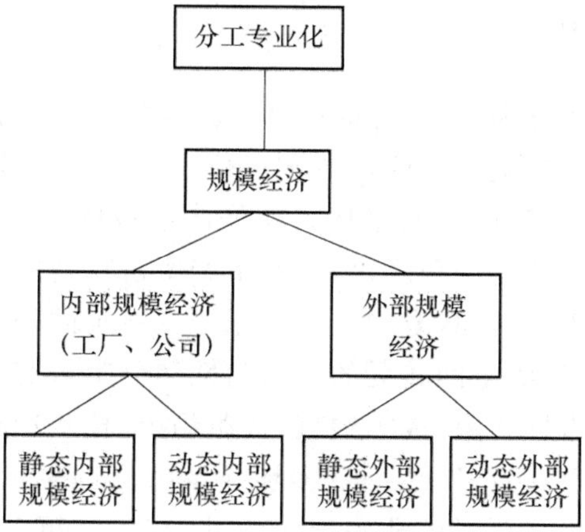

图 1-1　规模经济分类

（三）外部经济理论

外部经济理论是阿尔弗雷德·马歇尔（A. Marshall，1890）首先提出来的，他所讲的外部经济部分来源于产业集群产生的外部性，即产业集群有利于技能、信息、技术、技术诀窍和新思想在集群内企业之间的传播与应用[16,17]。第一个研究产业集群现象的经济学家阿尔弗雷德·马歇尔曾把经济规模产生的原因划分为两类，第一类是产业发展的规模，这与产业的地区性集中有很大关系；第二类则取决于从事工业的单个企业的资源、它们的组织以及管理的效率。他把第一类的经济规模称为外部规模经济，把第二类的经济规模称为内在规模经济（马歇尔，1920）。马歇尔发现了外部规模经济与产业集群之间的密切关系，他认为产业集群是因为外部规模经济所致。马歇尔提到，企业内部的规模经济一般比较容易被人们所认识到，厂商也会尽可能使生产规模进一步扩大；而企业外部的规模经济同样是十分重要的，当产业的持续增长，特别是集中在特定的地区时，会出现熟练劳工的市场和先进的附属产业，或产生服务性行业，以及改进铁路交通和其他基础设施。马歇尔还用随产业规模扩大而引起知识量的增加和技术信息的传播来说明产业集群这种现象。胡佛（E. M. Hoover，1948）认为，规模经济有三个不同的层次，就任何一种产业而言，都有：单个单位（工厂、商店等）的规模决定的经济；单个公司（即企业联合体）的规模决定的经济；该产业某个区位的集聚体的规模决定的经济。

第三节　空间、联系成本与现代区位论

一、现代区位论的视野

区位论是研究经济行为的空间选择及空间内经济活动的组合理论。简单地说就是研究经济活动最优的空间理论。所谓区位(Location)即为某些主体或事物所占据的场所,可标识为一定的空间坐标。而经济区位则是某些经济体为其社会经济活动所占有的场所。从这一角度讲,工业生产所占有场所即为工业区位。

在经济空间系统中,区位具有丰富的内涵。在一定的经济系统中,由于社会经济活动的相互依存性、资源空间布局的非均匀性和分工与交易的地域性等特征,各空间位置具有不同的市场约束、成本约束、资源约束、技术约束,从而具有不同的经济利益。在这一意义上,经济区位则更多地强调由地理坐标(空间位置)所标识的经济利益差别。由于生产要素的非完全流动性、非完全可分割性和产品与服务的非完全流动性,各个区位的区位因素具有很大的差异,因而经济空间是非均匀的,具有区位优劣之分。很显然,优势区位将给经济主体带来额外的经济利益。由于优势区位利益的存在,在同样的技术约束下,显然优势区位的厂商比劣势区位的厂商可以获得更高的产出,从而单位产品成本也就相应降低,利润也就随之提高。于是生产者均衡将趋向于更高的规模,如图 1-2 所示。

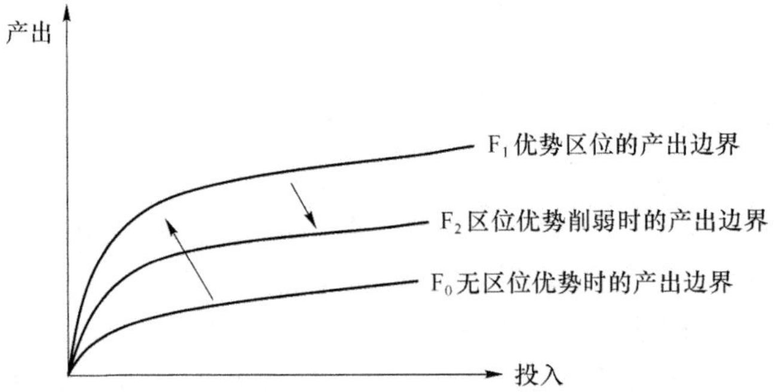

图 1-2　区位利益对产出的影响

在农业经济时代,土地是决定性的要素;在工业经济时代,资本是决定性的要素;在知识经济时代,知识、技术等无形资产起着决定性的作用。经济的发展主要不是靠体力,而是靠智力,应用知识进行创新成为经济活动的核心。知识和技术要素在社会经济发展中的巨大作用,大大开拓了区位论研究的新领域。

在传统的区位论中,一般将知识当作经济研究的外生变量而相对忽略或作为假定条件来处理。韦伯指出工业因子包括以下各项:(1)土地费;(2)建筑物、机械设备使用费用(即固定资本费用);(3)原料、燃料购入费用;(4)劳动费;(5)运费;(6)利率;(7)固定资本折旧费。在工业区位论的研究中,韦伯只提出运输费和劳动费两个一般的地方区位因子,另外他加上由于单一的力(凝聚力或分散力)造成的集聚(分散)因子,这就导致韦伯理论的基础由运输费、劳动力、集聚(分散)三个因子组成,他没有考虑技术因子的作用。这种研究方法适合于考察知识存量变化缓慢的经济系统,而在知识经济时代,知识作为最重要的生产要素处于动态变化中,继续沿用这种研究方法显然是不适宜的。为此,调整原有研究的假设条件,将知识从外生变量调整为内生变量,这是区位论研究的必然规律。从实践而言,由于知识经济系统内知识产量的急剧变动,必须考察知识的变动对其他经济变量的影响。

二、交易成本、空间成本和联系成本

在市场里进行交易,除交易成本以外还要考虑空间成本[18]。科斯提出交易费用概念时没有考虑空间的影响,没有涉及空间阻隔而产生的空间成本的付出。实际上,只要存在距离,人们完成一笔交易时,空间距离远的交易者付出更多的费用,这种费用更确切地说是由于时间距离而产生的。假设参与交易的当事者都具有理性且偏好相同,交易方式和完成一笔交易的程序相同,信息质量因传输方式的不同而不同,质量等级最低是用文字印发的信息,属于信息质量首位的是面对面的会见。要完成一次交易,最后交易双方必须坐下来进行签约,任何信息传递手段都无法替代这种面对面会见。现在我们假设,A、B、C 三点位于同一线段上,C 为市场区,A 为 BC 的中点,则 $BC=2AC$。在相同的交通方式下,若 B 点处的当事人到 C 点进行讨价还价后回到住地需要一天时间,则因 BC 的时间距离是 AC 的时间距离的两倍,A 点处的当事人在一天内可来回两次市场区。如果每一次的讨价还价完成交易的概率为 50%,则 A 点处平均一天可进行一次交易,B 点处平均在两天才能完成一次交易。换句话说,对同样的一次交易,B 点必须花两倍于 A 点的时间与精力,而 A 点可以节省一半的时间和精力。为了弥补这种损失,B 点处的当事人可能花很大的费用一次性地签约长期合同,但 A 点处的当事人也可以仿效这种做法,并可能寻找更多的交易伙伴签订长期合同。这样,由于时间距离的存在,离市场区较远处总比离市场区较近处多花费时间和精力,也就是说对相同的交易频数而言,远距离者总是多付出时间和精力,付出更多资源。为了节约这种多付出的费用,最好的方法是迁到市场区 C。假设每一次到市场区后寻找交易伙伴的人数是相等的,那么从市场信息角度考虑,A 点处去市场的频率高于 B 点处,它所掌握的市场信息和结识的交易伙伴比 B 点处多。这对 A 点处来说,所面对的市场区人口相当于 B 点处的两倍,这样可以节省大量寻找交易伙伴的时间和精力,可以节省大量的资源。总之,对 B 点处来讲,在相同的交易频数情况下,付出更多的资源,这些成本正是由于空间距离的存在而产生的。这种在相同交易频数情况下所付出的超过 A 点处正常费用的部分称为空间成本。

企业之间联系的内容是多方面的，包括物质的、非物质的、无形的、有形的。而企业之间的联系，也是要付出成本的，如企业之间交换的物品是标准化的、大批量的，则可能一次性地付出很大成本来结成长期的稳定的交换关系，这种联系的成本是较低的。但企业之间交换是不稳定的，又是非标准化的，则其联系的成本是很高的。联系成本是企业之间联系稳定程度的量度，联系成本大，则企业之间联系是不稳定的，联系成本小，企业之间联系是稳定的。这种联系成本，包括交易成本和空间成本。其实任何经济活动都是在一定的空间范围内进行的，任何经济活动与这种活动“场所”之间都存在某种对应关系，这种关系一方面是指企业经营文化与当地（指场所）社会文化特征的结合程度，另一方面是指对某一企业或经济活动集中区的空间跨度。如果企业文化与当地社会文化环境结合程度低，则必须付出正常交易成本以外的成本（不同的社会文化环境所致）。空间跨度大，则必须付出更多的空间成本。这两种成本都与企业所在的空间状况有关。由此，研究各种经济活动时必须考虑空间特征，那些关系密切的辅助性、补充性产业若离核心产业很远，是不可能有效经营的。传统区位论的不足就是把运输成本看成是企业联系的主要成本，忽略了交易成本和空间成本。

企业之间联系成本的大小与以下几种情况有关：(1)如果企业之间交易的物质或信息流在形状、质量、密度等方面都是标准化的，或是在空间和时间上都是可重复的和稳定的，联系成本一般比较低。(2)如果交换在时间和空间上频繁发生变化，它所形成的物质或信息都是非标准化的，那么意味着企业之间难以建立起稳定的联系，单位产品的联系成本相对于单位产品的固定价值是很大的，这时的联系成本高。(3)如果企业之间的交易不是具体的物质或信息流，不能用简单的订货或垂直指令来实现，而是个性化的无形交易，或需要特殊中介的，需耗大量成本和时间，因而其联系成本很大。

企业之间联系成本的不同，在企业区位选择上出现两种不同的趋势，也就是聚集或者分散。第一种趋势是，企业之间联系规模小（指批量小），交易的物质或信息流是非标准化的，企业间的联系又不稳定或需特殊中介或联系频率小的，不仅单位产品或服务的交易费用很高，产品或服务流动的附加成本也很高，因为产品联系成本很高，这些经济活动变化多端的中小型企业会尽可能地接近它们的主要联系伙伴，表现为企业在某一区域空间上的聚集。联系成本越高，聚集程度也越高；单位产品流动的附加成本越高，集中程度也越高。第二种趋势是，企业之间联系规模大（指批量大），交换的是标准化的产品或信息，企业之间联系又是经过长期合同而建立的很稳定的关系，易于管理，则这些企业之间的单位产品或服务的联系成本很低，单位产品流动的附加成本也很低。这种企业的区位选择，具有很大的自由度，也可以远离他们的主要联系伙伴。

第四节　产业集群和创新集群理论

一、产业集群和新竞争经济理论

1909 年，工业区位理论的创立者阿尔弗雷德·韦伯(Alfred Weber)在对当时德国煤炭工业中心鲁尔工业区全面研究的基础上，出版了《工业区位论：区位的纯理论》一书。他从工业区位理论的角度解释了产业集群现象。韦伯认为，产业集聚分为两个阶段。第一阶段是企业的简单规模，从而产业集中化，这是产业集聚的低级阶段。第二阶段主要是靠大企业以完善的组织方式集中于某一地方，并引发更多的同类企业出现，这时，大规模生产的显著经济优势就是有效的。韦伯把产业集群归结为 4 个方面的因素。第一是技术设备的发展。随着技术设备专业化的整体功能加强，技术设备之间的依存会促使工厂地方集中化。第二是劳动力组织的发展。韦伯把一个充分发展的、新颖的、组合的劳动力看作是一定意义上的设备，由于它也十分“专业化”，因而促进产业集群化。第三是市场化因素，韦伯认为这是最重要的因素。产业集群可以最大限度地提高批量购买和出售的规模，得到成本更为低廉的信用，甚至“消灭中间人”。第四是经常性开支成本。产业集群会引发煤气、自来水等基础设施的建设，从而减少经常性开支成本。

新制度经济学家威廉姆森(O. Willianson，1975)从产业组织的角度研究了产业集群现象，他认为产业集群是基于专业化分工和协作的众多企业集合起来的组织，这种组织结构介于纯市场组织和纯科层组织之间，比市场稳定，比科层组织灵活。罗森菲尔德(Rosenfeld，1997)强调社会关系网络及企业间的合作对产业集群的活力起决定性作用，他认为企业集群是相似的、相关联的或互补的众多中小企业在一定地理范围内的聚集。它们有着通畅的销售渠道、积极的交流及对话，共享社会关系网络、劳动力市场和服务，共享市场机会及分担风险。

另一个区位经济学家巴顿(K. J. Button)也讨论了产业集群。巴顿理论的独到之处是讨论了产业集群与创新的关系。他指出，地理上的集中能给予企业很大的刺激进行改革，有很多理由可以说明革新与产业集中相关联。首先是地理上的集中必然会带来竞争，而竞争促进了革新；其次地理上的集中本身就有助于正确了解顾客的需要，以及发现供给上的特殊问题而产生的结果；最后，通信工具在大的集中地的信息传播能力是比较优越的，这样就能使该地区的所有企业很快采纳这种革新[19]。

迈克尔·波特(Michael. E. Porter)把产业集群纳入新竞争优势理论的框架，创立了产业集群的新竞争理论。他的竞争优势理论体现在他的《竞争战略》(1980

年)、《竞争优势》(1985 年)和《国家竞争优势》(1990 年)三部著作中。在竞争优势理论的基础上,波特于 1998 年发表了《群聚区与新竞争经济学》一文,系统地提到了群聚区(clusters)理论[20]。波特认为有三个原因可以解释群聚区对提高企业竞争力的高度重要性。原因之一,群聚区能够提高群聚体内企业的生产效率,使每个企业在不牺牲大规模企业所缺少的柔韧性条件下,从群聚区规模经济中获得益处。群聚区专业人才丰裕降低了雇员与企业之间的相对搜寻成本及购买成本,群聚体能吸引优秀的人才到群聚区工作;相互邻近的企业之间容易建立起协调与信息机制,还降低了运输成本以及契约的搜寻、谈判与履行成本,机会主义行为大为减少;由于邻近和企业之间的联系、信任等原因,有关市场、技术、竞争的信息在群聚区集中与传播更加迅速;在推广信誉与增加对消费者吸引力方面的组合经济效应具有"1+1>2"的性质;政府和有关公共机构提供的专业基础设施或教育项目,以及群聚体内企业之间的竞争及相互模仿(共同学习)推动了成本的下降与操作方法的优化。

原因之二,群聚区能够推广群聚体内企业的持续创新能力,并日益成为创新的中心。企业之间的持续联系有助于企业通过相互学习来增强技术、机器及部件的适用性以及服务与市场观念;精明的买主与"市场窗口"的性质有助于企业看清楚市场;同时群聚体的柔韧性及迅速行动的能力有助于企业抓住市场机会并实施创新行动,本地的供应商与合作者也会卷入创新;发生在群聚区内的竞争压力、潜在压力(Peer pressure)和持续的比较(Comparison)也构成了群聚体的创新动力。

原因之三,群聚区能够降低企业进入的风险,促进企业的产生与发展。群聚体内的企业与一个孤立地区的企业相比,更容易生长。因为,生长在群聚体内的企业更容易认识到自己在提供的产品、服务等方面存在的差距;并且,进入壁垒的门槛是相当低的,原材料、资本、技能、劳动力通常处于可利用状态,可以被迅速地集中以建立新企业。此外,群聚区通常形成一个重要的本地市场,一个企业可以从已经建立的各种联系中获益。

迈克尔·波特(1990)在《国家竞争优势》一书中,分析了技术创新与竞争优势、技术创新与产业集群的关系。波特认为,高层次的竞争优势通常是借由长期累积并持续对设备、专业技术、高风险研发和营销上的投资而来。波特指出,一个国家的经济体系中,有竞争力的产业通常不是均衡分布的,国家的产业竞争优势趋向集群式分布。

二、创新集群与创新群落

自从经济合作与发展组织(OECD)1999 年出版的《集群——促进创新之动力》研究报告提出创新集群(innovation clusters)思想以来,创新集群受到各国重视。2001 年,经济合作与发展组织又对多个发达国家的创新集群进行实证研究后出版了《创新集群：国家创新体系的推动力》的研究报告。经济合作与发展组织吸收了波特的思想，认为集群是企业通过相互作用逐步聚合以提高竞争力的经济现象。强调应从产业集群理论中培育创新理念，提出创新直接地来源于科研、商业、教育和公共管理机构间不断的相互作用。

我国学者钟书华(2008)给出了创新集群的定义："创新集群是由企业、研究机构、大学、风险投资机构、中介服务组织等构成，通过产业链、价值链和知识链形成战略联盟或各种合作，具有集聚经济和大量知识溢出特征的技术经济网络"[21]。这一概念得到很多专家学者的认同。创新集群从结构和功能看具有如下特征：多元参与的创新活动；发达的战略联盟与合作关系；高强度的研发经费投入；大量的知识转移和知识溢出；快速增长的集聚经济。创新集群超越了普通产业集群，这表现为研究机构、中介组织等进入了创新集群，从事研发、咨询、培训和中介服务等活动。在普通产业集群中，这些活动是外在的，而在创新集群中，则是内在的和不可缺少的。创新集群具有研发功能和研究组织属性，但又不能简单认为是学术机构。创新集群具有技术-经济二相性，因此不能将之描述为产业集群，也不能将之描述为科学领域的集群。钟书华认为，当创新网络与特定产业集群融合时，就升华为创新集群。

我国学者谭清美(2009)在总结国内外关于区域创新系统概念的基础上，把区域创新系统分为微观区域创新系统和宏观区域创新系统，提出"由价值链(网)直接联系的行为主体(创新主体)和物质条件构成的系统，称为微观区域创新系统。在某一地域范围内，研究新的知识，实施新的理念，开发新的资源、开拓新的市场，创造新的价值的各行业行为主体和物质条件的集合，称为宏观区域创新系统[22]。"可见微观区域创新系统和创新集群其内涵是相同的，差别在于创新集群更强调产业集群的背景而微观的区域创新体系更侧重于创新主体之间的关联。

从创新集群概念我们可以看出，一是创新集群的构成要素是企业、研究机构、大学、风险投资机构、中介服务组织等多方创新主体；二是创新集群的内部结构主要是创新活动参与者之间的战略联盟和合作关系；三是创新集群的外部功能是一种通过创新，形成具有竞争优势的产业集群，经济性是其本质特征，这有利于科技成果产业化和优化产业结构。需要补充的是，也有学者指出，创新集群是区别于低成本的产业集群(或低端道路的产业集群)而言的，即创新性的产业集群或基于创新的产业集群。有潜力的创新集群不仅是高技术集群，还包括创新性的低技术集群。

创新群落是区域中企业、研究机构、大学、风险投资机构、中介服务组织在地理空间的相对聚集，突出强调群落的创新职能。创新群落中大学、研究院所、科技中介、企业等也是具有内在关联的。创新群落有如下性质特征：一是通常围绕一定的技术而集中，形成技术优势；或者围绕特定的创新资源，如实验设备、实验室而集中，或者围绕特定的创新环境而集中，如创新政策，创新制度等；二是创新群落中各创新主体在创新功能上存在明显的差异，即不同个体之间在创新活动内容上、活动方式上也存在差异，在创新产出（专利、新产品、论文、创新利润）的能级上具有明显的、不连续的梯度；三是创新群落的性质主要由其中的构成要素及其结构决定，创新群落对其中的个体也产生制约作用。

参考文献

[1] 徐康宁 开放经济中的产业集群与竞争力[J]. 中国工业经济，2001，(11)：22-27.

[2] 王辑慈. 创新的空间——企业集群与区域发展[M]，北京：北京大学出版社，2001：70-84.

[3] 盖文启. 创新网络——区域经济发展新思维[M]，北京：北京大学出版社，2002.

[4] 钟书华. 创新集群：概念、特征及理论意义[J]，科学学研究，2008，26(1)：178-184.

[5] 龙开元. 创新集群：产业集群的发展方向[J]，中国科技论坛，2009，(12)：53-56.

[6] 慕继丰，冯宗宪，李国平. 基于企业网络的经济与区域发展理论[J]，外国经济与管理，2001，23(3)：26-29.

[7] 黄伟林，余秀江. 中小企业群落的内涵及类型研究[J]. 企业经济，2003，(5)：50-52.

[8] 刘善庆，陈文华，叶小兰. 产业集群分类综述[J]. 企业经济，2005，297(5)：71-73.

[9] 陈耀. 国际产业集群及其竞争优势[J]. 中国纺织，2003，(11)：80-85.

[10] 魏守华，石碧华. 论企业集群的竞争优势[J]. 中国工业经济，2002，166(1)59-65.

[11] 黄西川，等. 开放环境下根植区域的知识密集型服务企业竞争战略[J]. 现代经济探讨，2003，(11)：25-28，31.

[12] 黄西川，等. 应对经济全球化的江苏知识密集型服务业发展战略和政策研究[R]. 南京理工大学课题组报告 BR2004032，南京：南京理工大学，2006.

[13] Stigler G J. The Division of labor is limited by the extent of the market [J]. Journal of Political Economy，1951，6.

[14] 马刚. 中小企业生存与发展理论述评[J]. 中央财经大学学报，2001，(11).

[15] 顾江.规模经济论[M]. 北京:中国农业出版社,2001.

[16] 马慧.企业集群的竞争优势:知识溢出与技术创新[J]. 集团经济研究,2006,(10).

[17] 集团经济研究,http://baike. baidu. com/link? url=OYRc7t4SrIBwK_Okka-vAp5xAhGlp ABTlyinlSLRsyObEDC6oY4e5Cp1wAayp6q3.

[18] 郝寿义,安虎森. 区域经济学 [M]. 北京:经济科学出版社,2001:66-76.

[19] 蒋峦,谢卫红,蓝海林. 企业竞争优势理论综述[J]. 软科学,2005,19(4):14-18.

[20] 迈克尔·波特,加里·哈默尔,亨利·明茨伯格,迈克尔·汉默. 战略:45位战略家谈如何建立核心竞争力[M]. 北京:中国发展出版社,2002:112-134.

[21] 钟书华. 创新集群与创新型国家建设[J]. 科学管理研究,2007(12).

[22] 谭清美,王子龙,区域创新经济研究[M]. 北京:科学出版社, 2009:8.

第二章 区域经济主流模式:产业集群化与竞争力

第一节 经济全球化与产业国际竞争力

一、经济全球化与国际经济、产业发展的新特点

在当前国际经济的背景下,存在下述十分重要的世界经济新趋势。

(一) 经济全球化

从世界经济的发展态势看,经济全球化速度在加快。货物、劳务、资本、技术、人才、信息等生产要素在全球范围的流动在加速,流动规模也在迅速扩大;跨国公司继续保持着迅猛发展的势头;现代通信技术和互联网的运用使世界各国的经济联系日益紧密。生产在全球范围内将进一步分工和专业化,在高度开放的经济环境下,表现出各国内部和各国之间产业分工逐步被产业内部的分工所替代,价值链上的所有不同环节都进行着国际化。今天,即使是中小型的企业,也可以把自己的采购、制造、销售、服务与收款等诸项业务分布在世界各地进行。企业在一个地点内进行从研究、采购到售后服务所有功能的运作,可称为旧价值链过程。由于市场开放和新科技的兴起(尤其在电脑与通信方面),旧价值链已全面崩解。链上的每一环节,无论研究、制造还是服务等,企业都可以把它安置在最具竞争力的国家或地区内进行。

经济的全球化使各国内的市场全面开放,竞争将空前激烈,同时会给发展中国家带来诸多的利益。首先,生产要素充分、自由的流动通常有利于发展中国家产业技术水平的提高,或者有利于发展中国家构建新的产业群体,这为发展中国家调整产业结构、提高国家和地区竞争力创造了条件;其次,全球化使发展中国家有机会参与国际生产,并成为国际分工中的一环。原先是价值链的整个过程选在具有竞争优势的发达国家进行,现在则是许多国家,甚至发展中国家都可以根据自身优势

从事价值链上某一环节的经营，由于世界经济竞争格局的变化，某些比较优势已从发达国家移至发展中国家；另外，经济全球化和贸易自由化也有利于拉动出口导向型国家和地区的经济增长和发展。

全球竞争已经超越企业而进入国家和经济区域层次间的竞争。主要表现在：国家应用产业政策，重点发展关键产业；国家通过调整汇率以保持本国产业的竞争力；在许多国家建立了地区性经济联盟，例如欧盟、东南亚国家联盟、北美自由贸易区等。通过建立经济区可以形成更大的内部市场以利于成员国之间进行内部贸易，使市场和产业达到一定的规模。

（二）经济知识化

进入20世纪90年代，世界经济的发展呈现出另一个明显特征，即知识作为一种无形的生产要素，其重要性正被认识并体现出来。1996年，联合国经济合作与发展组织（OECD）首次定义了“知识经济”（Knowledge-based Economy）。新经济形态以知识、信息的流通为核心，这种流通不是简单的线性流通，而是在网络化体系内随各种要素间的互动而变化的流通。作为社会基本经济细胞的企业是这一网络的核心环节，企业技术创新体现出知识的生产、扩散和应用的全过程。随着全球经济一体化进程的不断加快，全世界的企业日益联结成一个个产品和服务的增值网（同时也是知识和信息的流通网），企业在竞争的同时，也表现出更多的相互依存。有关数据显示，当前世界上主要几个先进发达国家的国内生产总值有50%以上都来自于知识密集型产业。与传统的土地、劳动、资本等有形生产要素相比，知识要素表现出更多的活力和重要性，它正在成为联系、组织、带动和更新其他要素的核心。

世界知识经济和技术革命的浪潮给各国各区域的经济发展带来了机遇和挑战。新兴技术产业的诞生和发展对于改造传统产业，带动关联产业，提升产业高度有着不可忽视的作用。更为重要的是，新知识和新技术的运用正在逐渐改变传统经济中人与自然的对立状态，以攫取资源为目的的经济增长模式正在受到扼制，代之以利用知识开展绿色技术创新，发展使用清洁生产技术、治理污染技术和改善生态技术的高技术新兴产业，经济有望步入可持续发展的良性循环。

（三）虚拟经济和经济活动虚拟化

虚拟经济的繁荣与动荡是世界经济发展过程中的又一显著特征。所谓虚拟经济，主要相对于实体经济而言，一般是指以金融系统为主要依托进行的经济循环活动。20世纪80年代以来，虚拟经济出现了迅猛的发展，国际资本的流动年均增长25%，全球股票的市场增长了250%，而同期世界经济的年增长率仅3%，国际贸易仅5%。就目前的情况而言，虚拟经济的规模已经远远超过了实体经济。1997年全球虚拟经济总量达到140万亿美元，而全球GDP总额仅为28.2万亿美元，虚拟经济的规模大约是实体经济的5倍。而且，随着电子商务的发展，虚拟经济的规模将进一步膨胀。

办公室里的生产力(白领生产力)概念今天已被普遍接受,据估计相对于制造业中万分之三的疵品率,办公室里每三件事中便有一件需重做,“办公疵品率”高达33%。提高办公室里的生产力,已成为现代企业的当务之急。

今天,工业国家中60%～80%的人口在办公室工作,而且在一般商业过程的成本中,白领活动常常占最主要的部分。例如,现在要制造一部个人电脑并为其安装基本程序,只需1小时45分钟。然而,从顾客下订单到顾客拿到产品的整个过程,却需要3天时间。花在生产过程之外的流通时间要超过生产时间40倍。在汽车业,生产一辆车要用2天时间,但顾客从订车到把车开回家,往往已是6个星期之后的事情。

白领在企业中,主要分布在非制造环节。如欲改善办公室里的生产力,就必须缩短白领作业的流通时间。如信息处理,财务转账之类,以往对白领作业的整顿与合并只在全国与地区性的层面进行。现今,由于企业国际化的扩张,希望提高经营效率的目标使这种整顿与合并可能发展成为一种全球性过程。例如,瑞士航空公司正将其会计部门移到印度孟买;美国航空公司在爱尔兰进行电脑财务处理。另外,人人都可以在印度、菲律宾或俄罗斯买到廉价的软件,其价格只有西方的三分之一。所以,继制造业外移之后,办公室里的工作也将外移,凭借电话、电脑网络和通信卫星,白领工作的成果可以轻易地由地球一端传到另一端。这种超越现实地理空间的虚拟空间经济活动可称之为经济活动虚拟化,它不仅有效地提高了经济活动的效率,更重要的是预示着知识密集型服务业市场伴随工业生产国际化而迅速扩张的前景。

(四)国际产业发展呈融合化和生态化趋势

技术进步成为全球经济持续增长的引擎已是不争的事实。从20世纪80年代开始,以软件开发和大规模产业化为标准,人类进入信息革命的新时代。经济学家们认为信息技术、生物工程技术、材料技术在这个时期的科技进步中占支柱地位,并将与核能、航空航天、海洋开发以及农业、医疗保健、制造业和环境保护等方面的技术一起,形成高新技术产业群,对经济、社会以及人们的生活方式产生极大影响。同样,伴随着新技术革命的步伐,产业融合正向我们走来。

20世纪90年代以来,由于通信技术的进一步革新(数字通信网的发展)和个人电脑的普及所带来的互联网的广泛应用,推进了出版、电影、音乐、广告、教育等产业的融合。2000年1月,引人注目的世界最大的互联网服务公司——美国在线公司收购世界上最大的媒体公司——时代华纳公司,造就了新的美国在线时代华纳,代表着传统媒体产业和网络产业的融合,同时也成为国际产业融合化发展的标志性事件,至此,国际产业融合化发展的趋势日显明朗。

产业融合是指不同产业或同一产业内的不同行业相互渗透、相互交叉,最终融为一体，逐步形成高技术新兴产业的动态发展过程。产业融合表现为产业间的渗透发展，你中有我，我中有你，产业界限趋于模糊，高技术新兴产业不断产生。产业融合的主要方式有三种：(1)高新技术的渗透融合，即高新技术及其相关产业，向其他产业渗透、融合并形成高技术新兴产业。如发生在 20 世纪 90 年代后期的信息和生物技术对传统工业的渗透融合，产生了诸如机械电子、航空电子、生物电子等高技术新兴产业。又如电子网络技术向传统商业、运输业渗透而产生的电子商务、物流业等高技术新兴产业。(2)产业间的延伸融合，即通过产业间的功能互补和延伸实现产业间的融合，这类融合通过赋予原有产业新的附加功能和更强的竞争力，形成融合型的产业新体系。这种融合更多地表现为服务业向第一产业和第二产业的延伸和渗透，如第三产业中相关的服务业正加速向第二产业的生产前期研究、生产中期设计和生产后期的信息反馈过程展开全方位的渗透，金融、法律、管理、培训、研发、设计、客户服务、技术创新、贮存、运输、批发、广告等服务在第二产业中的比重和作用日趋加大，相互之间融合成不分彼此的新型产业体系。现代化农业生产服务体系的形成即是这一新型产业体系的综合体现，是第一产业加快与第二、第三产业融合的产物。在这一体系中，第一、第二、第三产业的界限消失了。(3)产业内部的重组融合。工业、农业、服务业内部相关联的产业通过融合提高竞争力，适应市场新需求。如农业为适应新发展而重新整合，通过生物链把产业内部的种植业、养殖业与畜牧业融合起来，形成生态农业的新业态，既适应了市场需求，又提高了农业生产效率。工业内部的产业调整也有类似的融合，通过供应链把上、中、下游相关联的产业联系在一起，与一般的产业纵向一体化不同的是，这种融合最终产生了新的产业形态，其过程既包括技术创新，又包括体制和制度创新，其结果是促进了产业的升级换代。

产业融合是社会生产力进步和产业结构高度化的必然趋势，产业间的关联性和对效益最大化的追求是产业融合发展的内在动力，而技术创新和技术融合则是当今产业融合化发展的催化剂。在这一轮新技术革命中，技术进步与传播的速度明显加快，技术应用的范围显著扩大，技术融合的程度不断加深，这些特征在宏观上导致了国际经济结构的加速重组和整合，在产业层面上则导致了产业融合发展的新趋势。产业融合发展直接促进了产业创新。

生态化是指产业依据自然生态的有机循环原理建立发展模式，将不同的工业企业、不同类别的产业之间形成类似于自然生态链的关系，从而达到充分利用资源，减少废物产生，物质循环利用，消除环境破坏，提高经济发展规模和质量的目的。

20 世纪 90 年代，随着可持续发展战略在世界范围内的普遍实施，产业的生态化发展在发达国家渐成潮流，从宏观层次的国家产业发展战略的选择、管理立法，中观层次的区域产业园区的建设、布局，到微观层面的企业的生产技术改造、管理实践，生态化的概念始终是贯穿其中的主线。这一发展趋势在三次产业的工业、农业和服务业中都有所体现，如生态工业、生态农业、生态旅游业等。

在国家层面上，欧盟、北美、日本等发达国家和地区分别制定了旨在鼓励二手副产品回收、绿色包装等的法律，同时规定了包装废弃物的回收、复用或再生的具体指标。如德国于1991年和1996年分别颁布了《包装废弃物处理法》和《循环经济和废物管理法》，明确规定，自1995年7月1日起玻璃、马口铁、铝、纸板和塑料等包装材料的回收率需全部达到80%。日本则是这方面立法最全面的国家，先后制定了七项相关法律，于2001年4月开始实施，其目标是建立一个资源"循环型社会"。

产业的生态具有全新的含义，循环性、群落性、增值性是其区别于传统生态环境保护的显著特征。(1)循环性，即按照自然生态学原理而建立的产业体系，具有循环的特征。它运用生态学规律，把传统的由"资源—产品—废物"构成的物质单向流动的生产过程，重构组织成一个"资源—产品—再生资源—再生产品"的反馈式流程和"低开采、高利用、低排放"的循环利用模式，使经济系统和谐地纳入到自然生态系统的物质循环过程中。在这个产业发展模式中，没有了废物的概念，每一个生产过程产生的废物都变成下一生产过程的原料，所有的物质都得到了循环往复的利用。这种模式是可持续发展模式。(2)群落性，生态产业具有类似于生物群落的群落特征，它是一种由多个彼此相关联的企业共同组成的产业共生系统，群落内的企业互相进行合作，特别是相互利用废料，使群落内的总体资源得到最优化利用。在外部形态上，生态产业常常表现为一定地理范围内的大小有别，分别处于产业链上、中、下游不同位置的一群企业的松散结合，如各种类型的产业生态园区。(3)增值性，发达国家一些成功的产业生态共生系统，其形成是一个自发过程，是在商业基础上逐渐形成的，系统内所有企业都从中得到好处，取得增值效应。

二、产业国际竞争力的内涵与实现途径选择

市场竞争全球化作为经济全球化的重要特征，市场竞争中各经济主体的经济利益在很大程度上取决于相关比较者国际竞争力的大小。产业竞争力分析范式基本上是属于国际性或不同区域间的比较。对产业而言，因其是一个集合概念，其竞争力必定是在不同地域间的比较，在不同地域间的比较又必定离不开区际或国际交换活动，而国际交换活动受国际分工规律的制约，因此产业竞争力必然首先体现为不同区域或不同国家不同产业(或产品)的各自相对竞争优势，即比较优势。但现实生活中，国际交换活动即便完全按照比较优势规律来进行，市场上也会出现比较优势相近的同一产业或产品的比较，这时候，竞争力将取决于它们各自的绝对竞争优势，即质量、成本、价格等一般市场比较因素。所以，产业竞争力是指属地产业的比较优势和它的一般市场绝对竞争优势的总和。

关于产业国际竞争力的概念、内涵以及实现途径，在本书中，基于下述理论依据和推论。

在市场经济条件下，一个地区的优势产业不是先验确立而后自封的。地区优势产业（或产业优势区位）是庞大的厂商群体选择、竞争活动的结果。既定行业厂商的区位选择和既定区位厂商的行业选择，在地区间形成的具体产业活动的密度差异，也就是构成地区间产业结构差异，赋予各个地区与其禀赋条件高度相关的，能占有区外市场的优势产业。地区优势就是这样在市场中自发形成的。因此，各地区优势产业（或说各产业的优势区位）的标志就是在全国市场上占有较大区外市场份额。这种较大份额既反映着区际市场对具体地区具体产品的需求强度，同时意味着区际市场对具体地区具体产品优势的认可程度。

来自不同国家的同类或相似或可替代性商品在市场上竞争，只有那些价格低廉，具有价格竞争力的商品才能占有市场的较大份额。李嘉图比较利益模型 $a_1L/a'_1L<a_2L/a'_2L$（产品 1 为优势产品），或 $a_1L/a_2L>a'_1L/a'_2L$（产品 2 为优势产品）说明本国优势所在的判断式，式中，a_1L、a'_1L：分别表示本国、外国生产一个单位的产品 1 需要的投入；a_2L、a'_2L：分别表示本国、外国生产一个单位的产品 2 需要的投入。新古典贸易理论重归斯密的朴素思想，可用模型 $P_i=\sum P_jq_i$、$P'_i=\sum P'_jq'_i$；$P_i<P'_i$ 说明本国优势所在的判断式，式中，P_i、P'_i：分别表示本国、外国产品 i 的价格；p_j、p'_j：分别表示本国、外国要素 j 的价格；q_j、q'_j：分别表示本国、外国生产单位产品 i 所需的要素数量。上述表述的差异源自理论框架的截然不同，前者是建立在劳动价值论基础上，以实物耗费计量成本的模型；而后者是建立在一般均衡理论基础上的货币成本计量的模型。两个理论模型是从不同的视角出发，解释同一问题。

举例来说，假定美国一个纺织工人的产量是中国一个纺织工人产量的 30 倍，显然拥有高得多的劳动生产率；而中国的纺织业能够占有市场的原因是——美国工人的小时工资（15 美元）是中国工人小时工资（<0.5 美元）的 30 倍以上。因此，中国纺织业可以凭借低得多的工资率抵销低生产率的影响而取得国际市场出口产业地位。

假定 w 是用世界货币计量的本国实际工资率，w' 是用世界货币表示的另一国实际工资率。于是，在本国生产的产品 i 的成本是 wa_iL（即本国工资率乘以本国产品 i 必要劳动量）；在外国生产的产品 i 的成本是 $w'a'_iL$（即外国工资率乘以外国产品 i 必要劳动量）。这样一来，国际比较优势判断或生产布局选择变得非常简单：商品总是在生产成本最低的地方进行生产。判断公式变成为：$wa_iL<w'a'_iL$。又由于在单要素模型中（当然）不存在利润，产品的货币成本等于产品价格，从而有 $P_i<P'_i$。

第二节　区域的崛起：技术知识密集产业地理集中

一、区域经济的影响力超越国界

在经济全球化进程中，资源配置的全球化和市场的一体化日益彰显，各国产业结构调整和升级步伐加快，大企业、大公司的并购浪潮与大量中小企业群聚区的崛起这两种趋势并行不悖，格外引人注目。群聚区是特定领域里相互联系的公司和机构在地理上的集中。群聚区包含一系列相联系的产业和其他重要的竞争主体。迈克尔·波特(Michael E. Porter)在《群聚区和新竞争经济学》一文中写道：今天的世界经济地图由我所说的“群聚(Cluster)”区所控制。……群聚区几乎是每一个国家、地区、州甚至大城市经济的一个显著特征，特别是在经济较为发达的国家。大量的理论和实证研究表明，群聚具有产业属性和地理集中特性。随着需求多样化的发展和技术日新月异的进步，许多产业正从过去那种标准化、大批量向现在“弹性专精”生产过程转变。众多企业以企业群聚的形式参与市场竞争，不仅具有比较优势，还具备竞争优势，表现出极大的经济活力。

产业要素的全球范围自由流动，国际产业链在全球范围延伸，国际产业体系在全球范围内形成。要提高产业的国际竞争力，必然积极优化资源配置，采取有效的产业组织形式，确立自身的竞争优势。产业群聚所具有的共生性、互动性和柔韧性，为创造产业的国际竞争优势提供了一个可供操作的发展模式。

集中在特定区域的、在业务上相互联系的一群企业和相关机构，它不同于科层制组织或垂直一体化组织，是对有关组织价值链的一种替代。这种由独立的、非正式联系的企业及相关机构形成的企业群落代表着一种能在效率、效益及柔韧性方面创造竞争优势的空间组织形式，它所产生的持续竞争优势源于特定区域的知识、联系及激励，是远距离的竞争对手所不能达到的。

由于产业群聚可以达到较高的专业化分工程度，因而能够形成几乎是最高的产业效率。在产业群聚区，无论是主产品的生产，还是附属行业的配套服务，都有严格而精细的分工，从而降低了因转换生产加工环节而必须付出的成本，提高了劳动生产率。信息畅通也是产业群聚的一大优势，行业内部上下游生产集中于一个地区，市场信息和技术信息充分化，无论是上游企业还是下游企业，均可以比较方便地找到自己所需要的原料和中间产品，或找到自己的买家，并保持较低的交易成本。此外，产业群聚区内部的高度竞争性也足以使该产业能保持较高的产业效率和竞争力。国外的例子表明(美国加州葡萄酒产业群聚区和硅谷产业群聚区)，往往群聚程度高的产业，其国际竞争能力也较强；中国的例证也表明(福建的制鞋业），产业高度群聚的地方，该产业的出口能力也特别强。产业群聚与该产业在国际上的竞争能力有密切的关系。

随着全球化的发展，经济意义上的"国家状态"日益让位于"区域状态"，区域成为真正意义上的经济利益体，关键的商业联系集中于区域范围内（Ohmae，1993；Cooke，等，1998）。

二、产业地理集中的总体特征

20 世纪 90 年代以来，无论是 OECO 国家，亚洲新兴工业化国家（地区），还是中国，其企业平均规模越来越小，而且经济活动出现了引人注目的新发展现象。在企业经营管理方式上，其显著特征有两个方面：其一，中小企业大量出现，企业拆分、合作创新、合约出让、贴牌生产（OEM）、特许经营（Franchisebusiness）等，企业着力提高核心竞争能力。其二，产业组织形态地域集中化，出现大量以中小企业为主体的产业集群，伊利森和格拉泽（Ellison，Glaeser，1997；1999）通过对美国制造业地理集中的研究得出结论认为，每个产业都显示出过度的集聚，495 个四位数 SIC 产业中的 446 个（即 97%）有明显的集聚[1-4]。事实上，产业集群不仅在发达国家存在，且在新兴工业化国家和发展中国家也大量存在；不仅在大国存在，且在小国也大量存在；不仅在制造业存在，而且在服务业也大量存在；不仅在劳动和资本密集型的产业存在，而且在知识密集型的产业也大量存在（如表 2-1 所示），很明显，本地化的企业网络正取代垂直一体化的大企业而成为国家和地区经济发展的主流模式之一。

表 2-1　世界各地（部分）不同产业类型的产业集群

国别	地域	产业类别 （A. 劳动密集，B. 知识密集，C. 资本密集， D. 制造业，E. 服务业）
美国	圣克拉拉县硅谷、128 公路	半导体、电子信息业集群 D、B/生物技术业集群 D、B
	纽约玛第森大街	广告业集群 E、B
	明尼阿波利斯	医学设备业集群 D、B
	波士顿	软件、网络业集群 E、D、B
	克利夫兰	油漆和涂料业集群 D、A
	加利福尼亚（好莱坞/戴维斯）	娱乐影视业集群 E、A/葡萄酒业集群 D、A
	加利福尼亚卡尔斯巴德	高尔夫球生产装备制造业集群 D、A
	西密歇根	办公家具业集群 D、A
	达尔顿	地毯业集群 D、A
	马萨诸塞	制鞋业集群 D、A
	格林湾、圣路易斯、巴尔的摩、波特兰	制革业集群 D、A

续表

国别	地域	产业类别 （A. 劳动密集，B. 知识密集，C. 资本密集， D. 制造业，E. 服务业）
美国	纽约州格洛菲斯维尔	手套业集群 D、A
	康涅狄克州丹伯利	制帽业集群 D、A
	密歇根州格兰特拉匹兹	家具业集群 D、A
	纽约	金融业集群 E、B、C
	底特律	汽车及零部件业集群 D、C
	西雅图	飞机制造业集群 D、C、B
	匹兹堡	新材料及能源业集群 D、B、C
德国	索林根	刀具业集群 D、A
	图特林根	外科器械业集群 D、B
	普福尔茨海姆	珠宝业集群 D、A
	斯图加特	机床业集群 D、C
	纽伦堡	制笔业集群 D、A
	韦热拉	光学仪器业集群 D、B
	雷姆沙伊德	工具制造业集群 D、A
	慕尼黑等南部地带	汽车业集群 D、C
	巴登-符腾堡	机械业集群 D、C
	奥芬堡和海德堡	印刷机械制造业集群 D、C
	德累斯顿	陶器业集群 D、A
	法兰克福	化工业集群 D、C
法国	巴黎森迪尔区	网络业集群 E、B
	布雷勒河谷	香水玻璃瓶业集群 D、A
英国	曼彻斯特与兰开夏	纺织业集群 D、A
印度	旁遮普邦路德海阿那	金属加工和纺织业集群 D、A
	泰米尔纳德邦提若普尔	棉织衣物业集群 D、A
	吉吉拉特邦苏拉特	钻石加工业集群 D、A
	卡纳达卡邦班加罗尔	电子软件业集群 E、D、B
	Triuppur	针织业集群 D、A
	北方邦阿格拉	制鞋业集群 D、A
意大利	皮埃拉	毛纺织品业集群 D、A
	菩阿莱之阿	贵金属加工业集群 D、A
	欧鲁佳特哲	纺织印染业集群 D、A

续表

国别	地域	产业类别 （A. 劳动密集，B. 知识密集，C. 资本密集， D. 制造业，E. 服务业）
意大利	卡荀滩乌里瑙	木材家具业集群 D、A
	蒙特贝若纳	运动服制造业集群 D、A
	阿鲁依纳瑙	皮革业集群 D、A
	普拉特	毛纺织品业集群 D、A
	卡驼莱	眼镜业集群 D、A
	桑克朗契·丝鲁阿纳	皮革业集群 D、A
	培沙罗	木材家具业集群 D、A
	蒙丝马诺	制鞋业集群 D、A
	诺瓦拉北部	金属阀门及磁带业集群 D、A
	威尼斯	玻璃器具业集群 D、A
	伦巴第	科墨领带丝织品业集群 D、A
	佛罗伦萨图斯堪	毛织业集群 D、A
	阿雷佐、瓦伦扎	珠宝业集群 D、A、E
	卡斯泰尔戈弗列多	照明设备业集群 D、A
墨西哥	莱昂	制鞋业集群 D、A
巴西	圣卡塔琳娜	制砖业集群 D、A
	西诺斯谷	制鞋（皮鞋）业集群 D、A
布基纳法索	瓦加杜古	机动车、电器修理业集群 E、A
乌干达	卡推（Katwe）	金属、食品加工业集群 D、A
巴基斯坦	锡亚尔科特	外科手术器械产业集群 D、B
加纳	库马西	车辆修理及备件制造集群 E、D、A
尼日利亚	奈崴	汽车零部件业集群 D、C
瑞士	日内瓦为中心	钟表业集群 D、A、B
	巴塞尔	药品制造业 D、B
丹麦	海尔宁	风车制造业集群 D、B
中国	浙江宁波市	服装业集群 D、A
	浙江绍兴市柯桥区	纺织面料（纺织印染）业集群 D、A
	浙江永康市	小五金（五金机械）业集群 D、A
	浙江海宁市	皮革业集群 D、A
	浙江嵊州市	领带业集群 D、A
	浙江桐乡市	羊毛衫业集群 D、A

续表

国别	地域	产业类别 （A. 劳动密集，B. 知识密集，C. 资本密集， D. 制造业，E. 服务业）
中国	浙江永嘉县桥头镇	纽扣、拉链、钟表业集群 D、A
	浙江浦江县	制锁、水晶工艺品业集群 D、A
	浙江乐清市柳市镇	低压电器制造业集群 D、A
	浙江温州市	皮鞋、服装、低压电器、标牌徽章、纽扣、打火机、灯具、眼镜业集群 D、A
	湖州市织里镇	童装制造业集群 D、A
	苏州市吴江区盛泽镇、南麻镇	丝织业集群 D、A
	苏州市吴江区七都镇	电缆电线业集群 D、C
	苏州市吴江区横扇镇	羊毛衫业集群 D、A
	河北高碑店市	箱包业集群 D、A
	衡水安平县	丝绸业集群 D、A
	河北辛集市	皮鞋业集群 D、A
	保定市客城县	服装业集群 D、A
	保定市安新县	制鞋业集群 D、A
	保定市安国市	药材加工业集群 D、A
	邢台市清河县	羊绒制品业集群 D、A
	广东东莞市	电子信息业集群 D、B
	广东惠州市	电子产品产业集群 D、B
	广东中山市	灯饰业集群 D、A
	东莞市虎门镇	服装业集群 D、A
	广东顺德、中山、南海、江门、珠海、广州等	电气机械制造业集群 D、C
	顺德区龙江镇、乐从镇等	家具制造业集群 D、A
	佛山市南海区	布绒玩具业集群 D、A
	北京的中关村	IT 业集群 D、B、C
	上海浦东高桥	电子信息业集群 D、B
	浦东金桥现代科技园	汽车/家电/通讯业集群 D、C、B
	浦东张江高科技园区	生物医药和信息产品业集群 D、B

注：研究发现，在秘鲁、巴西、墨西哥、巴基斯坦、南非、肯尼亚、津巴布韦、坦桑尼亚等发展中国家，也存在大量的产业群聚区，以上数据根据参考文献[2-13]整理而来。

有关实证研究表明：充分竞争型的产业倾向于地区群聚发展。这项研究是从考察中国制造业的地区集中度视角出发,以地区集中度 C5(即 5 省市制造业占全国同类制造业的比值,以销售收入指标衡量)作为产业地区性集中的主要界定标准。在全国 28 个大类的制造业中,有 15 个大类的制造业的 C5 集中度超过 50%。其中最高的是文教和体育用品制造业,C5 集中度达到 70.79%,集中地区为广东、江苏、浙江、山东、福建,仅广东一省的产业集中度就高达 28.8%;最低的是交通运输设备制造业,C5 刚刚超过 50%,为 50.05%,集中地区为上海、江苏、吉林、湖北和广东。C5 集中度在 60%以上的产业中,除文教、体育用品制造业外,还有服装制造业、电子及通信设备制造业、仪器仪表制造业、皮革羽绒制造业、电气机械制造业、纺织业和塑料制品业。在 28 个大类的制造业中,地区集中度最低的 3 个产业分别是印刷业、有色金属冶炼及加工业和医药制造业,C5 指标均低于 40%。如果考虑到东部和中西部地区工业发展的历史差距,C5 为 40%以下的集中度其实是相当低的。可以看出,产业地区集中度很高的产业,如 C5 在 60%以上的产业,均是一些竞争型的产业。

三、技术知识密集产业呈现高地理嵌入性

技术进步成为全球经济持续增长的引擎已是不争的事实。从 20 世纪 80 年代开始,新技术革命的加速推进和市场竞争的日益激烈,许多产业的产品生命周期不断缩短,需求结构升级,导致消费需求日趋个性化、多样化和复杂化,企业面临产业结构未来将如何变化的大量不确定性因素。经济全球化和知识经济强化了经营环境、供应链和资本市场的不确定,进一步向企业施以增强适应性、创新、响应和处理速度方面的巨大压力,导致企业的行为方式和竞争策略必须进行战略性调整。企业从静态适应性竞争向动态的、策略性竞争转变:识别社会与技术发展动态,积极利用政府、供应商、用户、竞争对手、替代品生产商、大学、研究院所,与它们开展有效合作;以柔性技术和组织以及复杂的网络化生产和创新体系实现更细致的分工、更低的生产和交易成本、更高的企业效率和外部规模经济,企业在创新、竞争、生产、出口、专业化、效率化中提高经济绩效。由此,驱动了产业集群的形成与发展。

从世界范围来看,高技术产业的发展已经成为国家竞争优势的重要组成部分,高技术产业的地理聚集特征倍受国家和地区的关注[14]。近期多项实证研究表明[15,16]我国高技术产业的地理分布并不是随机的,高技术产业的发展水平及其增长模式都呈现出强烈的空间聚集特征,验证了高技术产业对地理区位的高嵌入性原因来自地区区位与周边地区各种环境因素的综合影响。最经典的高技术产业地理聚集案例有美国加利福尼亚州硅谷和我国台湾省台北市西南的新竹科学工业园等。

从另一个角度来看,随着产业组织纵向分离,基于技术能力和不断提升技术创新能力来建立和依托核心能力参与市场竞争的中小型企业,由于自生资源的局限

性和运营成本的约束,客观上需要通过一个多元主体构成的分工协作网络的支撑以求生存和发展。以本特阿克·伦德瓦尔 B-A Lundvall 为代表的国家创新系统研究的微观学派的用户-生产者分析方法认为:技术创新就是一个用户与生产者之间的相互作用过程,它可以被理解为一个相互作用的学习过程;反映用户需求与技术机会的用户-生产者相互作用的信息流动对于技术创新过程是特别重要的,作为这种沟通需求的结果,用户和生产者在地理和文化方面的亲近对于成功的技术创新具有积极的影响。

产业群聚以提高其竞争力的现象不仅反映在高技术制造业,知识密集型服务业向中心城市中央商务区集聚发展的特点非常显著,地区经济社会发展程度越高,聚集规模越大。表 2-2 是用实地调查的方式,选择上海浦东陆家嘴中央商务区和南京新街口中央商务区的各 5 幢高层商务写字楼进行的对上海和江苏省会南京的知识密集型服务业在中央商务区的集聚情况比较。

表 2-2　南京和上海知识密集型服务企业在中央商务区集聚情况比较

城市	写字楼名称	知识密集型服务企业数量/写字楼中企业总数
南京	国贸大厦	28/129
	金鹰大厦	25/137
	商贸大厦	38/159
	华泰证券大厦	15/74
	世界贸易中心	8/35
上海	中国保险大厦	24/84
	中国招商局大厦	51/136
	上海金茂大厦	50/153
	上海证券大厦	21/57
	国家开发银行大厦	17/85

第三节　高技术新兴产业形成条件与主要影响因素

一、高技术新兴产业形成的条件

首先,让我们来区分一下创新与发明之间的差异。发明是创造新事物或新方法,侧重于以前没有的事物或方法的出现。创新是利用具有创造性的思想和表现做出新的成绩或东西,侧重于一种新的思想和表现。创新是在一定范围内能够理解、修改,然后可以进一步得到发展和完善的构想。创新是各行业赖以生存和发展的核心竞争力,代表着新的方法、构思和思维方式所产生的新产品和新服务方式。

只有创新才可能产生全新的产业,而发明却做不到。

发明可以有很多种,但具有创新性的却不多。据美国管理学家斯蒂文和伯利1997年的研究表明,3 000个构想中,300个能获得专利或(和)进一步试验,而其中125个可以制定完整的开发规划,最终只有4个构想完全成型,其中1.7个能够进行商业开发,1个可以获得最后成功。在美国专利局授权的所有专利中,只有5%～10%具有商业价值,其中1%为有利可图的创新。可见,创新是比发明更加艰巨的工作。

创新有两种战略。一种是需求拉动的创新,另一种是技术推动的创新。需求拉动的创新在于用市场营销的观点寻找确定的或顾客需求的产品;技术推动的创新意味着为科学技术的突破寻找应用能力。技术创新具有不确定性、偶然性、费用昂贵和习俗抵制等特性,技术创新极具风险,代价高昂,很不稳定。

创新形成新产品(或新服务),相同或相似的新产品(或新服务)构成高技术新兴产业。新产品的创新过程包括创新战略、新产品概念的形成与发展、新产品概念的筛选、实物产品开发、产品投放市场等等。由于新产品开发是众多科技人员的创新行为,可能许多企业同时实现新产品的突破,加上一些企业的创新性模仿行为,以及新产品企业的抛出效应(一些新兴企业的员工跑到企业外部新办企业),形成了高技术新兴产业。

二、技术知识创新是高技术新兴产业发展的主要影响因素

影响高技术新兴产业形成和发展的因素很多,但主要影响因素是技术知识的创新。知识创新或技术创新是高技术新兴产业形成的最重要因素,首先表现在知识资源的无限创造性。随着人类物质文明和精神文明程度的提高,或者说由于自然资源的有限性制约,人们依靠开发自然资源、扩大资本投入和劳动力投入创造高技术新兴产业的机会越来越少,而知识创新或技术创新给人们带来的高技术新兴产业的机会无限。以信息技术和生物技术为代表的当代新技术革命,并不以自然资源、巨大资金和大量劳动力投入为基础,而是以知识创新为基础。如以基因工程为基础的动植物育种业,近年来的巨大发展主要得益于基因理论的突破和育种技术的发展。

其次,知识创新或技术创新是高技术新兴产业形成的最重要因素,还因为由其他因素形成的高技术新兴产业需要知识创新和技术创新的支撑。创新推动新需求的出现,创新改变相对成本关系,创新在经济社会的变化中形成高技术新兴产业。20世纪的重大产业都是在知识创新和技术创新基础上形成的,21世纪也如此。

再则,知识创新或技术创新形成的高技术新兴产业是最有生命力的产业。知识经济时代高技术新兴产业的显著特征是高技术新兴产业层出不穷。进入21世纪我们越来越清楚地看到,许多高技术新兴产业的出现,有的似流星雨,昙花一现;

有的像雨后春笋，茁壮成长。两相比较，其根本原因在于产业的知识或技术含量。知识或技术含量高的产业，成长性好，生命力强。

另外，知识创新或技术创新形成的高技术新兴产业在各大产业中都会产生。一段时期以来，我们描述的高新技术产业，主要是制造业中的高技术新兴产业，如生物制药业、电子通信设备业、新材料制造业等等。其实，在第三产业中，现代咨询业和信息服务业等虽然没有被列入高新技术产业，而它们是知识创新或技术创新形成的知识密集型服务产业。知识创新或技术创新形成的高技术新兴产业不仅在制造业和第三产业中产生，也在第一产业中产生，如，遗传和基因技术在育种产业的应用，形成育种业。我国的育种企业有的还成为上市公司，如丰乐种业成为深圳股市的绩优股。随着产业创新的深度发展，高技术新兴产业发展的趋势模糊了三次产业划分的界限。例如计算机业、网络业、激光视盘业，它们集设计、制造、服务于一体，难以划分其属于第二或第三产业。可见，高技术新兴产业对工业经济和农业经济的有力提升，伴随知识创新和技术创新的冲击，高技术新兴产业将整体带动产业升级，推动产业结构调整。信息科学技术的发展改变了传统制造业的工业经济模式，计算机制造业与软件业方兴未艾，信息传输设备与记录媒介制造业发展得如火如荼，而信息服务业也正在掀起一股浪潮。又如生命科学技术的创新使现代农业和医药业产生了一系列发展迅速的高技术新兴产业。

三、区域高技术新兴产业选择标准

高技术新兴产业选择是指从地区政府管理者的视角出发，在区域已形成的众多门类高技术新兴产业中，选择具有未来产业发展潜力的、产业发展空间较大的、产业要素和资源条件具有支撑力的、在未来产业结构中能建立地位的、有望成长为具备国际竞争力的那些高技术新兴产业类型和其产业部门。由地区政府对其进行战略规划，为其创造和优化发展环境，培育它们使其最终成为地区经济发展中的主导和支柱产业。

对未来产业的洞察力源自对未来需求，技术发展以及产业演化的认识。未来需求是形成市场的必要条件，对需求的充分认识，是判断未来产业发展方向的基础。需求可分为现实需求和潜在需求，而潜在的需求又可分近期可见的潜在需求和未来人们尚不知道但也符合人类需求本性的需求。就探索未来需求的有效途径而论，我们可以从现有需求演化入手，从分析现有产业、产品或服务在满足人的生存与发展本性要求的基本功能方面入手，进而找到这类产业、产品或服务今后演化的方向与空间，从而把握未来的需求。遵循这一原则，我们可以通过对现有产业、产品或服务的发展规模，对地区或区域、全国乃至国际市场的供给状况，高技术新兴产业、产品或服务的成长性、增长率来鉴别高技术新兴产业、产品或服务市场显性和近期可见的市场需求容量，并通过需求结构的变动趋势和变动速率来鉴别高技术新兴产业的潜在发展优势和未来创新方向。

技术的发展是推动产业创新的主导力量,它对于未来生活方式和未来产业的形成起到关键的作用。在许多产业中,技术发展过程具有很强的内在逻辑,具有路径依赖(path-dependence)的性质。就特定技术而言,在满足需求可能性前提下,其发展是有极限的。产业技术是以产业内众多企业的技术为基础的,其变革是一个积累性的过程。在技术发展的方向上受已在使用的技术和其发展水平的约束,如果认识到技术发展的积累性,技术随时间的变化就不再是随机的,而是受到与已有的技术活动密切相关的范围的限制。就是说,技术的发展趋势是可以预测的,技术的不确定性是有一定变化趋势的不确定性。在很多情况下,科学家和技术专家能很清楚地看出沿着某一方向和途径的技术发展相对稳定,沿着这种稳定的且与需求一致的方向努力,技术进步会很快,而由其技术支撑的高技术新兴产业会获得快速地成长。这些认识建立在产业技术创新以渐进性创新模式为主的假设基础上,不能排除重大科学技术的突破性进展,革命性的改变现有各类产业技术发展速率及空间分布。所以,我们可以通过区分不同产业类别中高技术新兴产业各产业部门技术先进性和产业技术潜力,以及技术和产品创新获得自主知识产权能力等方面来界定高技术新兴产业选择标准。

产业演变与需求和技术发展密切相关,这是因为需求是决定产业成长的基本条件,需求的变化会引导产业的更迭。产业生产技术可以分成两大类:一类是有助于产品本身不断变化革新的创造性技术;另一类是有助于产品或服务有效产出的工艺技术。厄特拜克(J. Utterback)的产品及工艺技术创新理论认为,在技术创新循环过程中,往往是先出现产品(或服务)技术创新,而紧随其后的是工艺技术创新。相关关系可用图 2-1 的模型表示。可见,产品技术与工艺技术的创新发展推动了产业的成长和产业转型演化。一个产业从诞生到成熟,实际上就是生产工艺技术从不成熟到成熟的过程。如果一个产业的技术发展速率下降,可能预示着该产业的成长极限的来临。产业演变可以通过产业结构和行业市场结构的变动趋势和变动速率反映出来,也可以通过高技术新兴产业生产技术的创新率高低和创新率的时间序列变化来鉴别高技术新兴产业成长成熟的状况。

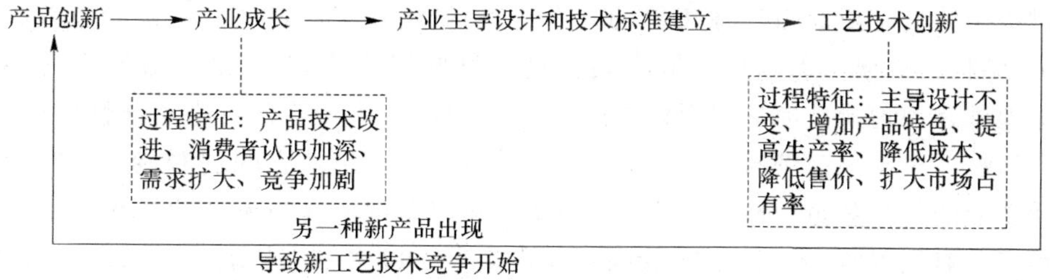

图 2-1　产品创新与工艺创新

此外，一个地区规划、选择和发展高技术新兴产业，还要考虑产业要素和资源的丰裕程度及其优势在哪里，要考虑区位的产业适宜性，经济和社会发展水平的承载力，甚至文化的相融性以及如何营造适宜所选择的产业成长发展的外部环境，其中尤为重要的是地方制度和政策环境等。

综上所述，我们可以归纳地区高技术新兴产业选择的三个标准，分别称之为：(1)资源支撑力标准；(2)高增长潜力标准；(3)结构竞争力标准。

资源支撑力标准要求选择发展的高技术新兴产业，其主要生产要素在地区应具有可得性，生产要素应质优且数量充裕。如地区发展高新技术产业，技术知识资源的可获得性是重要条件，且整体技术应具有先进性。技术发展要有相应的空间，表现出创造自主知识产权的能力较强，相应的产业技术创新率较高。地区拥有的丰裕技术知识资源能支撑产业持续创新。

高增长潜力标准要求选择发展的高技术新兴产业收入需求弹性高、产业生产率提升快。从需求方面看，它有市场潜力，需求的收入弹性高，国内外市场对产业产品具有巨大的需求，因而具有发展前景；从供给角度看，它有生产的潜力，生产率上升较快或技术进步速率较高，一般为反映当代世界科技新趋向、效益高的高技术新兴产业部门。具有大规模生产的可能性，较高的产出能力和产出增长率。

结构竞争力标准要求选择发展的高技术新兴产业，在现产业结构中具有一定的竞争地位；在未来潜在的产业结构中，具有强竞争力。前者判断基准为选择在行业间、行业内均具一定竞争力且该行业对地区工业的贡献力水平较高的高技术新兴产业；后者判断基准为选择发展的高技术新兴产业与经济体系其他产业的关联程度高、带动能力强，即产业的连锁效应或关联效应强，其产业技术结构有较强的融合和转换能力。

第四节　“十三五”促进产业创新集群发展的关键问题

为什么高技术产业要集群化发展？我们模仿硅谷、模仿我国台湾的新竹，从这个过程中我们是要获得产业集群的几个优势：聚集效应、共生效应、协同效应、区位效应、结构性效应。怎么样才能实现？过去科技部搞了53个国家级开发区，到现在遍地都是各种科技园区，实践的情况怎么样呢？2009年有一些实证性的研究成果，反映53个国家高新技术开发区聚集经济情况，结论是它的创新能力、知识溢出以及企业的衍生数量，都呈负相关的关系。从南京市的高技术产业情况来看，2009年南京共有国家级、省级、市级的高新技术企业700多家，总资产的61.5%在国家开发区，研发投入的57.2%在开发区，企业总数的48.5%在开发区。但是2009年的南京地区的高新技术产业的产品增值率仅为15.3%，同期全市工业产品增加值的平均值比它还要高 10 个百分点。这个研究结论说明什么呢？结论就是开发区实际上没有形成我们希望达到的创新驱动的效果，这是 2009 年的情况。

2016 年上半年由江苏省成立的一个军民融合科技与产业创新研究中心牵头，对江苏省内的军民融合产业示范基地创新能力进行评价，示范基地是响应国家工信部要建 50 个国家级的新型工业化基地以及 30 个国家级的军民融合产业示范基地号召建设的。针对这些示范基地建设情况，研究中心参照使用国家工信部的一个指标体系和政策框架参加它的评审工作，基地里面既有民的组成部分，还有军的组成部分。这次研究中心设计了产学研合作、R&D 投入、专利质量、知识溢出、军民融合产业效率、创新环境六个一级指标来评价基地创新能力。

江苏省有几个军民融合的产业集群，如苏州、张家港、泰兴、镇江、丹阳等地都有军民融合的产业集群，研究结果最后得出三个结论：第一个是产学研合作普遍偏低；第二个是研发投入除了丹阳和南京以外，其他的三个军民融合产业基地研发投入还是不足；第三个在知识溢出的指标上，创新主体在获得和利用外部知识方面的机会是欠缺的。

根据这些结论，说明到今天的产业集群并没有形成收益递增的投入产出比，产出比甚至低于投入比。现在产业集群的发展不尽人意，就是没有达到收益递增的理想状态。

第一，在“十三五”的规划中，产业集群成为地方经济发展的主流模式，从网上的数据来看，这种主流模式看起来前景不是那么乐观。比如，山东省在实施“十三五”规划的时候，要做很多产业集群，1 000 亿～2 000 亿规模的要做 30 个，500 亿～1 000 亿规模的要做 60 个，50 亿～100 亿规模的要做 200 个，并且在七个战略性新兴产业领域都要布局，同时在传统产业领域（纺织、食品、机械、汽车零部件）都要布局。

第二是关于机器人的规划情况，国家的机器人产业规划到 2020 年，根据多个权威机构的测算，大概是 1 000 亿的产值规模。但是目前来看，有 40 多个省市对机器人做了规划，其中排在前面的十个地区，像深圳、上海、南京、天津、沈阳、重庆等地规划的数值都超过了 1 000 亿产值，加在一起，不包括其他省市规划情况，大概是 1 万多亿的产值规模，是专家预测的情况的十倍。这就会形成一个过热的局面，钱从哪里来？从产业集群的投入上来说，从企业的角度上来说，创新投入是不足的，集聚是不足的，产业技术低端、附加值低，市场靠拼价格，到最后很可能又是一个产能过剩的结果，像光伏产业发展所遇到的情况一样，市场不确定最后就会形成这个结果。

根据这个情况，未来“十三五”涉及创新集群建设的关键问题究竟有哪些应该梳理出来提示政府注意？第一是既然政府必须干预经济的发展，必须干预创新过程，产业集群又是地方经济的主流模式，从这个意义上来看，各种园区过去规划缺乏合理的引导，造成业态比较乱，产值比较低的局面。在未来的“十三五”期间，主要解决新资源的聚集问题，这种资源就不再是过去传统的土地资源、自然资源，而主要是社会资源。这里社会资源涉及技术、人力资本、科技和创新资源等，没有这些资源的聚集，集群的创新是产生不了的。传统的自然资源要素已经不行了，必须是社会要素、高级要素的聚集。从现在的规划上来看，也非常令人担心，担心在什么地方呢？是东部、中部和西部都存在着目前的七大战略性新兴产业的超量布局，很多地方不具备新资源聚集条件。

第二是搞园区、搞产业集群建设必须以核心技术和关键技术为研发的龙头，它们可以在多个产业里形成创新；而且这个创新过程还是要从突破性创新着手，一旦突破可形成相应的一系列渐进性创新，这个时间过程应该有十到十五年的过程，这是第二个要解决的问题。

第三就是产业链的整体布局和持续性的创新，这要求要素的布局、聚集工作要同步。为什么这么说呢？因为上下产业链的物流是由产业上游往下游走，涉及零配件的问题，涉及进口的质量问题，这些都要从源头上来解决创新。但是从实际的创新推动过程来看，是从下游的整机产品向上游零配件追溯技术的要求，这样才能带来整个产业链的创新来实现收益递增和持续创新。

第四就是要实现公共科技服务的建设。特别是政府要把科技服务做起来，主要目的是加速知识的外溢，充分发挥产业集群、创新集群外部经济性的特点。

一个地区从国家产业发展情况来看，一个产业真正在国际上站住脚或者赢得竞争的能力，要有十年的时间，所以说政府要有耐心，要做好扎实的基础工作，同时在理论上要研究透。四个措施或者四个关键问题，可以是“与门”的关系也可能是“或门”的关系，只有是“与门”的关系，才能够实现真正的集聚。

参考文献

[1] 产业地理集中的理论分析及应用. http://www. exam8. com/lunwen/jingjixue/hangye/.

[2] 刘孟达. 区域经济发展新空间：基于绍兴产业簇群及其竞争力的实证研究[M]. 杭州：浙江大学出版社，2006.

[3] Ellison，Gleen，Glaeser，Edward L.. The Geographic concentration of industry：Does Natural Advantage Explain Agglomeration? [J]. American Economic Review，1999，89(2)：311-316.

[4] Gleen E, Glaeser，E L. Geographic Concentration in U. S. Manufacturing Industries: A Dartboard Approach [J]. Journal of Political Economy. 1997，105(5)：889-927.

[5] 索林根. http://baike. baidu. com/link? url=QmaFuQ9W1cRWqx0REDnLsC4i4887SVB7-93buOggT5pmc1SmJXxIyQ4OluqWf1vV

[6] 金饰加工. http://baike. baidu. com/link? url=-iE4lNI7t1DD72SKGiyd5ONCJ01TLRmgvdddCAR3K7YYn5nHNJN4h3Jq_4sKvJ0Q

[7] 胡蓓. 产业集群的人才集聚效应理论与实证研究[M]. 北京:科学出版社,2009.

[8] 埃马克集团. http://baike. baidu. com/link? url=eWBwTMGV3QJIUN5lzmkqubh0oWTubBkjvJnkYO97DyWJC_tjYZTqs14uecXxrSD08B5UJRW43QtznrgnonMJWK

[9] 德国产业集群发展情况. http://hi. baidu. com/myairbus/item/8a4848d9136f3ff793a974b8.

[10] 莱昂. http://scenery. nihaowang. com/scenery11314. html.

[11] 段文娟,聂鸣,张雄. 价值链治理对发展中国家地方产业集群升级的影响研究——以巴西西诺斯谷鞋业集群为例[J]. 软科学,2006,20(2).

[12] 邬爱其,张学华. 产业集群升级中的匹配性政府行为——以浙江海宁皮革产业集群为例[J]. 科学学研究,2006,42(6):878-884.

[13] 骆静,聂鸣. 发展中国家集群比较分析及启示[J]. 外国经济与管理,2002(3).

[14] 迈克尔·波特. 国家竞争优势[M],北京:华夏出版社,2002.

[15] 梁晓艳,李志刚,等. 我国高新技术产业的空间聚集现象研究——基于省际高技术产业产值空间计量分析[J]. 科学学研究,2007,25(3): 453-460.

[16] 王子龙,谭清美,等,高技术产业集聚水平测度方法及实证研究[J]. 科学学研究,2006,24(5):706-714.

第三章　知识经济:动态环境与企业战略范式转型

第一节　技术知识要素:内生经济增长与政府规制

保罗·罗默(Paul M. Romer)1983 年的博士毕业论文《动态竞争分析中的外部性和收益递增》被认为是新经济增长理论(也称内生增长理论)的开端,他在 1986 年建立了内生经济增长模型,把知识完整纳入到经济和技术体系之内,使其作为经济增长的内生变量。保罗·罗默承认生产函数理论,但他除了考虑资本(K)和劳动(L)外,他提出的四要素增长理论又加上了人力资本(以受教育的年限衡量)和新思想(用专利来衡量,强调创新)。

一、罗默模型的合理性[1]

(1) 罗默承认知识能提高投资收益,从而说明了一定时期内投资收益率的现象和各国经济增长率的非收敛性及长期收益增长的原因。

(2) 新古典理论认为技术进步只是外生决定的、偶然的、无成本的资源,而罗默等人的理论认为知识是一个生产要素,而在经济活动中必然存在像在机器上投资一样在知识上投资。

(3) 罗默承认投资促进知识积累,知识又刺激投资,形成一种良性循环,从而得出投资的持续增长能永久性提高增长率的结论,这曾是传统理论一直否定的观点。

二、内生增长理论两种模型

内生增长理论大致有两种模型,第一种是建立在阿罗(Arrow)的干中学模型基础上的模型,包括罗默的知识外溢(1986)和卢卡斯的人力资本模型(1988)等;第二种是将 R&D(研究和开发)、不完全竞争整合进增长框架的技术进步模型,代表人物有罗默(1987,1990)、阿洪和霍伊特(1992)以及格罗斯曼和赫尔普曼(1991)。第二种模型明显受到熊彼特创新思想的影响，这类模型往往被称为新增长理论中的新熊彼特主义的复兴，特别是阿洪和霍伊特、格罗斯曼和赫尔普曼被视为新熊彼特主义的代表人。

三、新经济增长理论的重要意义

新经济增长理论具有五点重要的意义。

第一，新增长理论将知识和专业化的人力资本引入增长模式，认为知识和专业化的人力资本积累可以产生递增收益并提高其他投入要素的收益，进而使总的规模收益递增，这就说明了经济增长持续的、永久的源泉与动力。

第二，新增长理论对新古典增长理论的一个重要修正是放弃了技术外生化的假定，突出技术的内生性，强调大部分技术或知识是经济主体源于利润最大化的有意识投资的产物。

第三，新增长理论指出了边干边学以及知识外溢在经济发展中的重要作用。在经济发展过程中，厂商可以从自己的投资活动中学会很多东西，其知识存量是投资量的函数。

第四，新增长理论强调发展中国家在经济发展过程中对外开放的重要性。新增长理论认为，国与国之间发展对外贸易不仅可以增加对外贸易的总量，而且可以加速世界先进知识、技术和人力资本在世界范围内的传递，使参与贸易的各国的知识、技术和人力资本水平得到迅速提高，获取边干边学和知识外溢效应。

第五，与新古典增长理论不同的是，新增长理论重新确立了政府政策在经济发展中的地位。

四、科学技术的公共物品和准公共物品属性

(1) 关于"非竞争性"和"非排他性"

严格意义上的公共物品具有非竞争性和非排他性。所谓非竞争性，是指某人对公共物品的消费并不会影响别人同时消费该产品及其从中获得效用，即在给定的生产水平下，为另一个消费者提供这一物品所带来的边际成本为零。所谓非排他性，是指某人在消费一种公共物品时，不能排除其他人消费这一物品(不论他们是否付费)，或者排除的成本很高。

(2) 对"准公共物品"的再认识

公共物品可分为三类：第一类是纯公共物品，即同时具有非排他性和非竞争性。第二类公共物品的特点是消费上具有非竞争性，但是却可以较轻易地做到排他，有学者将这类物品形象地称为俱乐部物品(club goods)；第三类公共物品与俱乐部物品刚好相反，即在消费上具有竞争性，但是却无法有效地排他，有学者将这

类物品称为共同资源或公共池塘资源物品。俱乐部物品和共同资源物品通称为“准公共物品”,即不同时具备非排他性和非竞争性。

(3) 科学技术属于公共物品和准公共物品

科学技术可以分为三类研究,它们都具有非竞争性或非排他性,因此属于公共物品和准公共物品。

基础研究:以发现自然规律和发展科学理论为目标。

应用研究:为特定的应用目的所进行的创新科学研究,把基础研究成果应用于解决新技术、新产品、新工艺、新方法等目标所进行的“科学原理”的研究。

发展研究:是创制新材料、新设备、新产品、新工艺等方面的研究(无法有效地排他)。

五、内生经济增长模型再认识与政府规制

罗默于 1986 年发表了著名的论文《收益递增和长期增长》,该模型假定完全竞争并采用全经济范围的收益递增和技术外部性来解释经济增长,它成为第一阶段内生增长理论的代表性模型之一。由于完全竞争的假设一方面限制了模型的解释力和实用性,另一方面,无法较好地描述技术商品所具有的非竞争性和部分排他性的特殊属性,1990 年罗默在《内生技术进步》一文中又提出了他的四要素三部门模型。该模型有三个基本前提或假定:第一,技术进步是经济增长的核心;第二,大部分的技术进步源于市场激励而致的有意识的投资行为,即技术是内生的;第三,创新能使知识成为商品。罗默特别强调知识商品的特殊性:使用上的非竞争性(non-rival)和占有上的部分排他性(partially excludable),由此产生了两个重要结果:①使用上的非竞争性的商品可以无限地累积增长;②不完全的排他性和不完全的独占性使知识可以产生溢出(spillover)效应,经济具有长期的收益递增性[2]。在该模型中,经济中包含着研究部门、中间产品生产部门和最终产品部门的分工。产品品种的增加表明分工的演进,分工演进又等同于技术进步,而增长则是技术进步的结果。但罗默认为分工的演进将导致厂商拥有一定的市场力量,因而分工与完全竞争不能相容,必须在垄断竞争的框架下说明分工或技术进步对增长的决定作用。

Arrow 指出,人们是通过学习而获得知识的,技术进步是知识的产物、学习的结果,而学习又是经验的不断总结,经验的积累体现在技术进步上。一方面一个增加了其物质资本的企业同时也学会了如何更有效率地生产,生产或投资的经验有助于生产率的提高,经验对生产率的这一正向影响被称为干中学(learning-by-doing)或边投资边学(learning-by-investing)。另一方面一个生产者的学习会通过一种知识的外溢过程传到另一个生产者,从而提高其他人的生产率。

内生经济增长模型有两个关键假设:第一个关键假设是干中学要靠每个企业的投资来获得。特别地,一个企业资本存量的增加导致其知识存量同样增加。第

二个关键假设是每一个企业的知识都是公共物品,其他任何企业都能无成本地获得。换言之,知识一经发现就立刻外溢到整个经济范围内。这样一个瞬时扩散过程之所以在技术上可行,是因为知识是非竞争性的。Romer(1986)后来证明在这种情形下仍可以在竞争性框架中决定一个均衡的技术进步率,但是所造成的增长率将不再是帕累托最优。更一般而言,如果发明部分地依赖于有目的的R&D努力,而且如果一个人的创新只能逐步扩散给其他生产者,则竞争性框架将崩溃。

将R&D理论与不完全竞争整合进增长框架中始于Romer(1987;1990);Aghion and Howitt(1992);Grossman and Helpman(1991,chapter3, chapter4)等人提出的模型。在这些模型中,技术是有目的的R&D活动的结果,而且这些活动获得了某种形式的事后垄断力量作为奖励。研究和开发(R&D)技术水平可以被诸如R&D支出之类的有目的的活动所推进,这样的内生技术进步将使得我们从总量水平上的递减报酬的束缚中摆脱出来,特别是如果技术上的进步能以一种非竞争的方式被所有生产者分享的话。对于知识进步,也就是对新思想而言,这一非竞争性是存在的。如果经济中不存在想法、观念耗竭的趋势,那么增长率在长期中可以保持为正。然而由于新产品及新生产方法的创造有关的扭曲的缘故,增长率和发明活动的基本数量趋于不再是帕累托最优。在这些框架中,长期增长率依赖于政府行动,诸如税收,法律和秩序的维护,基础设施服务的提供,知识产权的保护以及对国际贸易、金融市场和经济的其他方面的管制。也就是说,由于知识的溢出效应和专利的垄断性,政府的干预是必要的。比如,政府可通过向研究者、中间产品的购买者、最终产品的生产者提供补贴来提高经济增长率和社会福利水平。

第二节　现代企业战略理论及其主流范式的演化与评述

一、现代企业战略理论

自20世纪60年代初期钱德勒(Chandler)揭开企业战略研究的序幕以后,随着经济学对企业认识的逐步深入,不断演变,形成了“结构跟随战略”学说、“安东尼-安索夫-安德鲁斯”范式(anthony-ansoff-andrews paradigm)、产业组织理论的“结构-行为-绩效”分析范式和波特的行业定位竞争战略模型、以资源为基础的战略理论、学习学派和核心竞争能力模型等。20世纪90年代以后,创新和创新未来成为企业战略研究的重点,在此背景下,超越竞争成为战略理论发展的一个新热点,有较大影响和代表性的如德-博诺提出的超越竞争理论、莫尔提出的企业生态系统理论、达韦尼提出的超级竞争模型等。

无论在古典经济学还是新古典经济学市场完全竞争模型中,企业被定义为一个不同生产要素投入的"黑箱",是由一定技术经济条件约束的投入产出函数,从本质上看,企业是同质的,市场处于长期均衡状态。因此,企业的竞争优势是短暂而可以忽略的。但是这无法解释现实中大量存在的企业利润差别。这种理论和现实的差距直接导致经济学家对企业"异质性"的研究,例如马歇尔曾关注过企业内部要素对企业成长的不同影响,彭罗斯从企业内生成长和知识积累角度分析企业之间的利润差别。这些研究直接促进了企业战略理论的发展,并规定了企业战略理论研究的主要内容就是企业竞争优势如何获取、培育、保持、转移等,不同的战略流派都提出了不同的理论解释和实证研究,例如梅森和贝恩(E. S . Masson, J . S. Bain)从市场结构的不完全性解释企业的利润差别;波特从行业定位说明企业竞争优势的获取;普拉哈拉德(C. K. Prahalad)和哈默尔(Gary Hamel)则主要从企业内部核心能力的角度解释企业持续竞争优势和高于行业平均利润是如何获取的。因此,企业战略理论的实质是研究企业之间利润差别和长期利润保持的学说。

(一)企业外在成长战略理论

在企业获得竞争优势来源的解释方面,关注企业外部环境分析的企业外在成长论包括三种战略流派:①"组织跟随战略"理论;②"安东尼-安索夫-安德鲁斯"范式;③"产业定位战略"理论。最具代表性的是波特的产业定位战略思想。

在波特以前,企业战略的着眼点仅限于企业自身,它们期望通过对企业自有的优势、劣势和环境中潜在的机会、威胁的分析,将战略定义为公司能干什么与它可以做什么之间的一种配比。波特明确指出,在企业考虑战略时,必须考虑其所处的外部环境,而行业则是企业经营所面临的最直接的环境。那么,企业战略制定就必须考虑两个方面的因素:一是企业所处行业的结构;二是企业在所在行业中的竞争地位。并且,波特以五力量图为分析工具,指出企业取胜的关键在于确定有吸引力的竞争领域,而决定行业潜在盈利的因素在于五种力量。波特的产业结构分析方法实际上是基于企业在整个行业中所处的位置,把重点放在了整个产业水平这个外部环境上。

(二)企业内在成长战略理论

持企业内部的资源和能力是企业获得竞争优势源泉的观点的战略流派包括三种:①资源基础理论;②学习学派;③企业核心能力理论。最具代表性的是普哈拉德和哈默的核心能力战略思想。

尽管安德鲁斯也曾强调了企业应通过更好地配置其自身的资源而形成独特的能力,以获取竞争优势,但真正以内部条件为重心的战略观念形成于20世纪90年代初期。随着普拉哈拉德和哈默尔于1990年在《哈佛商业评论》上发表了一篇具有标致性的文章,引入了"核心能力"一词,企业竞争优势的获得及战略管理的观念也就从公司的外部转向企业的内部。核心能力理论强调了企业竞争优势来源于企业组织的内部,企业新战略的采纳则依赖于公司现有的资源水平及体现在企业内部的技术能力与管理能力。所以，以核心能力为基础性概念的核心能力学派认为，与其说市场竞争是一种基于产品之上的竞争，还不如说是基于企业核心能力的竞争。因为，企业的经营能否成功已不完全取决于企业向市场提供的产品、市场的结构等因素，更依赖于企业对市场变化反应的能力，只有具备这种能力的企业才能在市场中得以长期生存，并形成自身独特的竞争优势。

（三）企业生态系统战略理论

随着科学技术的不断发展，全球经济一体化趋势的不断加强以及市场竞争的日益激烈，已有越来越多的企业感觉到仅靠企业自身的资源求得发展受到了极大的限制。企业不得不将战略视野从单一企业（企业自身）转向战略联盟。联盟网络使每个领域的企业更容易合作并发掘新的市场的机会。所以，杰姆斯·摩尔提出了一种新的竞争形态——企业生态系统，他把系统的方式用于企业战略，认为企业不能被看作是单一行业的一个成员，而应被看作是跨越多个行业业务体系的一部分。在一个业务生态系统中，公司之间围绕一个新的创新而共同进化其独特的能力；它们相互合作与竞争以支持新的产品，满足顾客的需要，并最终吸收下一轮的创新。如苹果计算机在当时是一个至少跨越四个行业生态系统的领先者：个人计算机、消费者电子学、信息与通信。苹果业务生态系统还包括了诸如摩托罗拉与索尼公司在内的供应商网络与不同市场的消费者网络。当然，几个相同的业务生态体系为生存或为获得统治地位而进行竞争，如 IBM 与 APPLE 企业生态系统在个人计算机之间的竞争。此外，摩尔还把将来业务生态系统的进化分成了四个阶段：产业、扩展、领先与自我更新。

二、主流企业战略理论范式的演化和评述

20 世纪六七十年代的企业战略理论被称为古典战略理论，几乎同时产生了两个学派，即设计学派和计划学派。尽管它们在战略形成构架和具体主张等方面存在差异，但其核心思想是一致的，都认为企业战略的基点是适应环境，战略目标在于提高市场占有率，战略实施要求组织结构的变化与适应。这些思想为企业战略理论的形成与发展奠定了基础。这两个学派在战略形成的分析和推理时，隐含的前提有两个：一是通过分析、经验和洞察力结合，高层管理者可对未来进行可靠预测，制定合理的战略并加以执行；二是环境是可以预测的或基本可以预测，战略的制定和执行可以分离。因此，古典战略理论的基本范式假定企业所在的产业是市场发育相对成熟、产品概念相对清晰、产业界限相对固定、产业内竞争规则相对确定的产业。古典战略是在某一已确定的产业构架内研究影响企业取得竞争优势的因素和方法。随着科技的发展和企业环境中不确定因素的增多以及产业结构调整、变化的加剧，人们在对战略过程和效果研究所反映出的战略制定与实际实施的不一致性中发现，古典战略的缺陷在于它仅从外部、已结构化了的产业市场环境考

察企业的战略问题，导致了企业追求生存与发展空间的有限性和对环境适应的被动性。

20世纪80年代，迈克尔·波特的企业竞争战略理论把产业结构分析作为企业制定战略的起点，将企业战略的重点放在产业环境的选择和已选择产业中的企业定位上，使产业组织理论的SCP范式与企业竞争战略实现了创新性的兼容。他从企业的内部环境出发，提出以价值链为基础的战略分析模型，从而把战略制定与实施通过竞争优势这个中心有机地结合起来。虽然迈克尔·波特的竞争战略理论为企业战略理论的发展做出了重要贡献，但其理论的核心观点是坚持企业利润和竞争优势的外生性，尤其是强调外在市场结构不完全性的决定作用。波特战略理论的基本范式隐含的前提是各个产业环境是相对稳定的，企业可以选择进入不同的产业从而选择不同的外部环境和外部市场结构。尽管波特的价值链认同企业的异质性，但在他制定战略所考虑的主要影响因素作用时，却坚持生产要素完全竞争性和自由流动的观点[3]。波特的企业竞争理论遭到质疑，在于它忽视决定未来市场竞争的潜在竞争，这种潜在竞争发生于未结构化的产业中。卢曼特(Rumelt 1982)的研究表明，产业结构作用是有限的，产业内企业之间的利润分散程度是产业之间的3～5倍。波特的理论对企业内部资源禀赋重视不够(刘征，2001)，疏漏了企业资源利用对战略管理的重要性。

20世纪80年代以后，世界经济格局发生了深刻的变化，企业经营环境的变化日益明显，技术创新加快，国际竞争加剧，需求呈现多样化。产业环境的动态性特征削弱了波特理论对企业现实经济活动的解释力。1990年普哈拉德和哈默在《哈佛商业评论》上撰文《企业的核心能力》，使企业能力理论作为快速发展的企业理论开始直接应用于企业战略管理中。企业能力理论起源并依存于门类广泛的经济学理论，如进化经济学、现代产业经济学，甚至在马歇尔的著作中也能找到相关论述，这些经济学理论都与企业能力理论保持了逻辑上高度一致的和谐关系。有学者认为，这一优势意味着企业能力理论对于战略研究领域的深入探讨已无懈可击。核心能力理论的提出以企业的异质性假设作为考察企业竞争行为和竞争优势的基础。企业异质性假设的基本含义包括：(1)企业是一个历史的不断内生成长和演化的有机体，企业在成长中长期动态积累的知识和能力是独特的、有价值的；(2)企业的核心知识和能力作为企业的关键性生产要素是非竞争性和难以模仿与替代的，其他企业无法通过市场公开定价而获得，且其他企业的模仿和替代行为面临成本约束。

在企业的异质性假设基础上，企业通过核心知识和能力的积累及其相应的竞争行为或战略获得持续的竞争优势或超额利润。企业能力理论强调企业竞争优势的内生性，即是企业长期内生成长的结果。正如彭罗斯(Penrose 1959)强调的那样：企业成长和演化过程中知识积累的这种独特性决定了不同企业组织经济活动具有不同的效率水平。里普曼和卢曼特曾推断：如果企业无法有效地仿制或复制优势企业产生核心知识和能力的资源，那么，企业间业已存在的效率差异将无法消除。尽管该理论有较强的解释功能，更具实践性和应用性，但学者们不满足于一些概念命题，力求使核心能力的界定满足可操作性的要求，于是出现了多种理论观点。归纳起来有整合观、网络观、协调观、组合观、知识载体观、元件-构架观、平台观和技术能力观等[4]。

面对经济全球化，贸易壁垒的减弱，地域市场的避风港不复存在，企业面临全方位的国际竞争冲击。随着供给多样性和丰富化，生产者和消费者关系发生了根本改变，消费者已成为起决定作用的一方。企业应以什么产品或服务、以什么方式来获得消费者满意，这个问题对企业构成严峻的挑战。同时，技术的加速进步推动了产业创新的异常活跃。企业间潜在的竞争发生于未结构化的产业中，创新未来产业或改变现有产业结构成为制定企业战略的出发点。20 世纪 90 年代后期，我国学者芮明杰、余光胜(1999)提出了产业制胜企业战略理论，认为任何一个产业市场中企业之间的竞争要经历产业先见之争、核心能力之争和市场地位之争三个阶段。尽管这一理论找出了潜在竞争的领域，但仍没能够把产业先见与企业核心能力培育之间内在关联的微观机制阐述清晰。由此，从操作性视角看，产业制胜理论在指导企业战略制定上仍然力不从心，但产业制胜战略理论成为本书进一步讨论企业战略理论向技术制胜战略范式转变的基础。

第三节　企业外部环境动态性不断加剧的直接驱动因素分析

企业面临的一般环境和产业环境的动态性不断加剧，迫使企业必须用新的战略思维和行为去应对，改变环境的直接因素主要表现在以下方面。

一、经济全球化浪潮改变了企业面对的市场环境

经济全球化进程使得各种生产要素能够在全球范围内极大程度地得到流通，特别是信息作为一种新的生产要素，比传统生产要素具有更强的流动性。而信息和信息技术也反过来促进了其他生产要素在全球范围的流动速度和流量。生产要素的全球化流动，通过市场机制改变着某些国家或地区的要素供给状况，使企业可选择的生产范围产生变化，企业需要重新优化自身的资源配置以适应全球化的生产要素市场。同样地，在产品市场上，企业在经济全球化中面对的是更加广阔市场和更加多样化的客户，面对的是个性化的需求和消费者偏好的改变，这使企业很难精确预测未来市场的需求，而业已出现的新市场可能没有在企业的视野之内。所以企业必须更加柔性地组织 R&D 活动，更加柔性地从事产品生产，更快地响应随时改变的个性市场。

二、知识经济的崛起改变了传统产业的发展模式

中国科学院提供的一份研究报告指出[5]，知识经济正逐渐成为国际经济的主导。知识经济作为一种全新的经济形态或模式，与传统经济比较其突出特征在于它是一种信息化、知识化和智能化的经济。信息、知识和智力成为重要的资源和财富。国家与国家、地区与地区、企业与企业之间的差距，主要表现在对信息与知识的生产、传播、使用能力上的差异。在工业经济发展中，大量资本、设备等有形资产的投入起决定性作用，而在知识经济中，智力、知识、信息等无形资产的投入起决定作用。应用知识提供智能、添加创意成了知识经济活动的核心问题，而智能表现在特定人才和技术上的创造能力和拓展能力，其主要形态是特定知识及其开发和运用。经济结构在发生变化，知识产业将超出其他产业的总和。

知识经济也是一种网络化经济，表现在信息技术影响扩大，信息网络飞速扩展。同时，经济活动中合作网络普遍加强，例如，战略联盟、伙伴关系、客户网络、市场网络和生产网络等。创新成为知识经济的灵魂，成为企业竞争和事业成功的关键。知识经济时代，技术创新速度大大加快，国家创新系统功能不断增强，技术创新成为经济增长的最重要的动力。

三、技术进步不断加速，引起产业环境的急剧变化

技术进步不仅通过改变要素投入结构、创新先进制造设备和提高劳动者的素质而使生产力获得快速提升，而且直接产生了许多新兴的产业和产业部门，引起了产业结构的变化。如信息技术和生物技术的进步带来的IT产业和生物医药产业正在或者已经成为区域经济、特别是某些发达地区经济发展中的主导和支柱产业[6]；技术进步刺激和创造了新的需求，改变了消费结构，随之而来的是引起市场供求状况和趋势发生变化；产业结构交换，主导和支柱产业更替也导致了贸易结构的变化。一个普遍的事实是：各个行业的产品生命周期在下降、产品创新的速度在加快、行业竞争的主战场也由价格竞争向非价格竞争转移，依靠技术进步实现差异化已渐成竞争的主流形式。可见，技术进步成为产业环境变化的主要驱动力量。技术进步的不断加速和技术的突变常引起产业环境的急剧变化。在我国民用消费市场，VCD产业对录像机产业的毁灭性打击就是一个典型的案例。

此外，企业外部环境的动态不确定性还反映在随着资本市场的发达，政策管制的放松，竞争者超出所监测的程度，潜在竞争者无处不在，竞争对手之间的战略无法预测；企业供应链随着社会分工的深化，迂回生产程度提高，受需求信息偏差和供应时间延迟的函数积累放大原理的支配[7]，供应链动态不确定性的增大会导致企业丧失竞争力。除此还存在其他外部因素的变化都成为迫使企业战略范式变革的力量，这些因素如图3-1所示。

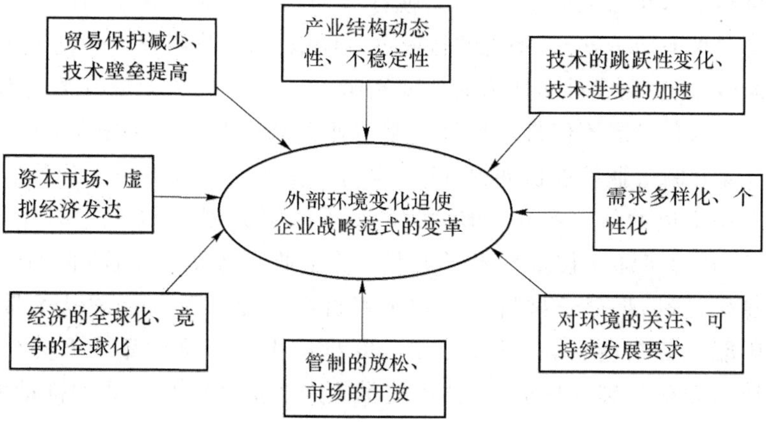

图 3-1 导致企业战略范式变革的外部因素

第四节 技术制胜的企业战略范式的事实基础

一、知识和技术创新是推动新兴产业形成的直接因素

众所周知，科学技术是在生产劳动的基础上不断总结经验、认识而产生的。但是到了近代，科学技术赶在了生产的前面，科技活动先行于生产活动已是不可辩驳的事实。在当代生产的大部分领域和大部分过程中，没有科学技术的先行论证、设计、装备、规划，根本就不可能开始任一生产过程。科学认知转化为技术手段、技术措施，而技术手段和技术措施又转化为生产过程。马克思始终把科学技术看作是可转化为直接生产力的知识形态、潜在形态的生产力，因而是“历史的有力杠杆”和“最高意义的革命力量”[8]。科学技术对生产强大作用可参见表 3-1。

表 3-1 科技转化为生产力的加速性[9]

单位：年

	蒸汽机	汽车	电报	计算机	原子弹	激光
发明年限	1687 年(牛顿)	1862 年(罗沙)	1873 年	1936 年	1938 年(哈恩)	1958 年
应用年限	1776 年(瓦特)	1903 年	1901 年	1946 年	1945 年	1961 年
转化时间	89	41	28	10	7	3

现代科学技术是伟大的生产力，它使社会的产业结构出现了新的改组。古代社会的科学技术水平低下，劳动密集型行业占主导地位；近代科学技术的发展引出了一批资本密集型行业；现代科学技术的主要贡献之一是导致一大批科学技术知识密集型行业面世。信息发展不仅带动计算机制造业与软件业的方兴未艾，而且信息传输设备与记录媒介制造业发展也如火如荼；生物工程技术发展带来了现代农业和医药业一系列发展迅速的新兴产业，如动植物育种业、多元疫苗、新抗癌药物、激素等的大规模生产；利用海洋学技术发展起了海洋养殖业和海洋采矿业；再如新材料所形成的多种复合材料、高分子材料和生物医用材料产业以及新能源技术带来的核能发电和太阳能设备制造业等。可以推论，20 世纪中叶以来的重大产业创新活动都是在知识技术创新基础上形成的，技术变革是产业更新的最主要的推动力量。

因为新产品、新工艺、新材料、新能源、新技术的发明和利用，扩大了社会分工的范围，创造了生产活动的新领域，形成了新的生产门类和生产部门。只要我们回顾一下历史上发生过的几次产业革命就可以明白这个道理。在第一次产业革命时期，纺纱机的发明，不仅使纺织工业发生了革命性变革，而且由此带动了冶金、采掘、机械制造、交通运输等产业的兴起和发展，一大批新的产业部门建立起来了，使资本主义生产由工场手工业时代向机器大工业时代转变。以能源革命为首的第二次产业革命，使照明、动力等产业产生了突破性飞跃，引发了电机电器产业、通信产业等一系列新兴产业的诞生，使产业结构发生了巨变。石油化学工业技术的发展使得石油这种能源得以普遍应用，从而使汽车产业、飞机产业、精细化工产业等一系列新兴产业得以诞生，产业结构再次发生巨变。而以微电子技术、原子能技术、光学技术、新材料技术等高技术为基础的第三次产业革命，又导致了电子计算机工业、核能及核工业、电视工业、航天工业等一系列新兴产业的兴起。

二、技术关联决定产业关联

在国民经济体系中，任何一个部门都以它们的产品供给社会，满足全社会生产与生活的需要。本部门在生产产品时所需要的原材料、能源和基础设施等则靠其他部门供应。但依靠哪些部门供给哪些生产资料，供给何种质量、数量和性能的生产资料，则是由它所应用的生产技术体系来决定的。比如，当铁路运输部门采用蒸汽机车技术体系时，它就需要煤炭部门供应煤炭；而当技术进步使铁路运输部门使用内燃机车时，那么，它就需要石油来启动火车了。这样，铁路运输部门是与煤炭部门还是石油部门发生联系完全是由铁路运输部门的技术体系决定的。所以说，不同产业部门的内在关联主要取决于它们之间的技术关联。这一点可以通过投入产出表来加以说明，如表 3-2 所示(仅以投入产出表的第Ⅱ象限加以说明)。

表 3-2　投入产出表(第Ⅱ象限)

各部门中间投入分配情况	各部门中间产品分配情况				合计
	部门 1	部门 2	…	部门 N	
部门 1	X_{11}	X_{12}	…	X_{1n}	$\sum X_{1j}$
部门 2	X_{21}	X_{22}	…	X_{2n}	$\sum X_{2j}$
…	…	…	…	…	…
部门 N	X_{n1}	X_{n2}	…	X_{nn}	$\sum X_{nj}$
物耗合计	$\sum X_{i1}$	$\sum X_{i2}$	…	$\sum X_{in}$	

由投入产出分析的知识我们知道，第Ⅱ象限又被称为部门交易象限，$X_{ij}(i,j=1,2,\cdots,n)$代表第 i 部门在一年内分配给部门 j 的产品数量，也就是 j 部门消耗 i 部门的产品数量。从水平方向看，它表明了各个部门的产品除了自用之外，还要分配给其他部门作为中间产品的情况；从垂直方向看，表明了各部门为生产一定的产品而消耗其他部门(包括本部门)产品的情况。它反映了国民经济各产业部门之间的生产分配的联系。这种联系除了受到产业部门划分及产品价格变动的影响外，主要是由国民经济的生产技术结构决定的[10]。

由此可见，各产业部门之间由于存在一种内在的技术关联而联系在一起，某一产业部门的生产技术体系变化就可能会引起相关部门的相应生产技术体系变化，这种生产技术联系的变化将带来产业结构的转换，每一次重大的技术进步都对产业结构产生重大影响。

三、技术融合催化产业的相互渗透与融合发展趋势、产业界线日趋模糊

在这一轮新技术革命中，技术进步与传播的速度明显加快，技术应用的范围显著扩大，技术融合的程度不断加深，这些特征在宏观上导致了国际经济结构的加速重组和整合，在产业层面上则导致了产业融合发展的新趋势，直接促进了产业创新，且使传统意义上的产业界线日趋模糊。

产业融合发展的主要方式有三种[11]：(1)高技术融合和多种传统技术融合可形成新兴产业，以及高技术及其相关产业向其他产业渗透融合形成的新型产业。如电子邮件是计算机技术与通信技术结合创新的结果，光学纤维是纺织与化工技术结合创新的产物；而信息和生物技术对传统工业的渗透融合，产生了诸如机械电子、航空电子、生物电子等新兴产业；又如电子网络技术向运输业渗透而产生的物流业等新兴产业。(2)产业间的延伸融合，即通过产业功能互补实现产业间的融合。目前世界上兴起的工业旅游、观光旅游、康复旅游、科技旅游等专项旅游实质是旅游业与其他产业广泛的融合发展的结果。(3)产业内部的重组融合。如农业通过生物链把产业内部的种植业、养殖业与畜牧业融合起来，形成生态农业的新业

态。工业内部的产业调整也有类似的融合,通过供应链把上、中、下游相关联的产业联系在一起,与一般的产业纵向一体化不同的是,这种融合最终产生了新的产业形态。高技术与传统产业的融合和结合,能够促进传统技术体系高级化,从而推动产业结构向高级化、集成化的方向发展。如陶瓷技术、机械技术、冶金技术等传统产业技术与微电子技术的结合,形成了新陶瓷技术,相应地从传统的陶瓷业、机械业与传统的电子工业中产生出新兴的高技术产业——精密新陶瓷产业。

新兴产业是在新技术与传统产业的融合中产生的,同时又进一步加强了技术和产业的融合,推进技术结构和产业结构的进一步变化,从而不断实现产业结构的高级化。可以看出产业之间的生产技术联系决定了业已形成的产业结构,而这种生产技术联系的变化将带来产业结构的转换。

四、技术是企业竞争力构成内部来源的基础性要素

现有研究表明[12],企业竞争力来源于两个方面:企业内部经营系统和外部环境作用系统,即企业竞争力来源包括内部来源和外部来源。企业竞争力内源模型如图 3-2 所示。

- 企业竞争力的内部来源
  - 直接来源
    - 价格及成本
    - 质量
    - 品牌
    - 差异化
    - 服务
  - 间接来源
    - 管理
    - 技术
    - 人力资本
    - 创新
    - 企业文化
    - 核心能力等

图 3-2 企业竞争力内源模型

深入分析模型中各要素的相关联系,可知企业竞争力的构成要素间存在一系列相互嵌套的函数关系:企业通过知识技术创新,可以提高生产率,降低成本,而通过知识技术创新是实现差异化以及展开差异化竞争的主要手段;企业可以通过技术改进或工艺优化或通过管理技术的运用(如 ISO 9000 质保体系),提高产品质量;而产品质量、成本和差异化优势又集中反映在企业品牌形象中;在高质量服务成为企业竞争优势重要来源的今天,信息和网络等技术已成为加强客户管理,提高服务水平的主要工具和方法。

技术与企业管理的关系:一方面,技术变革及新技术的引入,促进了企业管理

形态的变革,如随着网络信息化被企业广泛运用,内部无边界的、网络型和虚拟型的管理模式诞生了。另一方面,企业管理的原则和方法在本质上是有技术决定的;人力资本是由内化于高素质劳动者身上的知识、工作与技术能力体现出来的。在企业中,属于人力资本的人,即是企业知识、技术水平和能力的载体;创新作为一个综合的进化过程,它包括企业业务和管理各环节、各方面的创新。在熊·彼特创新理论包含的技术、经营、组织管理和制度创新中,技术创新是关键。正如前述,技术变革会推动经营、组织、管理和制度的变革;关于核心能力,普拉哈拉德和哈默尔在定义中表述时将其观点聚焦在不同技能与技术流的整合上。有学者认为,创新过程是核心能力建立、提高和应用的核心,核心能力最终体现为企业绩效,还要依赖于企业高效率地推出高效益的技术创新;不同的企业拥有不同的企业文化,如果企业文化与竞争战略相吻合,可以强有力地巩固一种基本战略以寻求建立竞争优势,而企业文化本身并无优劣之分。在知识经济发展和产业环境高度动态化的今天,鼓励创新、发挥个性和承担风险是创新型企业文化的价值观念,它与现代社会科技文化主流同源,而技术进步是其内核。创新型企业文化引领企业通过不断技术创新保持长期的技术优势来支持其竞争战略。据此,可以得出技术是企业竞争力构成内部来源诸要素中居基础性要素的结论,如图 3-3 所示。

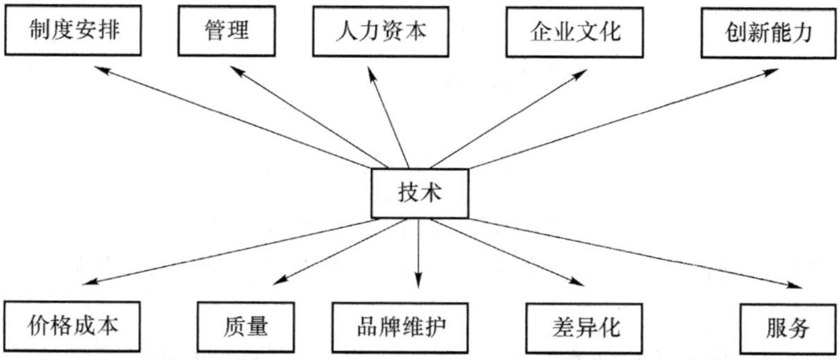

图 3-3　技术要素与企业竞争力内部来源其他要素的关系示意图

第五节　技术制胜的企业战略范式

在知识经济的背景下,不论是企业的外部产业环境变化还是企业的内部核心能力提升,技术因素都起到了巨大的作用,特别是在企业内部,没有技术的支撑,企业的发展几乎是不可能的。自 20 世纪中叶以来,技术越来越成为创造商品价值的主体因素。西方跨国公司技术对产品的贡献率达到 70%左右,中国只有 30%左右,技术差距是我国企业与西方发达国家企业竞争力悬殊的根本原因。世界上任何一个具有竞争优势的企业都是在技术上保持优势的企业，完全可以说技术优势是企业竞争优势的根本来源。这就必然要求把技术因素引入到企业战略的考察中来，基于技术竞争的企业战略范式我们称为技术制胜的企业战略范式，如图 3-4 所示。

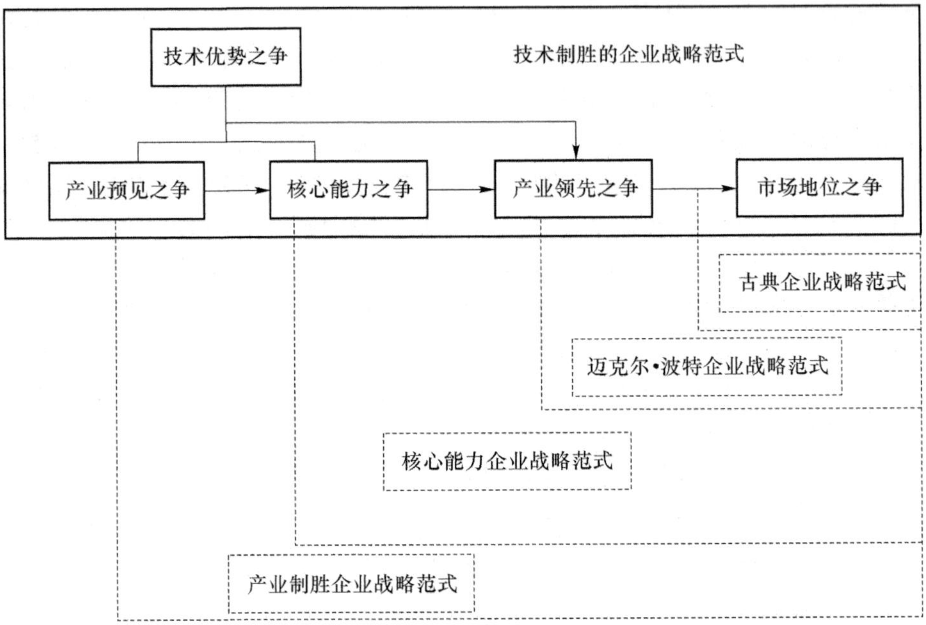

图 3-4　技术制胜的企业战略范式

在当今技术快速变革的时代，企业战略必须时刻了解技术的发展动向，把握产业的发展方向，对技术潮流不做判断的企业将难以在技术革命的大潮中取得竞争优势。

技术以及其他方面的创新正日益成为企业生存与发展的不竭源泉和动力。21 世纪的企业要想成功，必须从效率型企业、质量型企业、灵活型企业向创新型企业转变。高水平的技术与创新管理是企业提高核心能力，对增强企业的国际竞争力、赢得持续竞争优势有着十分关键的作用。

参考文献

[1] 何正斌. 经济学 300 年[M]. 长沙：湖南科学技术出版社，2000：763-767.

[2] 张建华、刘仁军. 保罗 · 罗默对新增长理论的贡献[J]. 经济学动态，2004(2).

[3] 蔡树堂. 企业战略管理[M]. 北京:石油工业出版社,2001:114

[4] 王毅,陈劲,许庆瑞. 企业核心能力:理论深渊与逻辑结构剖析[J]. 管理科学学报,2000,3(3):24-32.

[5] 刘志彪,等. 现代产业经济分析[M]. 南京:东南大学出版社,2001:92-99.

[6] 理查德 W 奥利弗. 即将到来的生物科技时代[M]. 北京:中国人民大学出版社,2003.

[7] 胡汉辉,刘怀德. 不确定性与企业集团问题[M]. 南京:东南大学出版社,2002.

[8] 中共中央马克思恩格斯列宁斯大林著作编译局. 马克思恩格斯全集:第19卷[M]. 北京:人民出版社,1963:372.

[9] 任殿雷,等. 科学技术论——关于科学技术的整体规律[M]. 南京:江苏科学技术出版社,1990:340.

[10] 钟契夫,陈锡康,等. 投入产出分析[M]. 北京:中国财政经济出版社,1993.

[11] 厉无畏,王慧敏. 产业发展的趋势原判与理性思考[J]. 中国工业经济,2002(4):6-11.

[12] 李显君. 国富之源——企业竞争力[M]. 北京:企业管理出版社,2002.

第四章　实证与应用:空间经济结构成因与创新资源配置

第一节　创新系统理论及其相关理论研究评述

一、技术创新的概念

技术创新一般是指由科学发现向商业化不断逼近的物化过程与科技知识和科技成果从不为所知到广泛应用的市场化过程的双向结合、统一发展的过程,它是一个社会过程,是一个由多个组织协力完成的多维非线性过程。郭小川(2001)用图4-1表达了技术创新的定义及内涵。

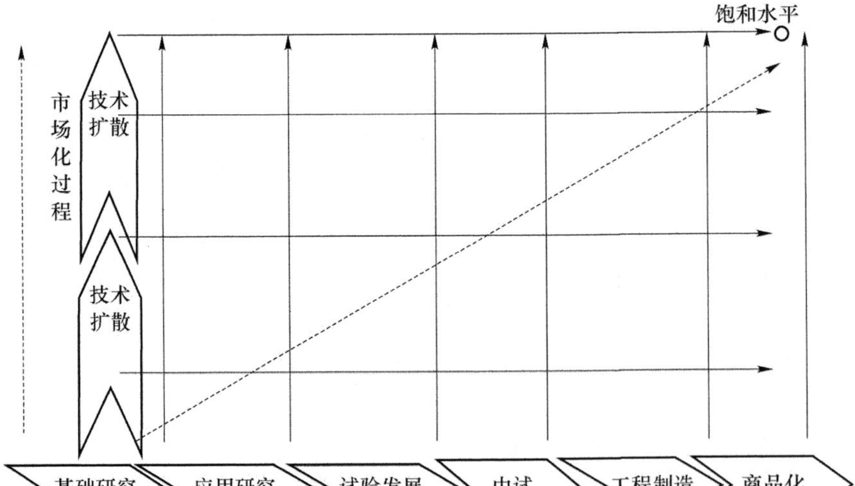

图 4-1　二维科技创新观

技术创新的主流划分标准是依照创新程度来确定技术创新的类型。美国学者马丁(J. C. Martin)依据库恩(Kuhn)对科学范式的划分理论，认为创新是一种“技术突破(Technological Mutation)与商业成功的组合”，并将其划分为革命型创新和常规型创新两种类型[1]。

二、重要技术创新模型阐释

1. 组合技术创新的理论模型

组合技术创新实质是企业在发展战略指导下，受组织因素和技术因素制约的系统协调创新行为。组织因素指的是组织资源、组织结构等，技术因素包括技术资源、技术环境等。组合技术创新就是企业为了持续发展而进行的与企业环境、资源和组织变化相适应的产品与工艺的协同创新，如图 4-2 所示。

组合技术创新依据定义有三层含义：一是工艺创新与产品创新相结合。美国学者斯特夫认为产品创新过程中必须考虑现有的工艺基础；库兹涅茨也曾指出，单纯的产品难以长期维持其竞争效益。由此可以认为产品与工艺的创新组合构成企业组合创新效益实现的基础。二是渐进创新与重大创新的组合。它们对企业都十分重要，但由于创新资源的有限性，必须对二者有一个均衡的考虑。三是显性创新和隐性创新相结合。显性创新的效益都是可以用各种经济指标指示出来的，如产值和利润；而隐性创新的效益就是不断的创新导致的技术能力积累和提高，这对于企业是非常重要的。

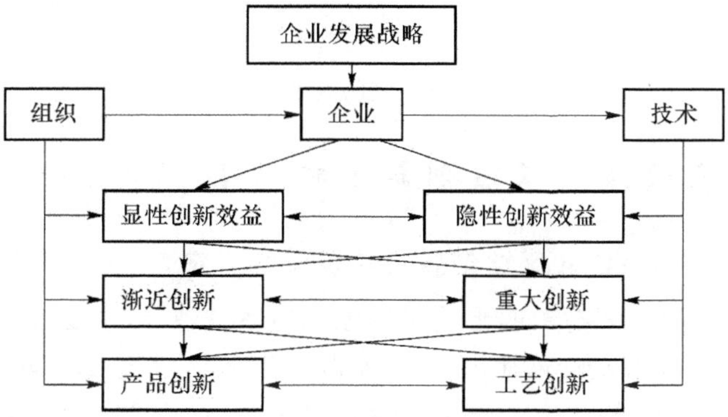

图 4-2　组合技术创新

组合技术创新要求人们以系统的观点，从战略的高度和组合的角度来研究企业的技术活动。

2. 网络技术创新的理论模型

朱蒂(Josty)的网络技术创新模式将技术创新设定为社会过程，而且是一个非线性的动态过程[2]。具体地，一项技术创新由下列要素构成：①创新者；②创新概念；③创新组织；④目标用户；⑤竞争对手；⑥资金供给；⑦战略；⑧供应商；⑨技术；⑩相关环境；⑪时机。这些因素并非是一种线性组合的关系，而是一个网络化的系统，是一个在动态过程中进行有目的的交互选择的过程，技术创新便是在这种优化选择的过程中实现的，如图 4-3 所示。这一模式从宽泛的角度，以动态和网络化的形式描述了技术创新的过程方式，应该说，这一模型所给出的创新图景更准确和更符合现实。

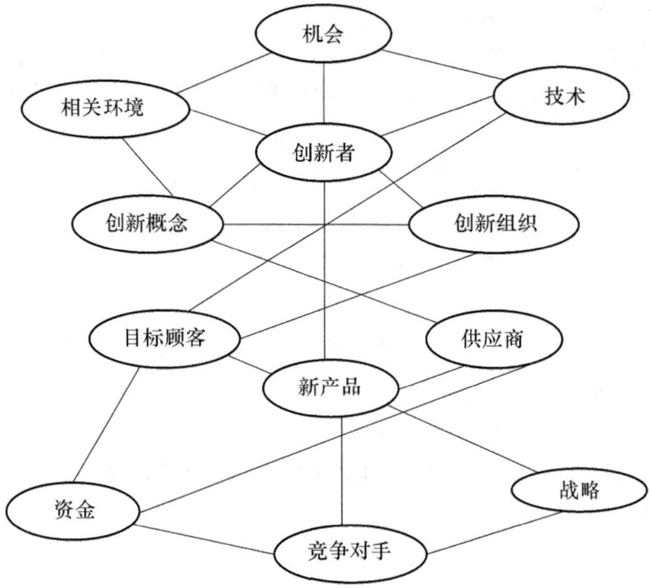

图 4-3　网络技术创新

三、国家创新系统和区域创新系统理论

（一）国家创新系统和区域创新系统概念的界定

网络范式应用在国家层面，形成了国家创新系统理论，主要代表人物和组织有弗里曼（Freeman 1987）、伦德瓦尔（Lundvall 1992）、纳尔逊（Nelson 1993）、爱德奎斯（Edquist 1997）、巴特尔和巴维特（Patel &Pavaitt 1994）、迈克尔·波特（Michael. E. Porter）以及经济合作与发展组织（OECD）等。

国家创新系统（National Innovation Systems）这一概念由弗里曼（Freeman）于 1987 年首次提出[3]。国家创新系统既包括提高技术创新能力与效率，也包括提升全社会的知识基础等重要内涵，是国家的公共和私有部门组成的组织和制度网络，其活动是为了制造、扩散和使用新的知识和技术。中国科学院借鉴国外对国家创新系统研究的成果和实际经验，提出了关于中国国家创新系统的概念："国家创新系统是由与知识创新和技术创新相关的机构和组织构成的网络系统,其主要组成部分是企业(大型企业集团和高技术企业为主)、科研机构(包括国家级科研机构、地方科研机构和非营利科研机构)和高等院校等;广义的国家创新系统还包括政府部门、其他教育培训机构、中介机构和起支撑作用的基础设施等。"

进一步的研究发现创新网络的成效似乎跟创新主体的空间分布有很大的关系,地方化的创新网络似乎比跨国技术联盟更能持久,原因是地理邻近带来了可以维持并强化技术创新所需的支撑因素,如文化认同和相互信任等(Baptista, Swann, 1998)。特别是美国硅谷和欧洲产业集群的成功为上述观点提供了强有力的支持。在区域发展理论和国家创新理论的基础上形成了区域创新系统理论。

英国卡迪夫大学社会科学高级研究中心的学者库克(Philip Cooke)等在《区域创新系统:新欧洲的竞争规则》一文中首次提出区域创新系统(Regional Innovation System),在库克等(1996)编著的《区域创新系统:全球化背景下区域政府管理的作用》一书中,将区域创新系统定义为:在地理上相互分工与关联的生产企业以及研究机构和高等教育机构等在以根植性为特征的制度环境系统从事交互式学习,产生创新的区域性组织体系。区域创新系统是从国家创新系统中演变而来的,是国家创新系统的基础及重要构成部分,但区域创新系统并不是国家创新系统简单的缩小,而是带着强烈的区域特色,包括地理位置、人文环境、政策等方面。魏格(Wiig)认为区域创新系统的基本内涵包括四点:一是具有一定地域空间范围和开放的边界;二是以生产企业、研究与开发机构、高等院校、地方政府机构和服务机构为创新主要单元;三是不同创新主体之间通过关联,构成创新系统的组织结构和空间结构;四是通过与环境的作用和系统自组织作用,维持创新的运行,实现创新的持续发展。

(二)国家创新系统的主流学派

20 世纪 90 年代后,国家创新系统成为技术创新研究领域最为热门的话题。在理论上,学者引述较多的是以本特阿克·伦德瓦尔(B-A Lundvall)为代表的国家创新系统研究的微观学派、以迈克尔·波特(Michael E. Porter)为代表的国家创新系统研究的国际学派和经济合作与发展组织(OECD)的国家创新系统的观点。

1. 以本特阿克·伦德瓦尔为代表的国家创新系统研究的微观学派

以本特阿克·伦德瓦尔为代表的一批学者创立了用户-生产者分析方法,通过考察用户与厂商的相互作用来研究国家创新系统的各组成部门。伦德瓦尔认为,国家创新系统可定义为一个创新系统是由在新的、有经济价值的知识的生产、扩散和使用上互相作用的要素和关系所构成的,是指包括了在国家含义上的要素和关系。这些要素和关系从狭义的角度看包括与研究、探索有关的机构和制度,如研究开发部门、技术学院和大学;广义上讲包括影响学习和研究的经济结构和制度,如生产系统、营销系统、金融系统等。因而衡量一个国家创新的效率指标是生产、扩散和使用有经济价值知识的效率。研究创新系统的关键是理解学习和探索是如何在经济系统中展开和完成并产生经济效益的。

早在1987年他详细分析了厂商与用户之间的相互作用对于技术创新的影响，并且指出："一个高度发达的纵向劳动分工与普遍的创新活动密切相关，意味着大多数市场将是'有组织的市场'，而不是纯粹市场"。根据用户-生产者相互作用的分析方法，伦德瓦尔认为地理和文化的差距以及政府的作用是影响用户和生产者相互作用的一个重要因素。反映用户需求与技术机会的用户-生产者相互作用的信息流动对于技术创新过程具有特别的重要性，作为这种沟通需求的结果，用户和生产者在地理和文化方面的亲近对于成功的技术创新具有积极的影响。

伦德瓦尔认为在网络环境中货物、服务和知识技术的供应商和购买者之间存在密集的交互作用，其中供应商包括公共的知识基础设施和机构，例如大学等。创新链不同部分之间的交互作用，特别是用户和中间产品生产商之间、公司企业和更广泛的研究机构之间的交互作用，对于成功的创新具有非常重要的作用。

2. 以迈克尔·波特为代表的国家创新系统研究的国际学派

波特教授的国家竞争力钻石理论被认为是国家创新系统的国际学派。他认为，国家和产业竞争优势是建立在成功进行了技术创新的企业基础上。为此，政府可以以不同的方式影响创新过程，其追求的主要目标是为企业创造一个适宜的、鼓励创新的环境。解释一个国家产业竞争力的关键是该国能否有效地形成竞争性环境和推动创新。一个国家的竞争优势决定于以下四个重要因素：第一，要素条件，如熟练劳动力的供给，基础设施状况；第二，需求条件，该国对产业产品和服务的需求；第三，相关的支持产业；第四，企业的战略与竞争状况。这四个要素的作用如图4-4所示。

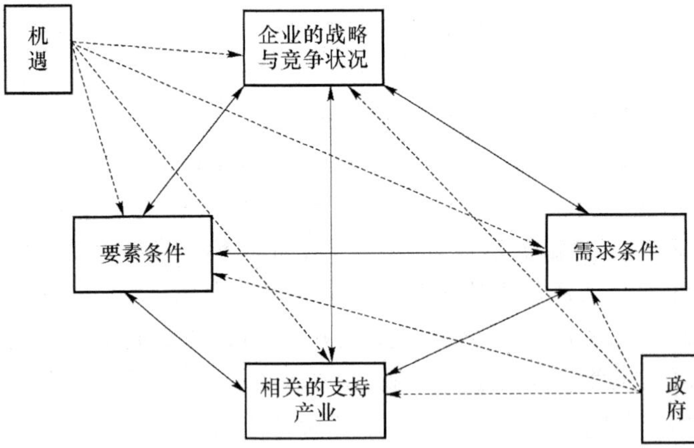

图4-4　波特国家创新系统结构的钻石图

除上述四个要素外，对竞争力影响最大的是机遇，如战争、重大的科学技术突破和国家的作用,如国家政策的作用,加强教育和投资可改变要素的供给条件,产业政策等。

3. OECD 的国家创新系统的观点

OECD 开发了国家创新系统的政策意义,如图 4-5 所示。在《国家创新系统》报告中指出:"创新是不同主体和机构间复杂的相互作用的结果。技术变革并不以一个完美的线性方式出现,而是系统内部各要素之间的相互作用和反馈的结果。这一系统核心是企业,是企业组织生产和创新、获取外部知识的方式。外部知识的主要源泉则是别的企业、公共或私有的研究机构、大学和中介组织"。因此,企业、研究机构和高校、中介机构是创新系统中的主体。研究报告还指出,研究国家创新系统的政策含义是纠正技术创新中的系统失效和市场失效:即纠正企业因过短的眼光而对技术开发投入不足。通过创新的产学研合作计划,网络计划,建立创新中介机构,纠正创新的系统失效。国家创新系统的政策意义之一是加强整个创新系统内的互相作用和联系的网络,包括加强企业与企业间的创新合作联系;企业与科研机构和高校的创新合作联系;中介机构在各创新主体间的重要桥梁作用;政府在创新中的产业发展战略与政策引导作用以及政府各部门在工作职能上的协调一致和集成。在 OECD 的框架中,从国家创新系统基于国家纠正市场失效角度及纠正部门之间不能协调的角度出发,国家创新系统的建设,是政策的范畴,它理应是政府的职能。同时,OECD 还提出了知识分配力的关键概念,即确保创新者及时接近和获得知识存量的能力;并倡导国家决策者要以知识的分配方面对自己国家和其他国家的绩效有更深入的了解,要认识到由于这种知识分配和知识积累能力的局限而导致的创新潜力的丧失。[4]

近年来对国家创新系统研究不仅关注技术创新,而且更关注知识在经济中的作用,重视知识的生产、传播和应用。国家创新系统的制度安排和结构是一个国家创新活动的重要决定因素,通过影响知识的生产、传播和应用进而影响经济发展。这种结构是产业界、政府、科学界在发展科学和技术过程中相互联系与交往而形成的。

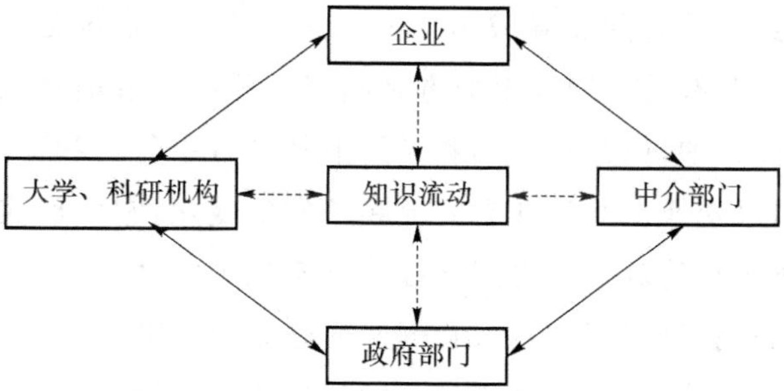

图 4-5　OECD 国家创新系统结构

第二节 技术转移与知识溢出的空间经济性实证

技术转移是技术资源在社会大系统中众多要素的参与下而进行的纷繁复杂的运动过程，从狭义上说，它是技术本体从技术供体向技术受体的横向运动。由于技术作为一种特殊的商品，存在技术供体与技术受体之间交易时的信息不对称性，在跨区域技术转移中，转移效能和效率较大的受到联系成本和交易成本的影响，即存在着空间经济性。

一、理论分析与研究假设

技术扩散是指技术通过一定的渠道，在社会系统成员中进行传播并被采纳的过程，是技术由不为人知到广泛使用直至饱和的过程。技术扩散既包括中间技术成果的扩散，也指最终技术创新成果扩散。技术转移是指技术扩散的微观过程，是指技术的供需双方围绕着技术的运动而相互作用的过程，技术扩散是由无数个技术转移过程所组成的[5]。

技术转移是技术的市场化过程。技术是知识集合的一种类型，以隐性知识为主体。技术作为一种特殊的商品，存在应用领域与范围和应用后的市场的不确定性；存在交易过程中技术供体对技术受体的较大的信息优势；存在不同技术本体之间的显著差异性等特征。技术转移过程中的交易物也呈现出既有物质的和有形的，也有非物质的和无形的，多是非标准化的和非批量性的特点。这些特征和特点使得技术交易双方之间既表现出联系内容的多样性，又表现出联系的不稳定性，导致技术转移活动具有较高的联系成本。就一般性而言，影响交易双方之间联系成本的大小与几种情况有关：(1)如果双方之间交易的物质或信息流在形状、质量、密度等方面都是标准化的，或是在空间和时间上都是可重复的和稳定的，联系成本一般比较低。(2)如果交换在时间和空间上频繁发生变化，它所形成的物质或信息都是非标准化的，那么意味着双方之间难以建立起稳定的联系，单位产品的联系成本相对于单位产品的固定价值是很大的，这时的联系成本高。(3)如果双方之间的交易不是具体的物质或信息流，不能用简单的订货或垂直指令来实现，而是个性化的无形交易，或需要特殊中介的，或需要消耗大量成本和时间，因而其联系成本很大。

由于联系成本包含空间成本[6]，就使得技术转移的效能和效率与技术转移交易双方的空间距离之间产生内在的必然联系。因此有假设 1：技术转移的效能和效率与技术转移交易双方的空间距离成负相关。随着科技进步的加速和市场竞争的日益加剧，产业技术创新的技术综合度在不断提高，创新投入和创新风险也与日俱增。技术转移和技术合作作为技术创新主体外部知识整合的方法，同样受到创新成本的约束。一般而言，技术创新主体资本实力越强，克服创新成本的约束、承担创新风险的能力就越强，实施技术转移的能力也就越强。所以从宏观上来看，可以推测：一个地区的经济实力越强，越有助于该地区提高跨地区技术转移的效能和效率。因此有假设 2：技术转移的效能和效率与技术转移的技术接受地区的经济实力成正相关。

二、实证研究方法与过程

（一）研究方法

实证研究选用二次线性回归模型，即：$Y=b_0+b_1X+b_2Z$。其中，Y 代表技术转移的效能和效率，用区域之间技术转移活动过程中单位时间区间内技术转让成交项目的累计金额来表征，这里使用 N 市技术转让到各省会城市和直辖市发生交易的金额；X 代表区域中心城市之间的直线距离，用各省会城市和直辖市到 N 市的直线距离来表征；Z 代表技术接受地区的经济实力，用各省和直辖市的 GDP 来表征；b_0、b_1、b_2 为回归系数。

（二）数据来源

实证研究使用的数据，是来自“十五”期间 N 市技术市场经登记的、N 市地区的企事业单位与全国各省和直辖市企事业单位之间签约的技术转让合同，通过归纳和统计由地方政府上报国家使用的官方数据。尽管经 N 市技术市场登记的技术转让合同并非 N 市地区的企事业单位与全国各省和直辖市企事业单位之间签约的所有技术转让合同，但其总量、分类和分布、规范和准确性能够代表 N 市发生的技术转让合同样本总体的属性。

（三）回归分析过程

N 市技术市场 2000—2003 年由 N 市技术转让到各省和直辖市发生交易的累计金额与各省会城市到 N 市的直线距离之间构成函数关系，转让金额随距离的分布如图 4-6 所示。

我们用各省会城市、直辖市到 N 市的直线距离和各省连续 3 年的 GDP 总和与各省连续 3 年的用于支付技术转让的金额总和三个变量之间作回归分析，其计算数据和过程参见表 4-1、表 4-2、表 4-3 及说明：

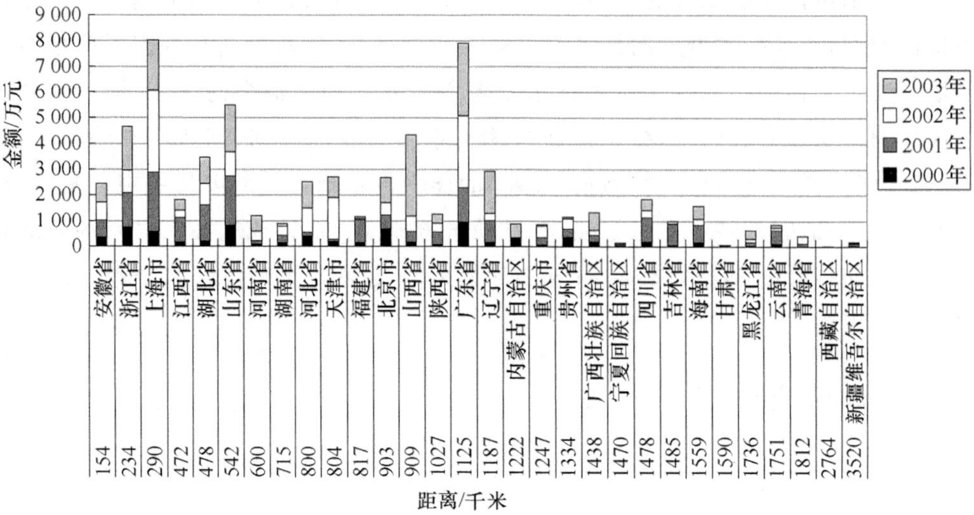

图 4-6　技术转让金额随距离的分布图

表 4-1　N 市与各省会城市、直辖市用于支付技术转让的金额

省会城市到 N 市的直线距离/千米	流向地	2000 年转让资金总额/万元	2001 年转让资金总额/万元	2002 年转让资金总额/万元	3 年技术转让金额总和/万元
154	安徽省	319.57	702.45	689.32	1 711.34
234	浙江省	725.98	1 358.79	876.33	2 961.1
290	上海市	561.2	2 313.65	3 178.52	6 053.37
472	江西省	140.35	978	290.2	1 408.55
478	湖北省	184.44	1 417.01	837.2	2 438.65
542	山东省	801.81	1 920.6	952	3 674.41
600	河南省	74.93	131.8	378.3	585.03
715	湖南省	122.01	303.8	340.1	765.91
800	河北省	387.92	140.5	950.5	1 478.92
804	天津市	177.69	91.18	1 627.5	1 896.37
817	福建省	125.08	901.43	54.18	1 080.69
903	北京市	659.78	558.5	483.2	1 701.48
909	山西省	135.5	428.41	614	1 177.91
1 027	陕西省	63.18	479.3	372.1	914.58
1 125	广东省	941.45	1 341.6	2 780.3	5 063.35
1 187	辽宁省	152.35	852.58	285	1 289.93
1 222	内蒙古自治区	291.68	0	47	338.68
1 247	重庆市	65.95	283.8	450.2	799.95

续 表

省会城市到N市的直线距离/千米	流向地	2000年转让资金总额/万元	2001年转让资金总额/万元	2002年转让资金总额/万元	3年技术转让金额总和/万元
1 334	贵州省	348.29	334	410	1 092.29
1 438	广西壮族自治区	170.67	261.9	202.8	635.37
1 470	宁夏回族自治区	30.89	67.45	0	98.34
1 478	四川省	178.29	958.8	282.9	1 419.99
1 485	吉林省	40	835.4	23.5	898.9
1 559	海南省	138.1	710	229	1 077.1
1 590	甘肃省	64.89	0	0	64.89
1 736	黑龙江省	25.08	137.5	130	292.58
1 751	云南省	96.5	543.49	100	739.99
1 812	青海省	1.89	104.6	300	406.49
2 764	西藏自治区	0	0	0	0
3 520	新疆维吾尔自治区	22	90	31.5	143.5

表 4-2　各流向地三年 GDP 变化情况表

流向地	2000年GDP/亿元	2001年GDP/亿元	2002年GDP/亿元	3年度GDP总和/亿元
北京市	2 478.76	2 845.65	3 212.71	8 537.12
天津市	1 639.36	1 840.1	2 051.16	5 530.62
河北省	5 088.96	5 577.78	6 122.53	16 789.27
山西省	1 643.81	1 779.97	2 017.54	5 441.32
内蒙古自治区	1 401.01	1 545.79	1 734.31	4 681.11
辽宁省	4 669.06	5 033.08	5 458.22	15 160.36
吉林省	1 821.19	2 032.48	2 246.12	6 099.79
黑龙江省	3 253	3 561	3 882.16	10 696.16
上海市	4 551.15	4 950.84	5 408.76	14 910.75
江苏省	8 582.73	9 511.91	10 631.75	28 726.39
浙江省	6 036.34	6 748.15	7 796	20 580.49
安徽省	3 038.24	3 290.13	3 569.1	9 897.47
福建省	3 920.07	4 253.68	4 682.01	12 855.76
江西省	2 003.07	2 175.68	2 450.48	6 629.23

续 表

流向地	2000 年 GDP /亿元	2001 年 GDP /亿元	2002 年 GDP /亿元	3 年度 GDP 总和 /亿元
山东省	8 542.44	9 438.31	10 552.06	28 532.81
河南省	5 137.66	5 640.11	6 168.73	16 946.5
湖北省	4 276.32	4 662.28	4 975.63	13 914.23
湖南省	3 691.88	3 983	4 340.94	12 015.82
广东省	9 662.23	10 647.71	11 769.73	32 079.67
广西壮族自治区	2 050.14	2 231.19	2 455.36	6 736.69
海南省	518.48	545.96	604.13	1 668.57
重庆市	1 589.34	1 749.77	1 971.3	5 310.41
四川省	4 010.25	4 421.76	4 875.12	13 307.13
贵州省	993.53	1 084.9	1 185.04	3 263.47
云南省	1 955.09	2 074.71	2 232.32	6 262.12
西藏自治区	117.46	138.73	161.42	417.61
陕西省	1 660.92	1 844.27	2 035.96	5 541.15
甘肃省	983.36	1 072.51	1 161.43	3 217.3
青海省	263.59	300.95	341.11	905.65
宁夏回族自治区	265.57	298.38	329.28	893.23
新疆维吾尔自治区	1 364.36	1 485.48	1 598.28	4 448.12

表 4-3 各省会城市、直辖市到 N 市的直线距离和各省、直辖市连续三年的用于支付技术转让的金额总和及各省、直辖市三年的 GDP 总和表

流向地	距离 X	3 年技术转让额总和 Y	GDP 总和 Z
安徽省	154	1 711.34	9 897.47
浙江省	234	2 961.1	20 580.49
上海市	290	6 053.37	14 910.75
江西省	472	1 408.55	6 629.23
湖北省	478	2 438.65	13 914.23
山东省	542	3 674.41	28 532.81
河南省	600	585.03	16 946.5
湖南省	715	765.91	12 015.82
河北省	800	1 478.92	16 789.27
天津市	804	1 896.37	5 530.62

续 表

流向地	距离 X	3 年技术转让额总和 Y	GDP 总和 Z
福建省	817	1 080.69	12 855.76
北京市	903	1 701.48	8 537.12
山西省	909	1 177.91	5 441.32
陕西省	1 027	914.58	5 541.15
广东省	1 125	5 063.35	32 079.67
辽宁省	1 187	1 289.93	15 160.36
内蒙古自治区	1 222	338.68	4 681.11
重庆市	1 247	799.95	5 310.41
贵州省	1 334	1 092.29	3 263.47
广西壮族自治区	1 438	635.37	6 736.69
宁夏回族自治区	1 470	98.34	893.23
四川省	1 478	1 419.99	13 307.13
吉林省	1 485	898.9	6 099.79
海南省	1 559	1 077.1	1 668.57
甘肃省	1 590	64.89	3 217.3
黑龙江省	1 736	292.58	10 696.16
云南省	1 751	739.99	6 262.12
青海省	1 812	406.49	905.65
西藏自治区	2 764	0	417.61
新疆维吾尔自治区	3 520	143.5	4 448.12
求和	35 463	42 209.66	293 269.9
B_1	−0.483 41		
B_2	0.109 637		
B_0	906.655 2		
		SE	963.601 1954
		Y 平均	1 406.988 667
		可决系数	0.566 658 694
		相关系数	0.752 767 357

说明：运用二次线性回归预测模型:$Y=b_0+b_1X+b_2Z$

① 估计参数

其中 Y(技术转让金额)是因变量,X(距离)、Z(各省的 GDP 值)为自变量,回归系数的计算可以通过如下联立方程求得:

$$\sum Y = n b_0 + b_1 \sum X + b_2 \sum Z$$

求得:

$$\begin{cases} b_0 = 906.655\,2 \\ b_1 = -0.483\,4 \\ b_2 = 0.109\,6 \end{cases}$$

回归方程可表达为:$\hat{Y} = 906.655\,2 - 0.483\,4X + 0.109\,6Z$

由以上公式可得 Y 的估计值 $\hat{Y}$

② 度量模型的精度

A. 标准误差

$$SE = \sqrt{\frac{\sum (Y - \hat{Y})^2}{30 - 3}} = 963.601\,2$$

根据公式得出 $\hat{Y}$(Y 的估计值)与实际值之间的标准误差为 963.601 2。

B. 可决系数

$$R^2 = 1 - \frac{25\,070\,236.12}{57\,853\,326.64} = 0.566\,7 = 56.67\%$$

C. 相关系数

$R = 75.28\%$

三、研究结论

实证分析结果证明了假设 1 和假设 2 是成立的。在宏观上,区域之间技术转移效能和效率主要受两个因素的影响:一个是技术源地区与技术接受地区之间的距离,二者距离越近,转移的效能和效率越高,反之则转移的效能和效率越低;另一个是技术接受地区的经济实力,其经济实力越强,转移的效能和效率越高,反之则越低。技术转移存在空间的经济性表明:技术就近辐射和转化可以提高转化效率;同理,在创新资源高地附近布局产业发展是具有经济效率的措施,有助于提高产业创新的速度和质量。研究结果可推论出跨区域进行产业技术合作对象的选择优序,即:双方距离短为好;合作者或技术接受者经济实力强为好。同理,研究结果还证实了知识溢出效果存在空间衰减规律。

第三节　基于科技进步的区域高技术产业发展环境监测

一、地区科技进步的简易测定模型和基本分析维度

(一)建立地区科技进步简易测定模型的基础

在西方,科技进步的测定模型早在20世纪20年代就产生了,比较有代表性的有C—D生产函数模型、索洛模型和CES生产函数等,它们或因参数偏少,不够精确;或因参数无法直接导出,在应用中有相当大的局限性。而超越对数生产函数模型、丹尼森组织文化模型、库兹涅茨曲线、肯德里克等模型,由于考虑因素较多,数据采集量大,也难以在我国推广使用[7]。

自20世纪80年代以来,我国掀起了一个全国性的研究地区科技进步对经济增长贡献的热潮。由于我国实行市场经济的时间短,相关研究滞后于西方,因此,科技进步的测定研究基本上是一种对西方模型的应用研究。30多年来,国家科技部对全国各省市科技进步统计监测及综合评价[8],主要依据各地的科技进步基础、科技活动投入、科技活动产出以及科技促进经济社会发展等4个方面的统计数据,采取线性加权综合方法予以评价。对于加强宏观管理和调控,特别是对推动地区技术创新,加速技术向生产领域扩散,发展高技术产业,增进科技与经济一体化起到了积极促进作用。目前全国各省、市、区、县基本上采用统一的"科技进步统计监测指标体系",如表4-4所示,这虽有利于标准的统一,增强可比性,但也对指标体系的科学性、合理性提出了相应的高要求。

30多年的实践运用,这套指标体系暴露出下述明显的缺陷。

(1)指标体系设计复杂,第三级指标达到34个之多,导致指标间类属模糊,指标信息含意重复,降低了指标设置的科学性。

(2)某些指标无论从理论上,还是在实践中,在一个长时间区间(如5年以上)变化缓慢,在短时间区间(如2～3年)可以近似视为定值,对评价目标短期变化无影响,失去了设置该指标的意义。

(3)不少指标由于不在统计部门统计范畴,年度统计填报数据口径不一致,数据失真偏大,致使整个指标体系评价的可操作性大打折扣。

(4)由于指标过多,权值过于分散,使评价结果可解释性较弱,被评对象之间主要差距的相关变量难以突出显示出来。

表 4-4　地区科技进步统计监测指标体系及权重

一级指标	二级指标	三级指标	指标代码	权重
科技投入	人力投入	1 每万人口中科技人员数	x_1	0.350
		2 科技人员中研究与开发人员比重	x_2	0.200
		3 每万人口中科学家、工程师人数	x_3	0.250
		4 科技人员中从事科技活动人员比重	x_4	0.200
	财力投入	5 研究与开发支出与国内生产总值之比	x_5	0.350
		6 科技活动支出占国内生产总值比重	x_6	0.300
		7 科技拨款占财政支出的比重	x_7	0.175
		8 科技和技改贷款占总贷款的比重	x_8	0.175
科技产出	科技贡献率	9 工业技术进步贡献率	x_9	0.500
		10 农业技术进步贡献率	x_{10}	0.500
	高技术产业化	11 各市高技术产品产值占全省高技术产品产值的比重	x_{11}	0.450
		12 高技术产品销售收入	x_{12}	0.350
		13 高技术产品利税与工业利税总额之比	x_{13}	0.200
	技术创新	14 新产品销售收入	x_{14}	0.400
		15 新产品利税与工业利税总额之比	x_{15}	0.150
		16 专业批准数	x_{16}	0.450
	科技经济外向度	17 高技术产品出口销售收入	x_{17}	0.100
		18 高技术产品出口销售额占全部产品出口销售额的比重	x_{18}	0.150
		19 新产品出口销售收入	x_{19}	0.300
		20 新产品出口销售额占全部产品出口销售额比差	x_{20}	0.250
		21 出口总额与国内生产总值之比	x_{21}	0.200

续表

一级指标	二级指标	三级指标	指标代码	权重
经济发展	经济增长	22 国内生产总值	x_{22}	0.250
		23 人均国内生产总值	x_{23}	0.400
		24 国内生产总值年增长速度	x_{24}	0.350
	结构优化	25 第三产业产值比重	x_{25}	1.000
	效益提高	26 全社会劳动生产率	x_{26}	0.400
		27 工业资本金利税率	x_{27}	0.300
		28 农业土地产出率	x_{28}	0.250
		29 万元工业产值能耗	x_{29}	0.050
社会进步	人口素质	30 生命素质指数	x_{30}	0.700
		31 每万人口中中专及以上在校学生数	x_{31}	0.300
	卫生与环境治理	32“三废”综合治理率	x_{32}	0.500
		33 资源综合利用率	x_{33}	0.500
	社会基础设施改善	34 人均计费邮电业务总量	x_{34}	1.000

为此,国内目前广泛使用的科技进步测评方法有待改善,本书对现行使用的指标体系进行优化,优化的目标是追求指标体系的科学性、合理性、简明性和可操作性。以多元统计技术为工具,将优化方法的科学性建立在纯数学的分析基础上,对全国各地区目前广泛采用的科技进步统计监测指标体系进行了降维优化处理。获得了地区科技进步简易测定模型,使模型的可预测和可解释性功能大大提高。结合优化准则,降维后的新模型应用于实际案例进行了符合性检验,取得了预期的结果。

(二)优化方法和准则

指标体系优化方法种类颇多,本书采用聚类分析方法。按“物以类聚”的原则,将样本的多指标,多个观察数据予以定量分析处理,确定指标之间存在的相似性或亲疏关系,并据此联结这些指标,归成大小类群,排成分类谱系图。根据特定的判据,选取适当的类数,并在每类中仅选一个指标来表征该类属性,从而达到指标体系降维的优化目的。

优化的准则是检验降维后的指标体系对原指标体系能否获得令人满意的替代。方法是任取某一年度原指标体系测评对象的截面数据进行聚类分析,取得降维后的一组指标(简称新指标体系)。将该组每一指标表征的类群内多指标的权重求和，权重和视为表征指标的权重；然后对新指标体系进行线性加权和累计积分测算，可获得测评对象的新排序(同时随机抽取若干年度的测评对象截面数据，进行符合性检验)。定义一个检验指标，称为排序重复率，即新老两次排序位次前后变化不大于1位的测评对象数与所有测评对象数的比率，并给定该比率为70%。将降维后的新指标体系排序结果与原指标体系排序结果对照，其排序重复率大于70%时，可认为获得了令人满意的替代。

(三)优化过程和结果

取1998年江苏省11个市对应表4-2的34个指标的统计数据，应用SAS软件，且使用重心法变量聚类分析[9,10]。其过程是先把所有分析变量看成一类；然后逐次分裂，每裂开一次，从类分量所能解释的变异除以类内总变异，即解释比例与指定值的关系决定是否继续裂类；并由分类数(Number of Clusters)、各种分类所能解释的总变异(Total Variation Explained by Clusters)、各种分类所对应的由类分量所能解释的变异比例(Proportion of Variation Explained by Clusters)、各种分类中由一个类分量所能解释的最小比例(Minimum Proportion Explained by a cluster)、在一类中最大第2特征值(Maximum Second Eigenvalue in a Cluster)等统计量最后决定分成几类合适。在重心法变量聚类分析中，一般可观察各种分类所对应的由类分量所能解释的变异比例随分类数增大，有较大增加。当达到某一值时，在其后则增长很慢，则对应该比例的分类数是合适的。

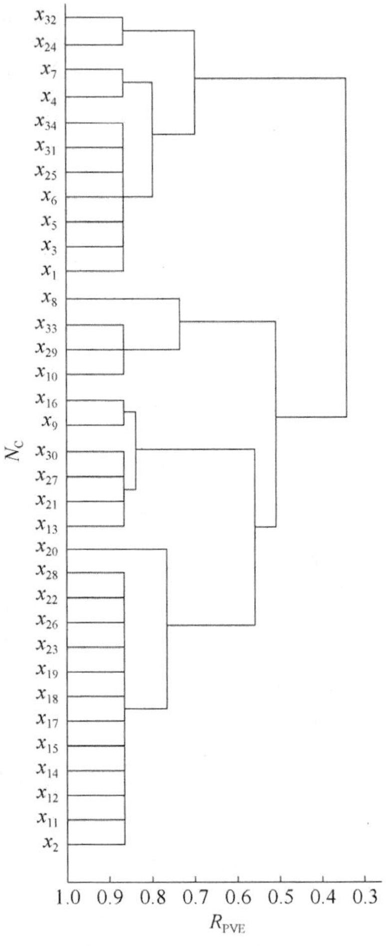

图4-7　聚类谱系图

图4-7所示的聚类谱系图是根据本例输出的树图绘制的。图中，N_C为分类数；R_{PVE}为类分量解释比例。

表4-5是由语句PROC　VARCLUS DATA=A CENTROID的输出摘录有关统计量，表中，ΔR_{PVE}为类分量解释比例增长幅度。观察表4-5数据，在分类数为8以后由类分量所能解释的变异比例增长减慢，因此分成8类较好。

根据类分量与各原变量之间的相关系数越大，该变量对该类的代表性越好的判据，各类内选取的代表性指标、权重和构成降维后的新指标体系，如表 4-6 所示。

表 4-5　类分量能解释的变异比例

N_C	R_{PVE}	ΔR_{PVE}
1	0.339 3	
2	0.500 8	0.161 5
3	0.562 6	0.061 8
4	0.689 9	0.127 3
5	0.720 8	0.030 9
6	0.758 0	0.037 2
7	0.784 9	0.026 9
8	0.811 0	0.026 1
9	0.826 2	0.015 2
10	0.848 0	0.021 8

表 4-6　优化后的新指标体系及权重

序号	新指标体系	单位	权重和
1	每万人口中科学家、工程师人数	人/万人	0.260
2	科技拨款占财政支出比重	%	0.046
3	科技和技改贷款占总贷款比重	%	0.026
4	各市高技术产品产值占全省高技术产品产值的比重	%	0.353
5	新产品出口销售额占全部产品出口销售额的比重	%	0.020
6	万元工业产值能耗(以消耗标准煤计)	t/万元	0.058
7	生命素质指数		0.194
8	“三废”综合治理率	%	0.043

(四) 检验与解释

根据优化准则，对新指标体系和原指标体系使用同时点的测评对象截面统计数据进行对比排序。本例除 1998 年度必须检验外，又随机抽取 1993 年和 2000 年共 3 年度统计数据进行排序对比，获得表 4-7 的结果。按时间顺序可得出各年的新老排序重复率分别为 72.7%、100%、72.7%，均大于给定的排序重复率 70%。这表明经聚类分析获得的新指标体系，具有显见的简明性，在前述给定的优化准则下，可以在功能上替代原来比较复杂的指标体系。

表 4-7 检验结果

		N市	无锡	徐州	常州	苏州	南通	连云港	淮阴	盐城	扬州	镇江
1993 年	原始得分	92.64	91.17	64.82	76.89	91.36	65.63	61.19	56.21	60.89	70.49	71.88
	检验得分	112.74	111.83	74.80	94.21	111.30	87.89	67.20	70.17	78.74	88.15	82.81
	原始排序	1	3	8	4	2	7	9	11	10	6	5
	检验排序	1	2	9	4	3	6	11	10	8	5	7
1998 年	原始得分	90.68	94.47	68.80	82.69	93.39	71.66	66.73	63.55	66.76	74.77	78.25
	检验得分	97.21	101.25	71.20	86.93	96.26	73.70	70.37	66.10	66.73	72.74	81.06
	原始排序	3	1	8	4	2	7	10	11	9	6	5
	检验排序	2	1	8	4	3	6	9	11	10	7	5
2000 年	原始得分	95.01	94.67	72.38	85.05	94.67	76.03	70.11	69.74	71.02	77.64	80.04
	检验得分	92.54	94.27	67.34	84.60	94.02	74.62	67.43	68.29	68.17	76.72	75.88
	原始排序	1	2	8	4	2	7	10	11	9	6	5
	检验排序	3	1	11	4	2	7	10	8	9	5	6

至此，获得了由 8 个维度表征的区域科技进步水平的描述，可以作为区域高技术产业发展环境分析的基础模型。

二、区域高技术产业发展环境监测和评价

（一）科技进步的内涵

目前理论界对科技进步内涵的理解并不完全一致。归纳起来主要有狭义科技进步和广义科技进步两种解释。狭义科技进步是指自然科学和工程技术的进步。广义科技进步，是指科学的发展和技术的变革相互促进、相互转化的过程。它主要包括以下五方面内容：(1)提高技术水平；(2)改革生产工艺；(3)提高劳动者素质；(4)提高管理和决策水平；(5)改善经济环境。从另一种意义上说，科技进步是一种

存在于一切社会活动中的有目的的发展过程。它不但包括自然科学技术的发展和进步，还包括社会科学技术的发展和进步；不但包括生产技术的变革与进步，还包括管理技术和决策技术的提高与进步；不但包括硬环境的进步，还包括软环境的改善，它是一个系统的、综合的、动态的概念。所以，从广义科技进步的内涵出发，对区域科技进步的评价，可以概略地视为对区域创新环境的评价；区域科技进步的水平可概略地视为区域高技术产业发展环境的优劣。

（二）改良模型分析区域高技术产业发展环境方法的评价

由表 4-4 所示的经优化后的 8 个指标及其权重构成的区域技术进步评价改良模型可以从区域科技创新要素投入水平，地区政府对区域创新环境的改善作为，由区域科技创新效能和效率体现出的产业结构水平、经济增长潜力和经济发展方式以及区域社会进步程度综合反映区域创新环境的质量，并可以进行不同区域创新环境质量的评价比较，据此概略地判断不同区域环境对高技术产业进入和发展的有利程度。但改良模型的不足是无法做出某区域环境对高技术产业具体行业进入该区域是否适宜发展的判定。

第四节　区域知识系统与高技术产业系统交互效应实证

N 市有高等院校 40 多所，各类科研院所和机构 300 余个（不包含高校内的和大中型企业），国家级、省级和 N 市自建的重点实验室及工程技术（研究）中心约 150 多个。为确定区域科技进步、区域知识系统与区域高新技术产业系统存在交互性和分析交互的特征，对在 N 市的部分主要高校和科研院所进行了问卷调查，并对国家、省、市各级重点实验和工程技术（研究）中心的主要研发领域和方面进行了分类，获得了 N 市地区知识系统（由在 N 市的高校和科研院所组成）结构和主要特征。

根据回收的 7 所重点高校和 18 家科研院所问卷统计来看，7 所高校共报出国家和省重点专业 188 个；18 家科研院所报出 60 个重点研究领域 126 个研究方向。将 7 所高校报的 188 个专业方向按所属高新技术领域分类统计有：属生物医药科技类 58 个，占总专业方向数 29%；新材料科技类 25 个，占 12.5%；环境保护科技类 29 个，占 14.5%；光机电一体化科技类 17 个，占 8.5%；航空航天科技类 10 个，占 4.5%；地球空间海洋科技类 8 个，占 4%；新能源与高效节能科技类 4 个，占 2%；其他高技术 40 个，占 20%。将 18 家科研院所报的 126 个专业方向按所属高新技术领域分类统计，属电子信息科技类 27 个，占 21.4%；生物医药科技类 25 个，占 19.8%；环境保护科技类 16 个，占 12.7%；新材料科技类 12 个，占 9.5%；核科技类 1 个，占 0.8%；光机电一体化科技类 2 个，占 1.6%；新能源与高效节能科技类 2 个，占 1.6%。将在 N 市的 117 个国家、省、市级重点实验室和工程技术（研究）中心按所属高新技术领域分类统计：属生物医药科技类 41 个，占总数 35%；电子信息科技类 24 个，占 20.5%；环境保护科技类 8 个，占 6.8%；材料科技类 19 个，占 16.2%；农业科技类 5 个，占 4.3%；光机电一体化科技类 8 个，占 6.8%；新能源与高效节能科技类 4 个，占 3.4%；其他高技术类 8 个，占 6.8%[11]。

N 市地区高新技术产业系统，根据统计口径按六大类产业 61 个行业（4 位数字代码）分类，如表 4-8 所示，按研究模型需要统计统计期内近三年的高新技术产业发展和产品技术创新现状的各类各项指标数据。

表 4-8 高新技术产业分类和各行业部门

行业代码	行业名称
	一、航空航天制造业
3771	飞机制造业
3779	其他航空航天器制造业
3786	飞机修理业
	二、计算机及办公室设备制造业
4141	电子计算机整机制造业
4143	电子计算机外部设备制造业
4173	电子计算机器制造业
4256	复印机制造业
	三、电子及通信设备制造业
4111	传输设备制造业
4112	交换设备制造业
4113	通信终端设备制造业
4119	其他通信设备制造业
4121	雷达整机制造业
4122	雷达专用配套设备及部件制造业
4130	广播电视设备制造业
4151	电真空器件制造业
4153	半导体器件制造业
4155	集成电路制造业
4160	电子元件制造业
4171	电视机、录像机、摄像机制造业
4172	收音机、录音机制造业
7190	其他电子设备制造业

续表

行业代码	行业名称
	四、医药制造业
2710	化学药品原药制造业
2720	化学药品制剂制造业
2750	生物制品业
2730	中药材及中成药加工业
2740	动物药品制造业
	五、专用科学仪器设备制造业
3143	光学玻璃制造业
3651	手术器械制造业
3652	医疗仪器、设备制造业
3653	诊断用品制造业
3617	电子工业专用设备制造业
4211	工业自动化仪表制造业
4212	电工仪器、仪表制造业
4213	光学仪器制造业
4214	计时仪器制造业
4215	分析仪器制造业
4216	试验机制造业
4218	仪器仪表元件、器件制造业
4219	其他通用仪器仪表制造业
4221	环境保护仪器仪表制造业
4222	汽车仪器仪表制造业
4223	导航、制导仪器制造业
4225	地质勘探、钻采、地震专用仪器制造业
4226	气象、海洋、水文、天文测量仪器制造业
4229	专用仪器仪表元件、器件制造业
4230	电子测量仪器制造业
4241	传递标准用计量仪器制造业
4243	衡器制造业
4252	幻灯机及投影仪制造业
4290	其他仪器仪表制造业
	六、电气机械及设备制造业

续表

行业代码	行业名称
4011	发电机制造业
4012	电动机制造业
4013	微电机制造业
4021	变压器制造业
4024	开关控制设备制造业
4029	其他输配电及控制设备制造业
4041	电线电缆制造业
4061	洗衣机制造业
4063	电冰箱制造业
4065	空调器制造业
4099	其他类未包括的电气机械制造业

一、区域优势学科专业领域评价模型、评价方法

对N市区域知识系统优势学科和专业领域的判断基于相对性动态和静态两个评价标准分析比较，且以静态为主的原则进行。所谓静态评价标准是基于创新资源（要素）丰裕程度和质量，也即创新资源（要素）在某一学科或专业领域集中的密集程度为判断依据；所谓动态评价标准是基于创新资源（要素）发挥作用的显示性指标（或称研发绩效指标）为判断学科专业优劣势依据；所谓“相对性”是指①以属于高新技术领域各类别的类内学科专业方向自身相互比较而言；②比较的基准是相对动静态评价指标的平均值而言，大于等于平均值，即认为该学科专业该项指标有效。我们选择了四个静态评价指标，两个动态评价指标，共六个指标构成评价模型。评价方法是只要其中三个指标有效，即认为该学科专业是优势学科专业如表4-9所示[11]。

表4-9 优势学科专业评价模型和方法

优势学科专业评价指标	优势学科专业评价方法
① 该学科专业方向具有博士学位的研究人员数量 ② 该学科专业方向硕士或学士的研究人员数量 ③ 该学科专业方向是否具有中间试验基地（或条件） ④ 该学科专业方向各类渠道获得的科研经费总量 ⑤ 该学科专业方向近两年获得的科研成果数量 ⑥ 该学科专业方向具有获得省级及其以上科研成果奖励数量	① 以某类高新技术领域所包含的学科专业为评价范畴和对象，如生物医药领域，电子信息领域等。 ② 将某类高新技术领域所包含、且现有的各学科专业方向六个评价指标分别统计平均值（第三个指标以有、无而定）。 ③ 排列出三个以及三个以上指标均达到或超过指标平均值的学科专业，这些学科专业即为优势学科专业。

二、N市区域优势学科专业领域评价结果

根据上述评价模型和方法，在所调查的7所高校和18家科研院所的数据基础上，对N市区域知识系统按创新资源（要素）丰裕程度排序在前的五个高新技术领域，即生物医药、电子信息、新材料、环境保护和光机电一体化。

三、区域高新技术优势产业评价模型与N市区域评价结果

根据表4-8所列N市六大类产业61个行业的统计数据，按下列指标可对其进行横向比较排序：

用创新产品销售收入占产业总销售收入的比重来反映产业创新率，按产业创新率排序为：电子及通信设备制造业、航空航天制造业、医药制造业、专用科学仪器设备制造业、电气机械及设备制造业、计算机及办公室设备制造业。

用产业的固定资产净值以及总销售收入增长率判断产业的成长和扩张能力，其排序为：计算机及办公室设备制造业、医药制造业、专用科学仪器设备制造业、电气机械及设备制造业、电子及通信设备制造业。

按近三年产业的年均资本收益率排序有：电气机械及设备制造业、医药制造业、航空航天制造业、专用科学仪器设备制造业、电子及通信设备制造业、计算机及办公室设备制造业。

按产业的产品年均销售利润排序有：医药制造业、电气机械及设备制造业、电子及通信设备制造业、专用科学仪器设备制造业、计算机及办公室设备制造业、航空航天制造业。

按产业的创新产品销售利润率排序为：医药制造业、专用科学仪器设备制造业、电子及通信设备制造业、计算机及办公室设备制造业、电气机械及设备制造业、航空航天制造业。

依据上述5个方面的指标确立的区域优势高新技术产业评价模型与方法参见表4-10[11]，根据N市高新技术产业系统统计数据和排序，获得的优势产业排列前四位的产业是：医药制造业、专用科学仪器设备制造业、电子及通信设备制造业、电气机械及设备制造业。对这四个产业进一步分析，可以发现电子及通信设备制造业和电气机械及设备制造业都是N市地区的支柱产业，在六大类高新技术产业中，电子及通信设备制造业的产业创新率最高并且产业创新率逐年持续提高，创新产品销售收入接近全产业销售收入的4成，无疑科技进步、创新产品是该产业发展的主要依托。而电气机械及设备制造业，产业创新率最低，说明电气机械及设备制造业的产业技术比较成熟且标准化，或者说明产业技术发展空间狭窄，产业更多的是依赖市场规模的扩大而发展。

表 4-10　区域优势高新技术产业评价模型与方法

高新技术产业评价指标	优势高新技术产业评价方法
① 产业创新率＝创新产品销售收入占产业总销售收入的比重 ② 产业的成长和扩张能力＝产业的固定资产净值以及总销售收入增长率 ③ 三年产业的年均资本收益率 ④ 产业的产品年均销售利润 ⑤ 产业的创新产品销售利润率	依据上述 5 个方面指标，取每个指标排序的前 4 位，再将位次赋予分值，从 1 至 4 位，分别记 10、7、5、3 分，然后将 5 个指标分别排前 4 位的产业，用线性加权和综合模糊评审方法积分。

专用科学仪器设备制造业是六大类高新技术产业中产业规模最小的，但其创新产品利润率很高，中小企业出口增长拉动了小企业投资和产品销售收入持续增长，未来依靠科技进步、创新产品成为该产业发展的主要动力。

医药制造业在六大类高新技术产业中新老产品销售利润率最高，而且创新产品利润率持续走高，是盈利能力最强和资本收益率很高的产业。近三年来，产业投资和销售收入持续增长，且增速较高，产业创新率也处于六大类高新技术产业前列，在科技进步和市场双向推动下，医药制造业是 N 市地区最具发展空间和潜力的优势高新技术产业。

四、区域知识系统与高新技术产业系统的交互效应模型

从 N 市区域知识系统中高新技术领域优势学科专业分布和结构来看，不难发现创新资源(要素)丰裕度高的高新技术优势领域正是 N 市区域高新技术产业系统中产业创新率高，或产业创新率持续增高，创新产品销售利润率高的高新技术产业领域，两系统之间显示出强的交互效应[12]，突出反映在生物医药技术与医药制造业及电子信息技术与电子及通信设备制造业中。可以用图 4-8 的概念模型来表征区域科技进步，区域知识系统创新资源结构与区域高新技术产业优势三者之间的关联性。

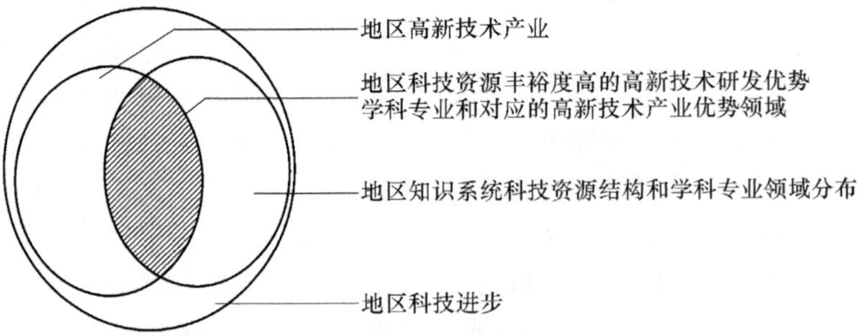

图 4-8　地区科技进步、知识系统与产业系统关联性

为进一步说明区域知识系统与区域高新技术产业系统的互动效应,将N市电子信息产业主要科研开发院所高新技术产品和技术领域与N市电子信息产业主要企业高新技术产品和技术领域做一个比照。例如,电子14所的移动通信基站射频/微波设备,空中交通管制的航管系统,多源数据/信息融合技术,多元巨量信息处理技术,高速并行处理技术,智能自组织自适应信息技术;电子724所的高速信号处理,高功率发射技术,信息融合技术,风廓线雷达技术;电子55所的移动通信用射频器件和电路的产业化,数字电视用彩色PDP显示器生产工艺及实用化技术,砷化镓射频集成电路设计、制造技术;电力自动化研究院的电力系统专用通信技术,电力电子技术等与熊猫电子集团有限公司的GSM、CI技术及专电芯片设计,音频视频数码技术,固态大功率发射技术,数字化彩电专用集成电路设计;N市长江机器集团有限公司的空中交通管理系统用全固态一次监视雷达,大功率集中或固态发射技术,多功能设备(集复印、扫描、打印、传真、电话于一体),800线以上数字HDTV大规模产业化制造,智能化超高速实时数字信息处理技术,空时二维自适应信号处理技术,多份信息数字化技术;N市大桥机器厂的边界层风廓线雷达,高功率的发射系统;N市南瑞集团公司的配电网复合通信方式等是完全相关联的产品和技术领域。

比照N市生物医药产业部分企业和科研开发机构在中医药高新技术产品和技术领域的关联性,可以发现:N市金陵制药集团有限公司"十五"期间新中药产品开发项目与江苏省现代中药制剂和中药复方开发工程技术研究中心开发的新中药产品领域具有一致性,如表4-11所示[11]。

表4-11 生物医药产业中企业与科研机构高新技术产品与技术的关联性

N市金陵制药集团有限公司	江苏省现代中药制剂工程技术研究中心, 江苏省中药复方开发工程技术研究中心
1. 右旋糖酐滴眼液	1. 治疗失眠中药三类新药:萝藤安神片
2. 喘息原料药、气雾剂	2. 热喘平的新药研制与开发
3. 银胆咳喘片	3. 肺舒胶囊
4. 小儿感冒舒颗粒	4. 抗感退热滴丸
5. 同乐胆石消颗粒	5. 胆胃胶囊
6. 换骨灵胶囊	6. 雪域骨宝胶囊
7. 盐酸洛美沙星眼凝胶	7. 治疗冠心病心绞痛中药三类新药银参颗粒
8. 心痛康胶囊	—

第五节　区域智力服务业空间结构与高技术产业进入选择

一、区域智力(知识密集型)服务业空间集聚特征分析

知识密集型服务产业在经济社会发展水平高的地区发展并向区域中心城市及其中心商务区集聚。

(一) 知识密集型服务业发展与区域经济社会发展水平密切相关

这项研究是通过地区经济社会发展水平与地区知识密集型服务业发展水平对比完成的:根据《1999 中国区域发展报告》,在对中国区域可持续发展状态实施评价时,分别各用 6 个指标测度区域经济发展水平和社会发展水平,这 12 个指标是:人均 GDP、经济增长速度、经济密度、资金利税率、非农产业比重、人均财政收入和城镇化水平、教育水平、生活水平、医疗水平、社会稳定性、居住水平。将我国 13 个省市 1997—1998 年经济发展水平和社会发展水平的评价分值进行线性加权和综合排序并与其相应的知识密集型服务业发展水平排序结果相比较,如表 4-12 所示。如果把各地区 1995 年和 1999 年反映知识密集型服务业水平的数据求平均值,并与 1997—1998 年各地区经济和社会发展水平综合得分数据进行相关分析,获得相关系数 $r=0.605$。经检验,地区知识密集型服务业发展水平与地区经济社会发展水平之间存在显著线性相关(即 $r0.05=0.553<r<r0.01=0.684$)并获得回归方程 $\hat{\eta}=-0.633+2.777x$(x 为地区经济社会发展水平,$\hat{\eta}$为地区知识密集型服务业发展水平)。进一步处理表 4-12 的数据:将区域性中心城市上海、北京、天津 1995 年和 1999 年反映知识密集型服务业水平的数据求平均值,并除以相应年度其他 10 个省反映知识密集型服务业水平的数据平均值,其商分别为 8.50 和 8.530。据此,可做如下推论:

(1) 我国地区的知识密集型服务业发展水平是与地区的经济和社会综合发展水平直接相关联。由于我国各地域间经济和社会综合发展水平差异甚大,致使知识密集型服务业在地域间呈非均衡发展特点。

(2) 区域知识密集型服务业呈现向区域中心城市聚集发展的态势,这是知识密集型服务企业向宏观经济和社会环境诉求产业要素高回报和接近市场的竞争行为结果。

表 4-12 地区经济社会发展水平与知识密集型服务业发展水平对比

地区	经济社会发展水平综合得分(1997—1998 年)	排序	1995 年知识密集型服务业发展水平/%	排序	1999 年知识密集型服务业发展水平/%	排序
上海	0.620 3	1	0.551 0	2	0.709 0	2
北京	0.459 2	2	1.600 0	1	2.380 0	1
天津	0.427 5	3	0.550 0	3	0.517 0	3
广东	0.345 0	4	0.222 5	4	0.294 0	4
辽宁	0.339 8	5	0.151 8	5	0.224 6	5
浙江	0.334 2	6	0.129 7	6	0.184 0	6
江苏	0.325 6	7	0.100 7	7	0.148 8	7
山东	0.320 3	8	0.089 2	9	0.128 3	8
黑龙江	0.318 0	9	0.109 2	8	0.125 0	9
湖北	0.290 8	10	0.084 4	10	0.105 0	10
河南	0.266 4	11	0.051 1	12	0.074 9	11
云南	0.258 5	12	0.050 7	13	0.061 4	13
广西	0.235 4	13	0.067 6	11	0.064 0	12

资料来源:根据 1996 年和 2000 年中国劳动统计年鉴和中国广告 20 年统计资料汇编以及 1999 中国区域发展报告的数据计算得出。以省市信息咨询服务业、计算机应用服务业和广告业就业人员占省市总就业人员比重来表征知识密集型服务业发展水平。

(二)知识密集型服务业发展水平和地区人力资本水平密切相关

鉴于知识因素在知识密集型服务业中的重要地位,对人力资本与知识密集型服务业的关联性做了相关分析。方法是以地区每万人拥有的科学家和工程师数量表征地区人力资本水平,以地区咨询产业收入反映地区知识密集型服务业发展水平。取江苏 10 个城市 1997 年和 1998 年横截面数据为样本,如表 4-13 所示,计算结果显示:地区知识密集型服务业与地区人力资本间存在很强的正相关性。

表 4-13 地区人力资本与知识密集型服务业发展相关分析

地区	1997 年		1998 年	
	咨询业收入/万元	每万人中科学家和工程师人数	咨询业收入/万元	每万人中科学家和工程师人数
N 市	38 811.7	369.54	68 217.5	309.06
苏州市	18 113.7	174.40	22 795.6	140.28
无锡市	9 240.0	214.74	13 362.9	165.77
常州市	6 949.8	203.16	3 829.4	159.25
徐州市	4 929.7	119.89	9 440.9	88.70
南通市	4 269.6	108.93	5 769.4	159.35

续表

地区	1997 年		1998 年	
	咨询业收入/万元	每万人中科学家和工程师人数	咨询业收入/万元	每万人中科学家和工程师人数
连云港市	3 817.1	103.06	4 139.4	78.41
扬州市	1 873.3	160.99	10 828.0	118.79
镇江市	3 881.0	191.51	4 116.83	153.65
淮安市	565.4	106.27		77.03
相关系数	$r_{1997}=0.872$		$r_{1998}=0.860$	

资料来源：根据 1997 年和 1998 年江苏科技统计年鉴数据计算得出

(三) 知识密集型服务业发展与区域内其他产业之间密切相关

服务业在国民经济中的突出作用表现在它具有"黏合剂"的功能，正因为这一功能使之成为经济增长和效率提高的助推器，经济竞争力提升的牵引力，经济变革与经济全球化的催化剂。随着经济的发展，市场容量不断扩大，分工与专业化逐渐深化。在这一趋势下，经济效率越来越取决于在不同生产功能之间建立起来的互相联系，而不仅仅取决于生产活动本身的生产率状况。Riddle(1986)认为："服务业是促进其他部门增长的过程产业。服务业是黏合剂，存在于一切经济交易的产业，是刺激生产的驱动力。"如图 4-9 所示。

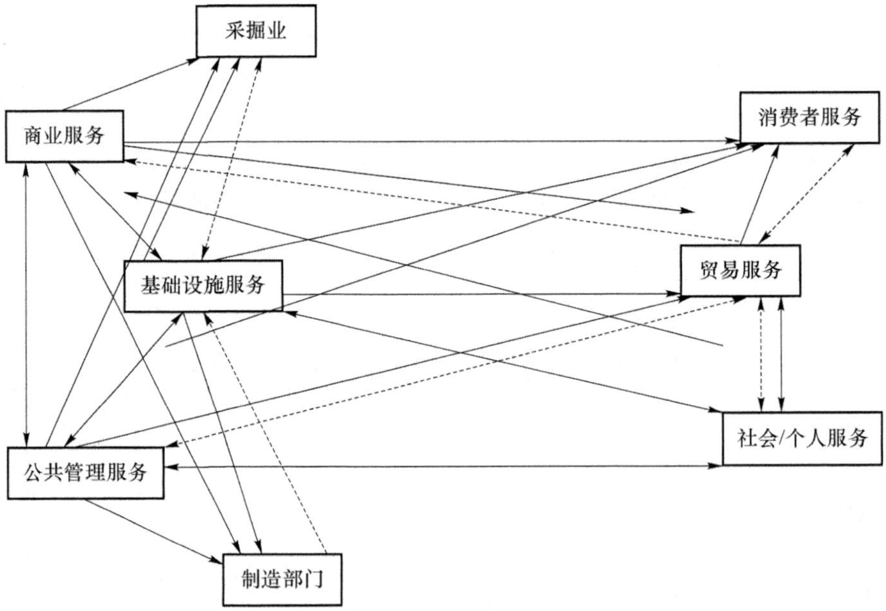

图 4-9　Riddle 的交互经济模型及服务在其中的作用

知识密集型服务业产品绝大部分不是最终的消费性服务，它所生产的产品是一种知识，这种知识的再投入，可以提高区域内其他产业的生产能力或者管理水平，并且可以优化区域内的产业结构。这种知识产品生产主要投入是知识资本和人力资本。实际上，知识服务就是在为地区产业的发展提供知识和人力资本，这种投入提高了地区生产企业的效率。知识服务的效率在于其作为中间投入所发挥的微观积极作用和宏观经济影响，它有助于促进产业集聚、工业化和经济增长。因此，知识密集型服务业与区域其他产业之间并非简单的因果关系，而是一种不断加强的唇齿相依的互动关系。

（四）知识密集型服务业呈现向中心城市的中心商务区（Center Business District，CBD）集聚发展的特征

中心商务区（CBD）最早出现在1925年由伯吉斯（E. W. Burgess）提出的同心圆城市结构模式中。它的前身是以商业功能为主的城市中心区。中心商务区是进入20世纪50年代以后在西方发达国家城市逐步形成的。20世纪70年代后，随着经济全球化进程的发展，中心商务区的产业集群功能升级，形成了以金融、贸易、购物、餐饮、休闲、文化、娱乐为一体的多功能城市中心区，由此形成现代意义上的中心商务区。

中心商务区是城市经济、区域经济发展过程中的一种产业集群现象，它的核心功能是在城市经济和区域经济中发挥的产业集群功能。对于现阶段的现代中心商务区的产业集群功能呈现如下特点。

(1) 吸引外国直接投资（FDI）和国际金融资本的窗口。现代中心商务区在吸引FDI方面可以成为联结本国和世界的桥梁，充分发挥其独特的窗口效应、示范效应和辐射效应，成为跨国企业全球战略的重要地区总部、职能运营中心（如地区研发中心、结算中心、分销中心、采购中心等）的所在地。

(2) 重要的国际商务信息枢纽。现代中心商务区内集聚了各类大企业总部、各类现代生产、服务企业和机构，形成独特的信息中心机制。各种信息在这里汇集、发出、交流，使这里成为国际重要的经济和商务信息的集散地和传播中心，成为跨国企业捕捉经济和商务信息的重要平台。

(3) 国际商务和管理以及其他现代服务产业优秀人才的人才库。现代中心商务区内集聚了各类高级商务和管理精英、现代服务产业优秀管理人才以及高质量专业技能人才，使这里不仅成为人才的集聚之地，还成为培养新型商务人才的基地。

现代中心商务区产业集群的诸多特点带动了知识密集型服务业在发展中呈现出向中心城市的中心商务区集聚发展的特征，这一特征在第二章的表2-2中得到反映。从世界各国服务业的区位特征来看，信息业、广告业、设计业、咨询业等典型的知识密集型服务产业，一般都高度集中在各大城市中。而且，在城市内部又以中心商务区为主要聚集区。其原因除了追求中心商务区的所有优点外,还包括易于获得各种信息和各类专业人才。

二、交互效应模型应用:区域高技术产业不同行业进入的选择方法

上一节谈到基于科技进步的区域高技术产业发展环境分析方法,对于具体高技术行业部门是否应进入某区域发展尚不能做出科学的判断。已知区域创新环境包括区域人力资本、资金、技术在内的资源环境,它与区域创新资源禀赋结构存在内在的关联性。利用地区知识系统与地区高新技术产业系统的交互效应原理(参见图 4-8),可以作为区域创新环境监测和分析的工具,通过对区域创新资源丰裕度高的高技术研发优势学科专业与区域高技术产业优势领域和成长性、产业创新率高的高技术产业部门进行关联性分析,根据相关性的高低,做出高技术产业不同行业进入区域的适宜性判断。

此外,地区知识系统与地区高新技术产业系统存在互动效应的政策含义在于,随着知识经济的到来,地区产业结构调整和高度化成为促进地区经济增长和经济发展方式转变的主要手段,知识和技术创新作为高技术新兴产业形成发展的最重要因素,知识和技术要素在产业发展中的地位已提升到前所未有的高度,这就要求地区创新资源、科技创新资源、科技研发领域和方向与地区高技术产业发展领域和方向进行同步规划与配置资源,从理论上讲,地区创新资源、科技创新资源和科技研发领域和方向应适度超前予以配置。这些政策思想在本章案例中得到应用。

第六节　智力密集的城市规划中创新资源配置案例

一、地区政府在地区创新环境创造中的作用

地区政府是地区创新系统的创新主体之一,在中国也是地区创新环境创造的主角,它通过政策法规的制定和制度安排,为地区创新系统提供激励和市场环境的改善;通过地区经济社会发展规划和各项公共事业发展规划,为地区创新系统确立目标、创新环境的改善布局和配置创新资源;通过直接和间接开展公共服务,为地区创新系统高效运行提供有效供给。该案例介绍 N 市政府为建设创新型城市,通过城市建设规划,在创新经济学理论指导下,运用高技术企业集聚与企业技术创新能力提升互动机制,对 N 市创新资源进行空间布局的应用案例。

二、N市城市总体规划修编（2007—2030）中创新资源空间布局的研究方案

（一）N市城市建设空间格局

N市城市建设以长江为主轴，以主城为核心，结构多元，间隔分布，呈中心、开敞式的都市发展空间格局。N市都市圈城镇结构为“主城和12个外围城镇”，确定了东山、仙林和江北三个新市区。N市的发展仍然集中在以长江为轴线的主城区，以及浦口、江宁等临江区域高新技术和新兴产业主要发展城区和创新资源的主要辐射地域，如图4-10所示。

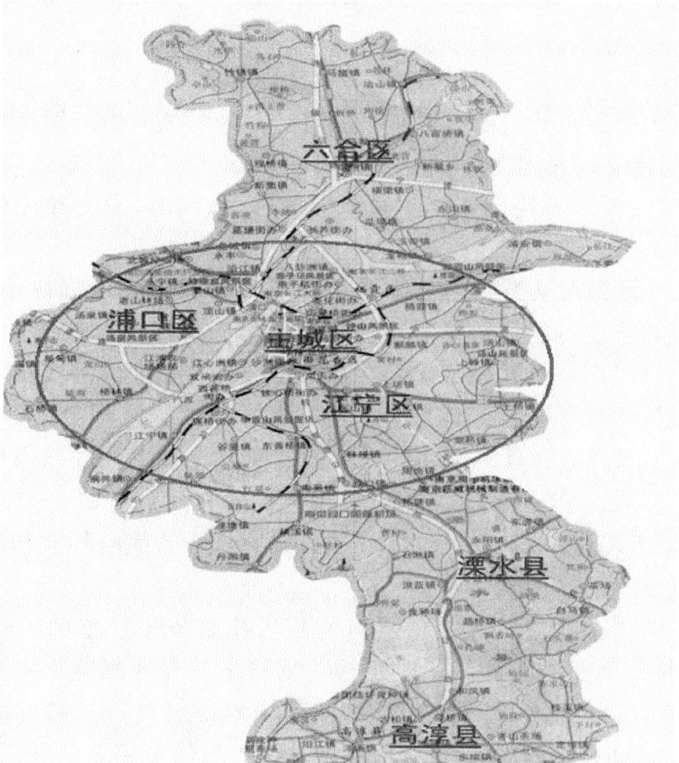

图4-10　N市城建空间格局

（二）中远期规划布局的指导思想

为全面落实科学发展观，贯彻实施“科教兴市”战略，以“全国重要的科教中心”和创新型城市建设为目标，充分发挥科技创新创业对经济社会发展的引领作用，遵循科技发展的规律性，运用创新经济学的理论和实践经验，以打造创新型产业集群

为抓手，通过N市相关的城市建设规划和布局，体现和落实高效率利用和优化配置创新资源存量与科学把握创新资源增量的发展方向，真正实现N市经济社会的跨越发展、和谐发展和绿色发展。

（三）中远期规划布局遵循的基本原则

（1）以科技创新创业资源和优势产业发展资源集聚为目标，坚持存量资源高效利用，优化配置和增量资源向优势学科专业、优势高新技术产业和具有潜在发展优势的新兴产业方向发展与配置，且贯彻产业布局指导创新资源布局的原则。

（2）以各区县地域发展为基点，以属地资源优先使用为原则，以“十一五”经济社会发展目标为衡量标准，以发挥优势学科专业推动作用，完善自身科技创新链和特色优势产业链为宗旨，优先创新创业载体，公共科技服务平台和产业基地的规划布局。

（3）本着创新资源高效利用、优化配置的原则，以缩短时空、加速知识流动和降低联系成本为指导思想，在同学科专业与行业均存在优势的创新资源高地与产业基地（同一行业多产业基地的以选择产业集群最大、骨干企业最多的基地为优）直线连线上，就近规划布局创新链完善所需的载体；同时，改善和优化直线连线上的交通。

（4）凡区县已存在某类高新技术优势产业和具有潜在发展优势的新兴产业，则同时存在该类产业链的优势环节或技术优势领域，则就近的高校或科研院所或研发载体存在该类产业科技领域丰裕的创新资源，则该科技领域新增资源空间需求就在该高新技术优势产业和具有潜在发展优势的新兴产业区位周边规划布局。

（5）高新技术产业和具有潜在发展优势的新兴产业优先在已形成同类产业优势的区县的高新技术产业园区、科学园、经济技术开发区等进行规划布局。原则上，产业价值链战略环节规划布局在省级以上的园区；非战略环节和配套产业布局在同区县的区县镇一级的园区。

（6）在高校、科研院所、研发载体和公共科技服务平台空间区位已定的情况下，新增中小科技型企业应选择在产业相对应的学科专业具有丰裕的创新资源的创新资源高地周边呈同心圆环状布局。城建规划部门在现道路和城建设施基础上，在创新资源高地周边，规划环状科技型企业和现代服务业企业用地，并根据级差地价的原则，按产业平均利润率水平由高到低，对产业由近到远呈放射状依次规划布局。N市地区高新技术产业平均净利润水平由高到低依次为：新材料产业、电子及通信设备制造业、光机电一体化产业、电气机械及设备制造业、软件业、生物医药制造业。

（7）远期规划布局立足于推进行业骨干企业成为自主创新的主体。将研发载体和机构内化于企业生产经营管理体制之中，使技术创新过程成为企业产品生产销售的一个必备的环节，并基于此，自主整合和配置创新资源。为此，在现阶段和未来一个时期中,在发育良好的创新型产业集群中,规划布局"产学研"紧密结合的研发载体;从公共科技服务平台运行机制市场化取向着眼,从远期规划布局的视角,新增建设的公共科技服务平台,应在各类相关园区周边就近规划布局。

(8) 远期规划布局立足于把N市建设成为具有国际影响力和在全国具有重要地位的创新型城市。将进一步提升创新资源高地的极化效应,在大学、科研院所和研发载体集中的区域,规划布局科技教育、专业人才培养(如科技型企业家)等高级培训基地、国际学术交流中心和国际科技会展中心,在2020年—2030年间,实现具有向全国和国际输送高端人才的能力;实现N市对跨园公司研发中心落户的强大吸引能力;实现在若干学科专业领域成为全球持续原始创新的策源地以及实现N市创新资源对N市都市圈范围的全覆盖辐射能力。为此,在现阶段和未来一个时期中,选择具国际竞争力的产业集群和产业园区,选择与这些产业集群和产业园区相应的学科专业创新资源高地,提高其基础设施的承载水平和供给标准,并在其周边超前规划上述设施,确保空间供给的弹性。

(四) N市创新资源发展与配置的中远期目标体系、结构和地域布局

针对N市现有创新资源分布状态和各区县各学科专业创新资源禀赋丰裕程度,对照N市优势高新技术产业和具有发展潜力的新兴产业的地域集中特点,根据中远期创新资源规划布局的指导思想和基本原则,结合N市国民经济和社会发展第十一个五年规划和各专项"十一五"规划以及各区县国民经济和社会发展第十一个五年规划纲要的要求,形成N市中远期创新资源发展与配置的目标体系、结构和地域分布。

中期目标体系、结构和地域布局强调创新资源的优化配置向高新技术产业及新兴产业倾斜,强化创新资源高地与重点产业和重点产品群的配合,实现科技对产业经济发展的强大支撑作用。突出企业的技术创新主体地位,在优势高新技术产业和新兴产业领域加快大企业国家级技术中心建设和产学研紧密结合的工程技术研发中心建设。到2010年,90%的大中型企业自主建设或与高校、科研院所共建方式建立企业研发机构。围绕科技发展重点领域:通信系统、智能与轨道交通、先进制造、制造业信息化共性基础、创新药物与中药现代化、新材料与新能源、软件系统集成、生物、生态资源与节能等领域中的关键技术进行研发,特别针对新型显示器件、智能与轨道交通、电力系统自动化、新型医疗器械、半导体照明材料、太阳能光伏、纤维增强材料、多孔陶瓷、高分子材料等专业技术,在现有工程技术研究中心尚未覆盖的领域再建设一批国家和省市级工程技术研究中心。全面推进面向产业集群的六大公共服务平台建设,提高创新资源社会化程度,基本形成在仪器设施、科技文献、科技数据、创业孵化、新兴产业培育、行业检测和产品设计、技术产权交易、科技评估和咨询、科技交流和合作等重点领域先进、高效、完整的公共服务能力,全面提升全市产业的整体创新能力。

N市优势学科专业创新资源高地与对应优势高新技术产业和新兴产业基地之间的交互、辐射通道和创新资源发展配置方向与地域布局如下。

（1）N市的光机电产业主要集中和规划在江宁区、下关区、雨花区、浦口区、白下区和溧水县。江宁区承载电力设备的制造；下关区和雨花区承载风电设备的制造；浦口区承载轨道交通车辆制造；白下区承载机电制造业资本装备的制造；N市高新技术产业开发区、江宁区和溧水县共同承载汽车制造业。其他一些区县和工业园区也规划和分布了一些机电装备和产品的制造，如六合经济技术开发区、N市经济技术开发区和高淳县等。支撑光机电产业发展的创新资源主要集中在玄武区、鼓楼区、白下区和建邺区，几乎都不在主要光机电产业制造区，为此都需要接受来自玄武区、鼓楼区、白下区和建邺区光机电创新资源的供给和辐射。从创新资源供给角度看，目前仍需建设针对产业发展需求的高层次的专业性重点实验室；N市所有急待发展的主要光机电产业都缺乏公共技术服务平台。

（2）N市的生物医药产业主要集中和规划在浦口区的N市高新技术产业开发区和浦口经济技术开发区、栖霞区的N市经济技术开发区和高淳县。N市高新技术产业开发区主要以研发和孵化为特色；浦口以抗感染、抗肿瘤和生物基因为特色方向；栖霞以生物和中西药制剂为发展重点。支撑生物医药产业发展的创新资源主要集中在鼓楼区、玄武区和建邺区，此外，在秦淮区有一个心血管药物临床试验公共服务平台。在这三个区，无论是国家重点学科和重点实验室，还是工程技术研究中心、科技公共服务平台，以及科研院所呈高度集中状态。因此，技术创新链配置比较完善。中期创新资源规划布局的主要目标是浦口经济技术开发区、N市经济技术开发区和高淳县建设产业方向针对性强的科技公共服务平台和创业孵化中心。此外，继续在其他生物医药产业的区县建立一些现有重点实验室和工程中心的分支机构，强化辐射作用。

（3）N市的新材料，包括化工新材料产业主要集中和规划在六合区、浦口区、雨花区。六合区的N市化学工业园承载生物医药材料、精细化工材料和高分子材料的制造；六合经济技术开发区和雨花台区承载新型建材的制造。支撑化工新材料和新型建材产业发展的创新资源主要集中在鼓楼区、玄武区和下关区，此外，在雨花台区有一个材料研究方向的科研院所，在六合区有化工和化工应用的科研院所1个、工程中心1个。综合情况看，支撑新材料产业的科技公共服务平台严重不足，有关专业方向也缺失工程技术研究中心的研发支持。为此，在中期创新资源规划布局方面要考虑：在创新资源高地就近再增建有关材料方面的工程（技术）研究中心；在主要新材料产业园区就近布局公共技术服务平台建设，如在N市化学工业园要重点建设基本化学原料共性技术平台。

（4）N市的电子信息产业（包括新型光电产业等）主要集中和规划在浦口区的N市高新技术产业开发区、栖霞区的N市经济技术开发区、江宁经济技术开发区、雨花台区和玄武区的珠江路一条街及其延伸段。N市高新技术产业开发区主要承载计算机及外设、集成电路和系统集成产品的制造；N市经济技术开发区承载平板显示器和信息家电类产品制造；江宁经济技术开发区承载通信及网络设备、平板显示、新型电子器件和汽车电子产品的制造；雨花台区是电子信息产业研发中心及装配加工基地；珠江路是电子信息产业孵化和市场开拓的基地。此外，在鼓楼区、白下区都具有强大的电子信息产品的生产活动。支撑电子信息产业发展的创新资源主要集中在玄武区、鼓楼区、白下区，此外，雨花台区有一家电信技术科研院所；浦口区有一家网络监控技术工程中心。从技术创新链配置情况看，电子信息产业作为N市的支柱产业，在未来面临提升新优势，向最具国际竞争力的主导型产业发展，但目前只有白下区一家科技公共服务平台（江苏省计算机系统工程测试中心），显然难以实现创新资源共享并支撑电子信息产业的快速创新需要。为此，近中期至少在浦口、栖霞、江宁和雨花台四区，针对各自电子信息产业特色，在平板显示、集成电路、通信、光伏等科技领域建设科技公共平台。玄武区、鼓楼区和白下区要继续加强科技公共平台建设，特别如玄武区是集成电路设计制造的企业密集区，更应加强研发资源的共享，加快关键共性技术的扩散和应用。

(5) N市的软件产业主要以“二园多基地”模式集聚发展，支撑软件产业发展的创新资源主要集中在玄武区和鼓楼区，此外，在浦口区、秦淮区各有一个软件的科技公共服务平台。从软件产业的技术创新链来看，主要由鼓楼区和玄武区的创新资源向浦口区、雨花区和江宁区辐射。浦口的N市软件园是软件研发基地，主要的科技公共服务平台在玄武区，它们是：江苏省软件测试服务中心、N市软件测试评估中心和江苏省软件创业服务中心。从N市未来软件产业发展的规模和速度要求分析，要以质量管理、开发实验、技术测试为三大支点建设软件产业公共技术支持平台，目前特别要加强软件开发工程化技术支持平台，推进软件测试平台为工程技术研发的服务。在电力自动化、药物和嵌入式软件等优势领域建立技术转移服务平台和软件产业人才培训支撑平台，强化软件产业技术创新链的完善配套和创新资源的纵深配置。依托园区所在区的教育资源如江宁区、浦口区，改革软件人才培训模式，建立多形式，多层次的软件培训基地，完善软件高级人才培养，软件程序员培训以及继续教育三级教培体系。

跨区县协同配置布局创新资源和有关区县共性的配置布局创新资源如下：

(1) 在鼓楼区和玄武区，充分发挥科技信息资源密集优势，实施联动、共同建设基础条件服务平台和技术产权交易平台，并与这些平台建设配套建设新兴产业发展的评估和预见系统。

(2) 在优势高新技术和新兴产业的规划的主要基地，如江宁区、浦口区、栖霞区、六合区、雨花区、溧水县，重点建设专业化方向鲜明的、综合集成能力强的新兴产业服务平台，核心任务是要快速发展以龙头企业为主体、产学研合作为模式的工程技术研究中心。此外,建设技术转移服务平台,并配套建设风险投资服务平台。

(3) 充分发挥各区县驻地高校和高校的二级学院、专业职业技术学院等教育资源,与各优势产业领域的龙头企业在优势产业人才需求领域,建立专业性人才培训基地,多形式、多层面培养各类技术创新人才、科技型企业家人才、产业发展急需的高技能技师和高技术产业中的熟练工人。

(4) 整合鼓楼区、玄武区、建邺区和浦口区在自然与资源开发、环境保护与防灾减灾领域的创新资源,协同构建生产安全、环测环保、防灾减灾的监测预警网络体系与应急公共服务中心,以最快的速度为决策部门和公众提供预警信息,服务N市的社会事业发展。

(五) N市创新资源发展与配置的远期目标和地域布局优化方向

纵观现阶段N市创新资源的学科专业资源集中程度和分布特点,根据N市产业中期发展速度、规模和地域布局的特点,N市经济和创新资源空间结构大致呈现一个轴心三个环带特征:以鼓楼区、玄武区和白下区的新街口周边为轴心,这里创新资源密集,是N市技术知识高地的极顶。产业结构向第二、第三产业高度融合发展,以研发、设计、文化和商贸产业为主导产业形态;围绕轴心的第一个环带由白下区、建邺区、秦淮区、下关区和栖霞区东部、浦口的高新区和西部部分、雨花台区和江宁区的北部部分、六合区南部部分构成。这里是N市技术知识高地的第二个平台。创新资源在某些学科专业领域相对密集,但技术知识结构不够完善,产业结构以制造业为主体,也是目前N市的优势高新技术和新兴产业的主要制造基地;第二个环带是第一个环带外的N市其他地域,包括所有郊区和县。从创新资源的角度看,这里在某些区集中了比较丰富的教育资源,如,浦口区、栖霞区等。经济空间布局主要以传统产业为主体,新兴产业有一部分。从产业经济提升竞争力角度,目前面临的主要任务是利用高新技术改造传统产业和接受技术知识高地辐射、加快新兴产业的发展。第三个环带是第二个环带以外和N市都市圈范围以内的整个区域。N市目前的经济和创新资源空间结构和布局的功能格局是N市城市在规划和市场机制的长期历史过程中形成的,具有科学性和历史性。

N市创新资源发展与配置的远期目标和地域布局的优化宗旨在于进一步增强N市城市的综合功能,不断提升产业素质,优化经济结构;进一步体现科技对于经济社会发展的引领作用,达到N市经济社会的跨越,和谐和可持续发展目的,并有能力辐射和带动N市都市圈整体发展,使N市作为长三角区域仅次于上海的中心城市地位得以确立,作用得以充分发挥。因此,远期规划要实现N市技术知识高地极顶的扩大(即轴心半径的扩张),使其成为国际性的学术、技术和文化交流中心、具有国际影响力的教育中心、国际性高端人才的培训中心、跨国公司和国内知名企业的运营和研发中心。要继续布局一些N市真正具有持续原始创新能力学科专业支撑的都市型科技园区或街区,主要功能局限在研发、设计和承载系统产品核心技术部件、组件的制造和发展知识密集型服务业。第一个环带要不断扩大自身半径，全面吸纳技术知识极顶的技术知识外溢，在靠近轴心的环带和轴心向高新技术和新兴产业辐射通道的交汇地域布局研发和设计产业，大力发展比较和竞争优势强的学科专业支撑的专业性都市型科技园区。在第一环带交通主干道和多干道交汇点周边地域建设科技展馆和技术交流中心。在高新技术和新兴产业基地周边应已发展起成熟的支撑科技创新创业的科技服务体系和相应的载体布局。第二环带在远期规划布局中主要目标是接受轴心的科技辐射和第一环带的技术知识外溢，并逐步淘汰一般性传统产业，发展高新技术产业，并以此为基础和基地，向N市都市圈转移辐射能量和吸纳优质科技与产业资源要素。

N市创新资源发展布局的各区域功能定位和分工遵循着由轴心、第一环带、第二环带等动态的、梯度的、依次逐环向外推进的演化过程。

参考文献

[1] Martin, M. C.: Managing Technological Innovation and Entrepreneurship, Preston Pub. Co. Inc, 1984.

[2] Josty, P. L.: A tentative Model of the Innovation Process, R&D Management, 20, 1, 1990.

[3] 林海芬，苏敬勤．国家创新体系研究评价及启示[J]．管理学报，2010，(4)

[4] 李正风，曾国屏．OECD国家创新系统研究及其意义——从理论走向政策[J]．科学学研究，2004，22(2)：206-211.

[5] 郭晓川．合作技术创新——大学与企业合作的理论与实证[M]．北京：经济管理出版社，2001．22-23.

[6] 郝寿义，安虎森．区域经济学[M]．北京：经济科学出版社，1999．43-47.

[7] 黄西川．区域间技术转移的空间经济性实证分析[A]．//中国科学学与科技政策研究会．第六届中国科技政策与管理学术年会论文集[C]．北京：中国科学学与科技政策研究会，2010.

[8] 黄燕，李云华．地区科技进步测定中应注意的几个问题[J]．经济地理，2002，22(2)：253-255.

[9] 李阳成．科技进步综合水平评价与科技竞争力[J]．发展研究，2001，(7)：53-54.

[10] 洪楠，侯军．SAS for Windows 统计分析系统教程[M]．北京：电子工业出版社，2001.

[11] 郑加强，黄西川等．南京高新技术潜在优势领域及其产业化现状与前景

研究[R].南京市科技局、南京理工大学、南京市统计局报告20025009，南京：南京理工大学，2004.

[12] Huang Xichuan. Verification Study on Interactive Effect of Regional Knowledge System and Regional High-thch Industrial Systems[A]. See：Tsinghua University. Proceedings of the 2nd Globelics Conference[C]. Beijing：Tsinghua University Press，2004.

第五章　集群内链环关系:聚集动力、集聚体结构与互动函数

第一节　聚集的动力:高技术企业集聚发展内在环境要求

一、基于自组织和他组织的各类主体聚集动力来源分析

宁钟(2005)分析了国外学者关于创新和知识溢出是否趋于集中化的争论,对一些学者关于专利与创新集群的数据、知识溢出的测量数据,生产函数中研究开发溢出估计的经验数据的分析,得出知识溢出是趋于集中化的结论[1]。杨震宁和吕萍等[2]针对企业入驻科技园的技术获取动机、市场渗透动机和政策获取动机进行了调查分析工作并得出了相关结论。苏景军和梁涛(2006)将产业链构建引入到高科技产业化过程中进行分析,得出的结论是高科技成果的产业化过程是以产业链为前提的,产业链的构建为高科技成果向现实生产力转化提供了现实选择[3]。

伍德(1969)根据实地调查的资料证明,无论用原材料投入还是产出的链环关系来描述聚集的优势都是不够的,他提出使用产业关系中"信息联系"的概念,作为聚集作用全部吸引力和保持力的因素。除了原料联系、信息联系的聚集经济之外,吉尔摩还进一步证明,对于劳动密集型产业来说,吸引劳动力可能对聚集作用有重要的好处。

在产品生命周期的时间内得到的销售曲线的宽度和形状主要取决于产品开发的产业,可从这种产品生命周期的形式中得出一些推论。首先,在早期阶段,会围绕车间产品的建设问题出现许多创业初期的困难。在这个阶段,在车间和研究与发展方面都需要招入熟练工人。在初期阶段,产品的制造最好安排在产业聚集地,以保持与总部或研究与发展中心的联系,因为这些机构通常都设在产业聚集地(戈达德和史密斯 1978;巴斯韦尔和刘易斯 1970);同时也能保证劳动力和原材料投入方面的周期变化有一个富足的、固定的当地资源环境。在最大销售额阶段,产品生

产的方法已经成熟，同时，车间和研究与发展方面招收熟练劳动力的数量已下降。另外，产品的定型化使原料的引进标准化，并根据标准成批购进。这样在市场饱和和衰退阶段，就可将产品转移到周围地区，即一个可获得发展资金和更廉价的非熟练劳动力（可能是妇女劳动力）的地点，以便通过降低生产成本来延长产品生命。高技术产品生命周期要短得多，一些重要的布局因素是受到产品创新率急剧增长而产生的。首先，周期短不允许产品实现标准化，更不能进行大规模生产。其次，由于不适宜大规模生产，所以仍将继续依靠熟练的车间工人。因为产品创新是一个连续过程，这就需要经常招聘研究与开发人才，这是因为只要从原理样机到一种现有产品，绘图版上就会出现另一种替代产品。此外，由于这些是高技术产业的产品，所以其“原料”通常都是复杂的和专门化的元件，以及供装配的组件。而产品周期的频率还意味着，为了适应早期修改设计，最理想的是，选择好适宜的地区和供应商。从上述观点来看，假设继续着重于当地的熟练劳动力、当地的原料和信息联系，这是与一般的传统聚集的聚集优势性非常类似的，现代高技术产业是高度聚集型的。

上述关于产品生命周期内缺乏标准化阶段的观点来看，大部分这类高技术生产如果没有政府政策的刺激，那么，试图到发达地区自发地重新布局是不可能成功的。一切经历迅速变化的产业都能为小公司的诞生创造各种机会。高技术产业聚集的大公司是处于产品连续变化的过程中，所以，其生产难以标准化。然而，任何难于标准化和价格很高的生产都给小公司留下了经营的位置。的确，高技术产业聚集的链环关系，其经济主要是基于小公司的专业支持，他们可以灵活地为大公司提供准确的服务和所需的元件。

二、高技术企业集聚发展的内在环境要求

高技术企业从“聚集”逐步走向“集聚”再到“集群”及其创新网络的形成，主要体现在一定的地域空间范围集聚体内环境特征的变化。这种环境特征的演化路径呈现了集聚体内的企业在生产经营中专业化分工不断地深化；企业纵横向混合关联不断扩展；集聚体内性质各异的多元主体（包含相关机构或组织）不断增多，并在市场交易与竞争过程中彼此之间逐渐形成合作网络（包括正式与非正式的），协同生产经营与创新；这种合作网络的根植性和国际化不断加强等，使得集聚体经济优势凸显且快速成长。高技术企业集聚并最终集聚体向创新集群的高级阶段发展，呈现出一些共性的环境特征。它们是：(1)高技术产业集群的开放性高；(2)高技术产业集群的资源禀赋丰裕，特别是专业化人力资源、社会资本、技术（知识）资源和专业信息资源；(3)高技术产业集群内有较强的知识密集型服务业支撑；(4)高技术产业集群一般具有区位和基础设施优势；(5)高技术产业集群企业社会文化较相似且一般拥有创新文化；(6)高技术产业集群的产业组织密度高且中小型企业居多，

而且一般规模结构和层次丰富;同时,其产业技术和产品结构有一定的关联性且产业链在不断进化与完善过程中;(7)高技术产业集群所在地区政府对集群产业发展的关注度一般较高,并在公共服务和政策上给予比非高技术产业集群企业更多的支持;(8)高技术产业集群产业技术在一定层面都具有相对的先进性;(9)高技术产业集群内各行为主体间在一定范围一般有一定的网络化和互动性联系[4]。

从高技术产业集群集聚体来看,尽管现存的各种类型产业集群发动起因不一样,形成的历史背景和路径不同,但在其成长阶段都为集聚体内企业和相关机构组织提供了"有益"的环境条件,这种"有益"的环境条件既有经济性的,也有社会性的,还提供了必备的某些结构性条件。比如说为了满足前述集聚体内企业的诉求,集聚体内应有纵横向关联的、处于产品链、技术链多环节的"大量"各类企业和公共机构及组织;集聚体内存在"充足"且流动性"良好"的产业要素;集聚体内各类行为主体彼此之间应存在"各种各样"的联系,这种联系是动态性的,或者说,各类行为主体彼此之间因为各种各样的联系而构成各种网络型组织。集聚体内各行为主体在互动行为基础上形成的网络联系,这是一个动态化的过程,频繁而密切的联系与互动,加速了产业要素的流动和技术知识的扩散,促进了集聚体内的合作创新,提升了高技术产业集群的竞争力。也就是说对产业集群的分类仅表明不同类型的产业集群对集聚体内的企业提供的环境条件的差异性和完备性程度不同。所谓"大量""充足""各种各样"没有确切的量值,仅是对"有益"的环境条件优化程度的表述。如果把产业集群视为一个系统,随着系统的进化,它应是一个开放的、功能完备的、具有自我调节能力的、不断创新走向高级化的系统。不论对何种类型的产业集群,其可持续发展要求其集聚体应存在一种理想的"帕累托境界"。

第二节　集聚体多元主体系统结构及资源的分布特征

一、集聚体多元主体系统结构特征分析

高技术产业集群要具备自我不断创新的潜力,实现自身的可持续发展就要依赖于其集聚体结构的优化。由于产业类型不同、集聚体内企业数量不同、附属企业或转包活动多寡不同、产业组织分工程度和集聚体内供应商、用户的密度、有核心企业支配或没有核心企业支配、产业组织是否存在或允许垂直一体化活动、企业之间有合作经验或者没有合作经验和历史、产业集聚体内部组织和机构之间的联系性程度和与外部组织机构之间的联系性程度及范围、相关机构的多少和专门化的服务体系是否建立和完善、是否存在着充裕的劳动力市场和知识外溢以及基础设施条件如何,集中表现为高技术产业集群整体生产效率、系统成本、经营柔性和规

模经济性的巨大差异;表现为高技术产业集群成长性、成熟性、创新能力和可持续能力的巨大差异。当把上述各种变量对高技术产业集群创新和可持续能力的影响纳入集聚体优化结构框架中进行分析,可以获得若干描述结构性变量之间联系的函数关系,它们是:①前向关联的制造厂商和客户厂商在集聚体中的密度与产业创新之间的关系;②后向关联的供应厂商和制造厂商在集聚体中的密度与高技术产业集群系统成本之间的关系;③产业组织中大、中、小企业的比例和多层次的转包及供需结构与集聚体内合作竞争的均衡和竞争保障机制的关系;④不同产业关联性与技术链、技术关联之间的关系;⑤地区知识系统高校、科研机构中科技资源的禀赋和结构与高技术产业集群产业技术结构及产业创新之间的关系[5]。

目前虽不能给出这些结构性变量之间联系的准确的函数表达形式,但已有的研究成果表明:大量制造商与客户在地域空间的接近和密切交往,客户对产品的认识和意见,有助于制造商及时改进产品和缩短新产品创新的周期,并直接影响制造商产品的销量;大量供应商与制造商在地域空间的接近和密切交往,为制造商建立高效的供应链提供了条件。方便的沟通,简明的手续,短途快捷的供货,使制造商的交易成本大大下降;同类产业中大、中、小企业比例适度,有助于形成相互合作的共生机制,转包和多层次供给体系,对及时满足客户多样性、个性化的复杂需求提供了可能和基础,大大提高了集聚体内部的交易效率[6,7]。大、中、小企业适度的比例,还防止了高技术产业集群过度纵向一体化对竞争的抑制,有效保障了高技术产业集群应有的活力;集聚体内各产业和产业部门之间的纵横向关联是由产业技术间联系所决定的。产业技术链节越靠近、产业技术之间联系越直接,产业或产业部门间纵横向关联性越强,其交互性越强,集聚体中关联产业或产业部门间创新传递速率就高,高技术产业集群产业结构转换能力就强。

从集聚体内企业微观经济活动的视角出发,从高技术产业集群为集聚体内企业创造的环境状态和集聚体内企业诉求的多样性和层次性视角展开分析,问题就变得比较简单些。先从集聚体内企业看:高度专业化的企业,为了完成自己的生产经营目标,在集聚体内需要寻求互补性的资源和能力,希望各种生产要素易获得且质优价廉,于是它要与其他同类企业进行合作或不断地保持联系;为了降低交易成本,提高盈利能力,特别当企业产品或原材料运输成本和其转移的时间成本在总成本结构中不容轻视时,企业希望在有限的空间范围完善自己的供应链并取得客户。当然为了降低不确定性和机会主义行为导致的风险,它希望供应商和客户是大量的且可选择的,以维持动态的稳定性和可预期性[8];企业为了发展,为了扩大市场份额,为了实现高利润率,就必须在市场中竞争,就要提高自身的竞争能力,并获得竞争优势,于是企业要不断地提高自己的生产技术水平和管理水平,要降低成本和提高效率,要不断地完善产品、提高性能或增强功能或不断地研发新产品。为此,创新成为高技术产业集群企业发展永恒的主题。由于创新是一个系统工程,而且具有高风险性、高投入性质。因此，企业希望能够以最小的风险，最低的投入，高效率地实现创新并获得最大的创新回报，它就要在集聚体内外整合创新要素和资源以实现上述目标。

二、基于实证的集聚体资源分布特征

本书通过对N市某国家大学科技园集聚体内多元主体系统以产学研合作为主题调查彼此之间的诉求，获得的信息经统计分析，得出了各种资源在集聚体内的分布特点。

1. 官产学研合作中，政府的诉求

调查结果显示，为使国家大学科技园功能得到很好的发挥，政府对各种资源的诉求为：政府的预期功能有提供资金支持(83.3%)、制定政策法规(66.7%)以及提供信息(66.7%)。园区企业的预期功能为促进创新成果转化(83.3%)、提供中间产品和最终产品(66.7%)以及产品工艺与研发(33.3%)。大学所能提供的资源有提供科技成果(66.7%)、提供掌握专业知识的劳动力(50%)以及提供科研场所及实验设备仪器(33.3%)。科研机构的功能有提供科研项目(83.3%)、提供科研人员(66.7%)以及提供专业信息(50%)。中介服务机构的功能有提供风险基金(100%)、提供专业培训与专业人才(83.3%)以及提供公共技术服务(66.7%)。

2. 官产学研合作中，大学的诉求

调查结果显示，为使国家大学科技园功能得到很好的发挥，大学对各种资源的诉求为：政府的预期功能有制定政策法规(66.7%)、科技立项(55.6%)以及提供资金支持(44.4%)。园区企业的预期功能为产品工艺与研发(66.7%)、促进创新成果转化(55.6%)以及提供中间产品和最终产品(55.6%)。大学所能提供的资源有提供科技成果(77.8%)、科技人才(77.8%)以及提供科研场所及实验设备仪器(33.3%)。科研机构的功能有提供科研项目(89.9%)、提供科研人员(66.7%)以及提供中间产品(44.4%)。中介服务机构的功能有提供风险基金(55.6%)、提供公共技术服务(44.4%)以及提供方案(44.4%)。

3. 官产学研合作中，企业的诉求

调查结果显示，为使国家大学科技园功能得到很好的发挥，企业对各种资源的诉求为：政府的预期功能有制定政策法规(78.4%)、提供信息(54.1%)以及提供资金支持(51.4%)。园区企业的预期功能为产品工艺与研发(64.9%)、提供市场信息(59.5%)以及促进创新成果转化(45.9%)。大学所能提供的资源有提供科技成果(51.4%)、科技人才(40.5%)以及提供科研场所及实验设备仪器(40.5%)。科研机构的功能有提供科研项目(64.9%)、提供科研人员(54.1%)以及提供科研设备及场所(51.4%)。中介服务机构的功能有提供方案(51.4%)、提供风险基金(45.9%)以及提供信息(45.9%)。

4. 官产学研合作中，科研机构的诉求

调查结果显示，为使国家大学科技园功能得到很好的发挥，科研机构对各种资源的诉求为：政府的预期功能有制定政策法规(60%)、提供资金支持(50%)以及科技立项(40%)。园区企业的预期功能为产品工艺与研发(60%)、促进创新成果转化(60%)以及提供市场信息(60%)。大学所能提供的资源有提供科技成果(70%)、提供掌握专业知识的劳动力(60%)以及科技人才(50%)。科研机构的功能有提供科研项目(80%)、专业中试基地(70%)以及提供科研设备及场所(60%)。中介服务机构的功能有提供信息(40%)、提供公共技术服务(40%)以及提供方案(30%)。

5. 官产学研合作中，中介机构的诉求

调查结果显示，为使国家大学科技园功能得到了很好的发挥，中介机构对各种资源的诉求为：政府的预期功能有提供信誉(71.4%)、提供资金支持(57.1%)以及制定政策法规(42.9%)。园区企业的预期功能为产品工艺与研发(85.7%)、促进创新成果转化(71.5%)以及提供资金或科研经费(57.1%)。大学所能提供的资源有提供掌握专业知识的劳动力(57.1%)、提供科技人才(57.1%)以及提供科研场所及实验设备仪器(57.1%)。科研机构的功能有提供科研人员(100%)、提供科研项目(85.7%)以及提供专业信息(50%)。中介服务机构的功能有提供方案(71.4%)、提供风险基金(42.9%)以及提供公共技术服务(28.6%)。

6. 官产学研合作中，大学科技园股份公司的诉求

调查结果显示，为使国家大学科技园功能得到很好的发挥，大学科技园股份公司对各种资源的诉求为：政府的预期功能有政府采购(71.4%)、提供政策法规支持(42.9%)以及提供资金支持(42.9%)。园区企业的预期功能为产品工艺与研发(85.7%)、提供市场信息(57.1%)以及促进创新成果转化(42.3%)。大学所能提供的资源有提供掌握专业知识的劳动力(71.4%)、提供科技成果(42.9%)以及提供科研场所及实验设备仪器(28.6%)。科研机构的功能有提供专业信息(71.4%)、专业中试基地(71.4%)以及提供中间产品(71.4%)。中介服务机构的功能有提供风险基金(71.5%)、提供信息(57.1%)以及提供公共技术服务(42.9%)。

通过以上数据分析，可以得出各个主体从各自需求和利益出发在产学研结合中所诉求的资源和功能是不同的，但他们又有着共同的利益，即：使国家大学科技园的功能充分发挥，以此来实现他们共同的目标。所以，从各主体的诉求中得出：①各主体对政府的功能预期都有提供资金、政策法规支持，但大学和科研机构又要求政府科技立项的功能，中介服务机构诉求政府提供信誉的功能，科技园股份公司诉求政府采购的功能。这说明，国家大学科技园在科技成果集聚、转化功能发挥中存在着一定的困难，换言之，此项功能没有充分发挥，另外还说明园区高新产品的销售状况不好。②各主体对园区企业的功能预期都有产品与工艺研发、提供中间产品和最终产品和促进创新成果转化，但科研机构还诉求其提供信息，中介机构诉求其提供资金。这说明国家大学科技园在提供包括专业服务在内的综合服务存在着欠缺，中介机构缺乏充足的运营经费。③各主体对大学的功能预期都有提供科技成果、提供科研设备和科技人才，其中科研机构、政府和科技园股份公司对掌握专业知识的劳动力诉求比较高，但大学本身认为自己应有的功能中排在前三位的没有提供掌握专业知识的劳动力。这说明国家大学科技园创新创业人才培养以及开展实习实训基地功能没有发挥好。④各主体对科研机构的功能预期都有提供专业信息、科研人才、科研项目及设备场所，其中，大学和科技园股份公司诉求其提供中间产品，科研机构自己和科技园股份公司还诉求专业中试基地的功能。这说明国家大学科技园在为园区各主体提供专业信息和专业中试基地方面需要加强。⑤各主体对中介服务机构的功能预期都有提供风险基金、提供公共技术服务和提供方案，其中政府预期其提供专业培训和专业人才的功能，科技园和股份公司诉求其提供信息的功能。这说明国家大学科技园需加强为园区主体提供风险基金、公共技术服务的功能，政府对其提供专业培训和专业人才的功能发挥价值不大。

第三节　技术链、产业链和价值链的互动机理

发展某个产业所需的技术常常是由若干不同技术构成的技术链，既包括基础技术也包括大规模生产、装配等商业化技术，技术链有两种不同的描述方式：各种技术本身可能存在承接关系，即一种技术的获得和使用必须以另一种技术的获得和使用为前提，因此相关技术之间形成了一种链接关系；产品之间存在上下游的链接关系，因此物化于上下游产品中的各种技术依据产品的链接关系形成了一种技术链，一般包括装备技术、研发技术、工艺技术和检测技术等重要方面。技术链的本质是指产业发展过程中涉及的一系列相关技术的序列链接，这些技术支撑着整个产业活动的完整开展。而核心技术链即是这一系列支撑产业活动的技术中关键环节的链接，核心技术链是支撑核心产业链运行和发展的基础，是与核心产业链相对应的核心技术的链接。在产品生产加工过程中，核心技术链由关键制造技术、核心元件技术和产品架构技术三个环节组成。

一、技术因素对产业选择的影响

技术因素对产业选择有着重要的影响，这种影响至少表现在两个方面。

(1) 对于高新技术产业，技术的突破具有源头作用。例如，没有网络信息技术和生物基因技术的突破，就不会有相应的产品出现，网络信息产业和生物技术产业

根本不可能形成，能否掌握相应的技术，是能否选择这些高新技术加以发展的最重要变数，相对于这些技术，获取其他所需的生产要素要容易得多。

(2) 发展某个产业所需的技术常常是由若干不同技术构成的技术链，既包括基础技术也包括大规模生产、装配等商业化技术，仅仅是源头基础技术的突破，未必就能形成可供商业化的产品，例如太阳能技术早已突破，但由于低成本的生产技术始终未能出现，直到目前油价大幅上升后才有大规模商业化运用的前景，技术链的完整，是产业形成的必备条件。

二、技术链与产业链的对应关系

对应于产业链的技术链，其某个环节或产品可能需要一种技术，也可能需要多种技术(技术束)，如果需要多种技术，这些技术可能是平行关系，也可能是前后承接关系。

技术链与产业链的对应关系大致可分为三种情况：

(1) 某种产品只与一种技术(束)对应，一般而言准则化产品往往是这种情况。

(2) 某种产品对应于多种技术(束)，例如，农产品生产既可以采用劳动密集技术也可以采用资本密集技术。

(3) 某种技术(束)并不对应于具体产品，例如某种尚处于产业化前期的技术，其对应的具体产品还未出现。

这种复杂的对应关系进一步加大了技术链分析的复杂性，因此，在分析技术链时，不仅要考察某个产品需要那些技术(束)，还要考察某个产品是否存在几种可替代的技术(束)，如果某种技术(束)尚未应用于具体产品，则需要考察产业化该产品还需要哪些技术，这些技术与现有技术(束)是平行关系还是链接关系。

三、技术链、产业链和价值链的互动关系

(1) 技术链决定产业链和价值链：从单一环节看，该环节的技术束状况，决定了该环节的产品种类、市场结构和竞争状况，进而决定了该环节的价值回报；从整体上看，技术链的完备是产业链形成必要条件，而各环节总体上劳动密集、资本密集或知识密集的不同技术特征，决定了产业链上的核心环节和价值分布。

(2) 价值链对产业链和技术链的影响：如果价值分布在产业链极不均衡，则回报率高的环节会吸引较多的企业进入，进而改变该环节的市场结构和竞争行为；而竞争行为的变化可能引发该环节技术(束)的变化，例如高回报和激烈竞争会加速技术的升级换代。

(3) 产业链对技术链的影响：产业链各个环节的需求特征，对该环节的技术变化可能产生重要的拉动作用，例如能源成本大幅提高将会鼓励节能和替代能源的技术研发和运用；产业链某个环节的竞争状况也可能会影响其他环节的技术状况，

例如半导体设备商为了降低风险和成本，会向发展中国家外包芯片生产并提供生产技术，整车制造商会提供零配件供应商精益生产、柔性生产、物流等技术。

第四节　产业集群化：集聚体内在结构优化标准和原则

一、高技术产业集群建模标准及其原则

高技术产业集群理论上必须包含以下建构标准，它们是：(1)集聚体开放性标准；(2)资源禀赋及产业的输入和服务支撑性标准；(3)区位优势和环境创新标准；(4)社会文化相似性和创新标准；(5)产业组织密度及规模结构标准；(6)产业的技术(知识)化标准；(7)产业技术和产品结构关联性标准；(8)集聚体内及区域行为主体间网络化和互动性标准。标准之间是相互关联和协同的，针对每条标准的确立都有相应的一些原则。

高技术产业集群作为一个系统来描述，其形成和发展，特别是持续发展有赖于系统的开放。为此，产业集群开放性原则是建构高技术产业集群的基本原则之一。集聚体内各行为主体不会满足体内的联系，而需要在体外寻找更多的合作伙伴，不断扩大体外的联系网络，通过集聚体区际劳动力、技术和资金等生产要素的流动和交换，获得远距离的知识和互补性的资源、资产，并不断向外部开辟新的市场。面对全球经济一体化和提升高技术产业国际竞争力的需要，集聚体的开放性在空间范围应是国际性的，当高技术产业集群及其区域外部技术和竞争环境发生突变时，由开放性实现的地方性的全球联系网络能够及时补充产业创新过程中知识、技术、信息等资源的不足[9]。集聚体开放程度可以从集聚体内各行为主体与体外的联系方式、内容和频率等诸方面反映出来。例如，利用 IT 技术通过 Internet 实现全球化的虚拟空间联系或在境外设立分支机构和子公司是以合资形式还是以独资形式实现的现实空间联系；国外企业将分支机构或子公司设立在集聚体内，以合资形式或以独资形式与本土企业或机构发生联系，是一般外国企业还是著名的跨国公司，是其研发机构还是办事处或是地区总部；还可用集聚体内经济活动外向化程度的指标，如进口比率、出口比率、对外借款或/和外商直接投资比率等等表征集聚体开放的不同程度。开放性程度不同标志着高技术企业集聚和高技术产业集群成长和成熟度不同，并能动态的标识出对高技术产业集群成长发展的利弊程度。因此，存在高技术产业集群建构的集聚体开放性标准。

高技术产业集群及其所在区域支撑产业成长发展的生产要素丰裕程度和相关服务的获得性及水平无疑是重要的。尽管不能说资源禀赋是高技术产业集群及其所在区域竞争优势的决定性因素，但却可以说它是关键性因素之一。对于高技术

产业集群而言，技术、知识资源的密集性、可得性及其丰裕度（包括高素质的科技人才和管理人才的量和质），是高技术产业集群创新能力的基础；集聚体内及其所在区域的技术、知识资源的流动性和可配置能力是形成高技术产业集群创新氛围和持续创新的保障条件。近期的有关实证研究结果表明：①地区知识系统的技术知识密集度、结构和其优势研发领域与地区高新技术产业系统的产业部门构成和优势产业领域间具有较强的关联性[8]；②地区技术（知识）的流动性与地区产业技术创新的绩效间具有较强的关联性[9]。基于此，在确立高技术产业集群建构相应标准时需遵循资源禀赋、资源结构优化及其资源流动性诸原则。就高技术产业集群，这里特别强调技术（知识）要素应遵循这些原则。对于提高集聚体内主体间合作效率和产业效率而言，服务也是产业发展的主要输入要素。支撑高技术产业集群发展的服务领域和内容非常宽泛，从集聚体效率提升视角出发，主要关注的是生产性和专业性服务，特别是其中的知识密集型服务业部门[10-15]。如市场调查机构，技术咨询机构，律师、会计师事务所和培养机构等等。在集聚体及其所在区域内它们也同其他产业输入要素一样，存在丰裕度、结构和可获得性问题。因此，需要在上述原则基础上确立高技术产业集群建构的资源禀赋及产业的输入和服务支撑性标准。

高技术产业集群建构离不开物理属性的地理空间载体，即区位和其环境。传统的区位优势看交通条件，而今天立足现代产业经济发展规律和特征，区位及其环境优势的视野已大大拓展。除了重视自然地理、基础设施和现代工业基础条件外，学界和产业界已越来越关注和感受到诸如地方制度、法律、政策、体制这些区位的软环境因素在区域产业发展中的意义[16,17]。例如，在完善市场机制、引导产业方向、创造平等竞争、加强知识产权保护、激励创新、促进产业要素流动、增进需求等方面发挥作用的价值。从产业集群形成和发展的实践来看，不同产业对区位具有鲜明的选择性[18-21]，这种鲜明选择性表明产业空间定位有其内在发展规律约束的原则性，从而在理论上确立了高技术产业集群建构要有区位优势和环境创新的标准。

社会文化环境属于区域环境因素的组成部分。这里单独讨论它，是因为它在高技术产业集群建构中具有特殊的意义。在劳动密集型传统产业集群形成过程中，共同的社会文化背景、当地的风俗习惯与价值观是经济活动中信任的基础，加之地理的接近性导致的反复交易行为，使传统产业集群内社会资本丰裕，社会网络完善。由此，带来集聚体内交易费用低、信息量充分、交易效率高的优势，产业要素流动性强，特别是技术（知识）传播和扩散迅速，促进了产业创新和产业集群发展。而且共同或相似的社会文化背景、习俗和价值观有助于共同知识的积累，并形成本地化惯例和规制，提高了产业组织的协调性和互动效能[22]。随着产业创新向技术要素密集型转换，集聚体内高度专业化的厂商之间合作和协同性要求越来越高，技术和产业创新的风险越来越大，区域文化中的合作精神、风险精神和创业精神的有无与强弱会直接影响产业集群能否持续和健康发展。因此，适应产业发展和产业系统进化的社会文化创新是必需的。举例来说，一些传统产业集群中大量家族式管理企业，随着产业的发展和企业的做大做强，其经济性质和管理模式逐步向股份制现代企业制度转型，这不仅是经济发展问题，也是社会文化创新的结果。所以，高技术产业集群社会文化建构中，就有文化相似性原则和文化创新原则。针对高技术产业集群建构，文化创新的方向必须倡导创业、风险、合作的精神内涵。当然鼓励承担风险不等于崇尚冒险，这里有个科学的标准和度，也就是我们说的社会文化相似性和创新标准。

集聚体内企业数量和企业大中小规模结构是影响产业的规模结构效率、竞争合作秩序、资源配置效率、外部经济性和技术进步的重要变量。一般规律是大量中小企业集聚，水平联系呈主导；几个大企业在一定地域集聚，则纵向联系呈主导。缺乏市场领袖易产生过度竞争，而过度纵向一体化又会造成抑制竞争，这都会导致社会资源的低效率使用。一个高绩效、合理化的产业组织既要使企业获得较好的规模经济效益，又不因企业规模的扩张导致垄断而丧失竞争活力，规模经济和竞争活力都是实现资源有效配置，提高经济绩效的手段和途径，它们是以不同的途径谋求经济效率这一共同目标。作为产业组织合理化的目标模式是将二者有效地协调起来，从而形成有利于长期均衡的竞争格局，这就是有效竞争的概念，它是对同一市场上企业间组织结构及其垄断、竞争态势的理想状态的综合描述[20]。对于产业集群来说，不单要考虑企业规模经济问题，还要考虑行业规模经济，即外部规模经济。这与集聚体地域空间大小，集聚体内企业总量多少有关，或者说与企业密度有关，这直接影响企业生产力水平和生产力增长速度[23]。大量实证研究表明，外部规模经济的溢出效应是客观存在的，知识和技术密集型产业比非知识和技术密集型产业表现出更强的集聚型创新活动趋势，而企业密度与溢出效应大小和溢出的空间范围有较强的关联[24,25]。为此，在高技术产业集群建构时，针对产业组织合理化，提出有利于实现有效竞争的原则；对于有效利用外部经济规模，提出增加知识溢出效应的原则，这就为产业组织密度及规模结构标准的制定提供依据和方向。

产业的技术（知识）化标准确立，是为了适应知识经济发展的需要，用产业的知识和技术要素含量作为产业特征参变量，使产业分类统一沿着产业技术（知识）密集度单一谱系进行划分，其作用有 3 点：(1)它是高技术产业集群建构时的进入产业集群的产业选择基础之一；(2)统一产业分类尺度，便于对现研究按不同产业分类法分类的产业集群进行对比分析，归纳产业集群发展的必要和充分条件；(3)有助于通过经验研究，探索随着产业技术（知识）要素含量的增加，产业集群变化和发展的规律性，从而为高技术产业集群建构提供理论指导。

产业集群集聚体内企业之间的纵横向关联是通过产品链和技术链发生联系。

供应商、制造商和客商沿产品生产链相互间形成原材料、中间产品和服务的投入与产业的纵向经济活动联系；处于产品生产链同环节的企业之间通过研究开发，产品生产和销售服务的协作、资源共享和转包形成横向经济活动联系。众多纵横向联系的相互交叉构成了集聚体内复杂的产业网络。借助投入产出模型分析获知，各物质生产部门的直接消耗系数是以各物质生产部门间的生产技术性联系为基础的，这种生产联系明显地通过中间产品的流动来实现[26]。这就是说，集聚体内产业组织间的纵横关联和产业结构的实质是集聚体内产业生产技术间的互相联系和产业生产技术结构的总和。图 5-1 给出了高技术产业集群中产业和产业部门间的技术联系[27]。公司 B 在技术上既依赖计算机公司 C，同时本身又依赖印制电路板公司 A 的技术。原料向前流向最终装配工厂时，有关技术则沿着相反的方向流动。公司 B 与顾主 C 的关系是公司 B 处于技术权威的地位，同样，公司 B 本身是公司 A 的顾主，公司 B 对公司 A 的技术附属性也可能很高。这种技术从属性会导致创新沿技术链向上游传导。例如，公司 C 的技术或产品创新会要求公司 B 改进技术和产品，而公司 B 也同样会对公司 A 提出相应的要求，于是因公司 C 的创新而导致了公司 B 和公司 A 的创新。所以，产业技术和产品结构关联性标准就应该满足技术关联性强、技术融合性强的原则。

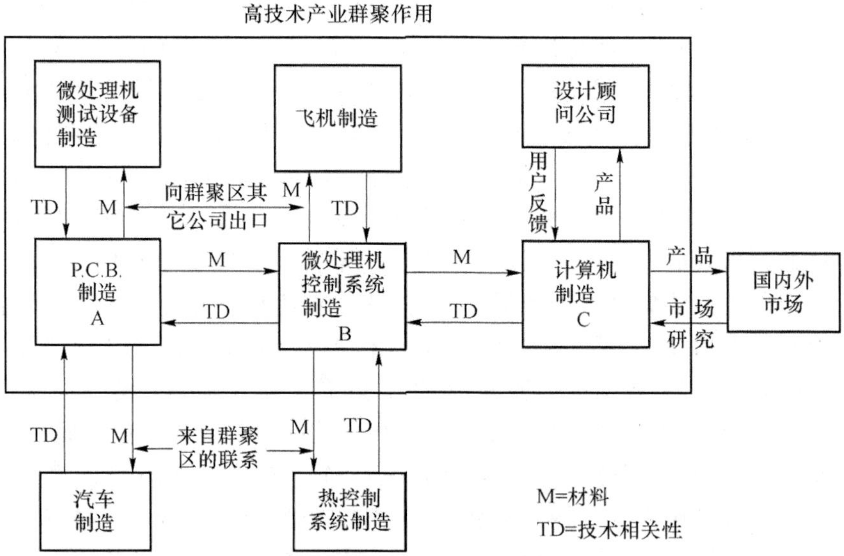

图 5-1　高技术产业集群中的技术联系

集聚经济活动的最主要特征是集聚体的集聚效应。衡量集聚效应强弱的标志是集聚体内及其所在区域行为主体间的网络化和互动性程度，即要充分实现和利用产业集聚区的外部经济性。根据集聚体开放性标准的要求，衡量网络化和互动性程度已从集聚体内及其所在区域扩展到全球范围。集聚体内及其所在区域行为

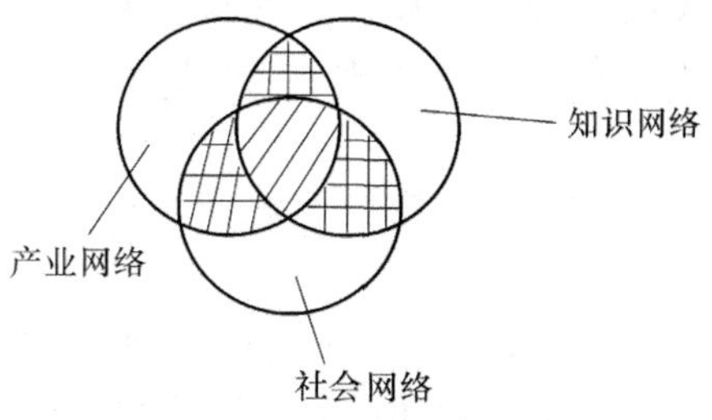

图 5-2 产业集群网络体系示意图

主体间的网络形式是多样性的,其功能也是多样性的。例如,产业网络又可细分为供应商网络、制造商网络、市场交易网络等;社会网络中有公共关系网络、人际关系网络,如企业家个人之间的关系网络等;而产业网络与知识网络之间交叉又可构成研究与开发合作网络等等。因此,集聚体内及其所在区域行为主体间的网络是多重、叠加、交叉的复杂网络体系,如图 5-2 所示。处于网络节点的各行为主体是通过网络进行价值创造活动,实现资本、劳动力、知识、技术、产品、信息的流动和行为互动。结网程度越高,各行为主体间的互动性就越强,整个集聚体的外部经济性和集体学习效应越强,专业化地域生产系统的协同和柔性越好,越有助于产业集群内经营主体系统成本的降低和创新能力的提高,产业集群就越具有活力和竞争力。集聚体内及其所在区域行为主体构建网络的程度和互动性强弱是前述各标准所涉及因素的综合反映。因此,可以认为集聚体内及其所在区域行为主体间网络化和互动性标准与其他标准之间构成函数联系。

第五节 互动函数:一个产业集群的理论模型

尽管目前国内外已有大量关于产业集群的实证研究成果,说明影响产业集群发展的各种因素之间存在的不同程度的关联性,但各种因素之间的函数关系形式尚缺乏研究成果,诸多因素之间数量关系缺乏精确描述。因此,在缺乏统计基础的条件下,根据高技术产业集群建构的原则,将与各原则相关的因素予以参数化和变量化,我们可以给出建构标准的标准函数的一般表达式。若某建构标准的标准函数定义为 y,相应的建构标准确立原则的影响因素之间可参数化和变量化,并记为 $x_1, x_2, \cdots, x_n$,则标准函数的一般表达式可写成:$y=f(x_1, x_2, \cdots, x_n)$,$n$ 为参变量个数。

针对上述研究,给出了高技术产业集群模型建构的 8 个标准及其相应的诸多原则,它们有下述的表征方法。

(1) 群聚体开放性标准及其原则可表征为:$y_1=f_1(x_{11}, x_{12}, \cdots, x_{1a})$,式中 y_1 为标准函数,$x_{11}, x_{12}, \cdots, x_{1a}$ 为 a 个参数化和变量化的原则。以下类推。

(2) 资源禀赋及产业的输入和服务支撑性标准及其原则可表征为:$y_2=f_2(x_{21}, x_{22}, \cdots, x_{2b})$

(3) 区位优势和环境创新标准及其原则可表征为：$y_3=f_3(x_{31}, x_{32}, \cdots, x_{3c})$

(4) 社会文化相似性和创新标准及其原则可表征为：$y_4=f_4(x_{41}, x_{42}, \cdots, x_{4d})$

(5) 产业组织密度及规模结构标准及其原则可表征为：$y_5=f_5(x_{51}, x_{52}, \cdots, x_{5e})$

(6) 产业的技术(知识)化标准及其原则可表征为：$y_6=f_6(x_{61}, x_{62}, \cdots, x_{6f})$

(7) 产业技术和产品结构关联性标准及其原则可表征为：$y_7=f_7(x_{71}, x_{72}, \cdots, x_{7g})$

(8) 群聚体内及区域行为主体间网络化和互动性标准可表征为：$y_8=f_8(x_{81}, x_{82}, \cdots, x_{8h})$

由于高技术产业集群建构标准之间的相互关联性和协同性，所以可获得一组联立方程：

$$
\begin{cases}
y_1=f_1(x_{11}, x_{12}, \cdots, x_{1a}) \\
y_2=f_2(x_{21}, x_{22}, \cdots, x_{2b}) \\
y_3=f_3(x_{31}, x_{32}, \cdots, x_{3c}) \\
y_4=f_4(x_{41}, x_{42}, \cdots, x_{4d}) \\
y_5=f_5(x_{51}, x_{52}, \cdots, x_{5e}) \\
y_6=f_6(x_{61}, x_{62}, \cdots, x_{6f}) \\
y_7=f_7(x_{71}, x_{72}, \cdots, x_{7g}) \\
y_8=f_8(x_{81}, x_{82}, \cdots, x_{8h})
\end{cases}
$$

根据前述分析，在此联立方程中存在 $y_8=\Phi(y_1, y_2, \cdots, y_7)$的函数关系，且存在着高技术产业集群集聚体内及区域行为主体间网络化和互动性最大化的价值取向，即求解 $\mathrm{Max}(y_8)$的问题，至此确立了高技术产业集群的理论模型。

第六节　产业集群的技术创新环境及其独特资源优势

一、产业集群的技术创新环境

陈赤平(2006)认为，创新环境是产业集群技术创新的外部条件，并将外部环境划分为以下四个层次：(1)产业或部门层次的外部环境，指集群内部的企业之间，通过合作开发制造产品或使用特定部门的技术，彼此关联并形成协作竞争的网络关系。(2)区域层次的外部环境，是区域内的产业集群、研究机构或高校，在区域性的制度安排、文化习俗影响下所形成的区域性创新系统。(3)国家层次的外部环境，是一国境内的政府机构、研究机构、大学、公共企业、私营企业及其他组织方式(如集群、联盟等）之间彼此相互作用，形成促进科学技术发展的国家创新系统。(4)国际层次的外部环境，是产业集群适应全球化发展的需要，在外向型经济中拓展与他国企业或其他组织之间的合作关系，形成的一种开放式创新系统，有利于产业集群在更广泛的协作竞争关系中实现技术创新能力的进步，如图 5-3 所示。创新环境是技术创新的约束条件，创新环境的变化又从挑战和机遇两个方面构成了技术创新动力的来源。企业不应是环境的简单适应者，而应该是环境的再造者，并与环境和谐发展。由于在企业的创新和发展进程中，面临着日益不确定的市场和技术环境，区域内网络的连接则是企业发展与创新过程中最重要的保障。

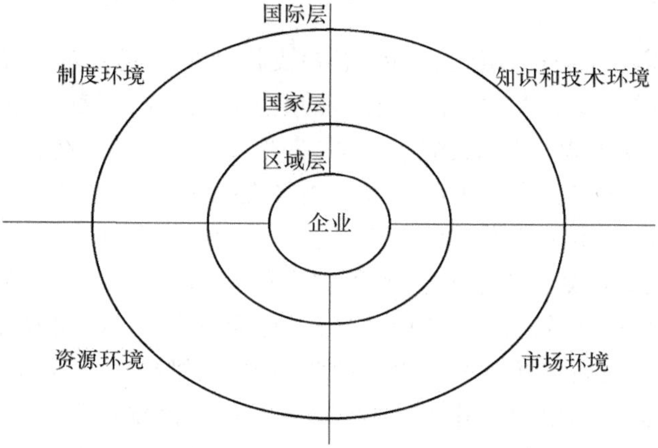

图 5-3　产业集群技术创新外部环境四层次框架图

李勇刚(2005)认为，产业集群的技术创新环境指的是集群促进企业不断进行技术创新的特有的环境因素，包括硬环境和软环境，侧重表现为软环境，并将产业集群的技术创新环境归纳为图 5-4 所示的形式。

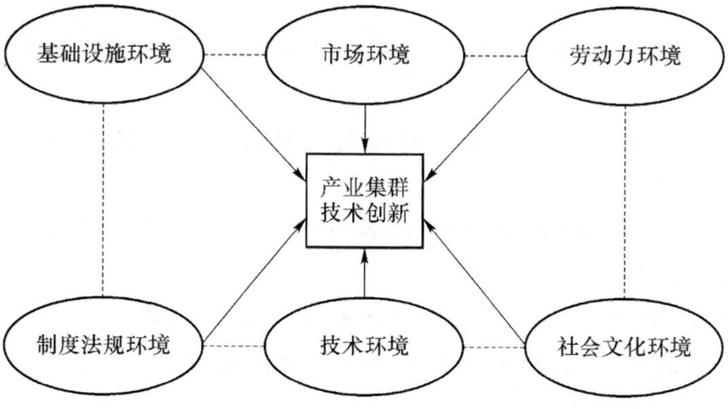

图 5-4　产业集群的技术创新环境

基础设施指为技术创新主体服务的公用设施，是构成集群技术创新的重要条件，如道路、电力、通信、公用实验室、公共信息服务机构等。社会文化环境包括集群内成员的风俗习惯和价值观念，区内劳动力资源的平均文化水平、心理素质、主流价值观、社会风气等。劳动力环境主要是指集群内劳动力的供应情况和劳动力在集群内的流动性。制度法规环境是指激励和约束技术创新活动的各种具有不同地位和作用的法律、法规和政策组成的制度体系。技术环境是指一个区域的技术发展轨迹和技术水平，它是本区域企业技术创新和技术发展的基础。市场环境则是指市场的需求和发展趋势，市场需求是技术创新的最直接动力之一。

二、高技术产业集群企业开展创新的资源优势

当R&D、零配件制造、组装、营销、客户支持及相关服务业务群聚一地时，可以使企业在寻找资源、专业人才、分享技术和信息方面提高内部效率；集群的开放使企业密切关注产品的发展情况、流行趋势，获取新的技术，最终促进产业集群企业的产品向高附加值转变；来自国际市场的竞争是企业技术差距和体制差距最有效的识别参照，从而产生企业变革的最大动力和压力；政府加强公共机构的建设，公共机构可以加强产业集群企业与上游供应商以及国际市场的联系，促进企业间互相协作以及同业对话，如共同营销、共同设计、合作培训等，提高企业间合作的效率；行业性组织有效地沟通各种组织和利益集团，在维护产业利益和保护国内市场方面发挥作用；企业利用知识外溢，方便地寻求互补性技术资源；政府通过公共财政建设技术服务平台，降低集聚体内企业的技术创新成本和风险，提高创新产品的质量等等。

参考文献

[1] 宁钟. 创新集群与知识溢出集群化问题分析[J]. 科研管理，2005，26(2)：68-70，28.

[2] 杨震宁，吕萍，等. 企业入驻科技园的动机及影响因素模型研究[J]. 科学学研究，2008，26(1)：137-143.

[3] 苏景军，梁涛，等. 构建产业链，推进高科技产业化发展[J]. 科学学研究，2006，24(supp.)：83-87.

[4] 黄西川，等. 提升南京新兴产业国际竞争力的研究——产业群选择、建构、优化方法及发展战略[R]. 南京理工大学课题组报告 20013012，南京：南京理工大学，2003.

[5] 郑加强，黄西川，等. 南京高新技术潜在优势领域及其产业化现状与前景研究[R]. 南京市科技局、南京理工大学、南京市统计局报告 20025009，南京：南京

理工大学，2004.

[6] 王兴元，杨华. 高新技术产业链结构类型、功能及其培育策略[J]. 科学学与科学技术管理，2005，9(3)：90-95.

[7] 邬爱其. 全球化下我国集群企业的合作关系演变[J]. 科学学研究，2006，24(3)：374-380.

[8] Huang Xichuan. Verification Study on Interactive Effect of Regional Knowledge System and Regional High-thch Industrial Systems[A]. See：Tsinghua University. Proceedings of the 2nd Globelics Conference[C]. Beijing：Tsinghua University Press，2004.

[9] 黄西川，等. 区域知识流动与技术创新——OECD 国家创新体系概念基本假设的实证分析[J]. 科学学与科学技术管理，2003，(3)：24-27.

[10] 王晶，谭清美，黄西川. 科技服务业系统功能分析[J]. 科学学与科学技术管理，2006，27(6)：37-40.

[11] 黄西川，等. 军民两用技术转移暨"南京军民两用科技示范园"研究与规划[R]. 南京理工大学课题组报告，南京：南京理工大学，2008.

[12] 黄西川，等. 产业集群化发展南京军工民用产业基地的路径与方法研究[R]. 南京理工大学课题组报告 200802031，南京：南京理工大学，2009.

[13] 黄西川，等. 应对经济全球化的江苏知识密集型服务业发展战略和政策研究[R]. 南京理工大学课题组报告 BR2004032，南京：南京理工大学，2006.

[14] 黄西川，等. 知识密集地区科技创新创业本地化推进机制研究[A]. //江苏省科学学与科研管理研究会. 和谐、创新、可持续发展学术年会论文集[C]. 南京：江苏省科学学与科研管理研究会，2007：8-35.

[15] 黄西川，等. 驻宁高校科技创新创业本地化推进机制研究[R]. 南京理工大学课题组报告 200503013，南京：南京理工大学，2007.

[16] 朱英明. 外商投资企业空间集聚的路径选择研究——以长江三角洲为例[J]. 中国软科学，2004，(11).

[17] 贺灿飞，魏后凯. 信息成本、集聚经济与中国外商投资区位[J]. 中国工业经济，2001，(9)：38-45.

[18] 李小建. 公司地理论[M]. 北京：科学出版社，1999.

[19] 熊文，等. 我国高技术产业枢纽的区位选择[J]. 科学学研究，2010，28(9)：1338-1346.

[20] 杨瑞龙，刘刚，龙省龙. 产业组织能力与企业竞争优势[J]. 教学与研究，2001，(4)：17-25.

[21] 缪磊磊，阎小培. 知识经济对传统区位论的挑战[J]. 经济地理，2002，(3)：142-144.

[22] 叶建亮. 知识溢出与企业集群[J]. 经济科学,2001,(3):23-29.

[23] 孙建,齐建国. 中国区域知识溢出空间距离研究[J]. 科学学研究,2011,29(11):1643-1650.

[24] 苏方林. 中国省域R&D溢出的空间模式研究[J]. 科学学研究,2006,24(5):696-701.

[25] 刘璇,邓向荣. 技术空间扩散范围测度研究——以我国四大直辖市为例[J]. 科学学研究,2010,28(9):1331-1337.

[26] 钟契夫,陈锡康,等. 投入产出分析[M]. 北京:中国财政经济出版社,1993.

[27] 雷·奥基.高技术小公司[M]. 周美和,刘鲁川,等译. 北京:科学技术文献出版社,1988:68-97.

第六章　网络与知识流动：技术创新绩效提升机制

第一节　网络范式与网络组织理论

一、网络范式：区域创新系统与产业集群创新系统

区域创新系统强调内生要素对企业创新的决定性作用，而区域学习系统则强调外部知识对企业技术进步的决定性影响。诸多区域发展的实践表明，区域技术进步是区域创新系统与区域学习系统共同作用的结果（Freeman，1987；Coe，等，2004）。企业的外部知识源泉有：外资企业、外国公司，国内高校及科研院所，国外技术市场，内资企业，如图 6-1[1]所示。

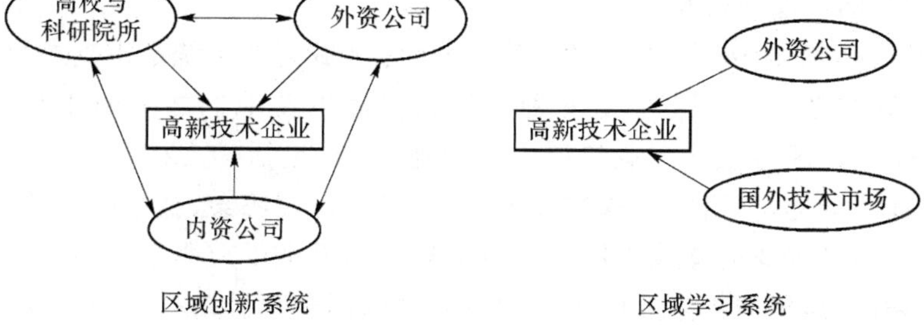

图 6-1　区域创新系统与区域学习系统结构示意图

随着经济全球化不断深化，发展中国家卷入了全球性的生产网络，融入国际知识网络的程度日趋加深（Regets，2001；Altbach，1998）。由于发展中国家企业一方面很难仅靠自身能力生产出新产品供应国际市场（Hobday，1994）；另一方面，在本国市场，国外厂家带来的竞争压力日趋激烈。因此，不能仅从区域创新系统的视角

来分析发展中国家地域创新行为和创新过程(Viotti,2002;Mathews,2001;柴丽俊,等,2005)。发展中国家技术进步不是狭义上的技术创新,而是通过吸收、模仿,本地化外来技术达到的技术改良,是借助一系列学习过程而累积起来的技术创新,区域学习系统对发展中国家技术进步具有重要意义,而发展中国家区域创新系统的发展水平直接影响到本土企业吸收外部科技资源的能力。

"网络范式"最初应用在国家层面,形成"国家创新系统"理论,主要代表人物有弗里曼(Freeman,1987)、伦德瓦尔(Lundvall,1992)、纳尔逊(Nelson,1993)、爱德奎斯(Edquist,1997)、巴特尔、巴维特(Patel,Pavaitt,1994)等。随着全球化的发展,经济意义上的"国家状态"日益让位于"区域状态",区域成为真正意义上的经济利益体,关键的商业联系集中于区域范围内(Ohmae. 1993;Cooke 等. 1998)。进一步的研究发现创新网络的成效似乎跟创新主体的空间分布有很大的关系,地方化的创新网络似乎比跨国技术联盟更能持久。原因是地理邻近带来了可以维持并强化技术创新所需的支撑因素,如文化认同和相互信任等(Baptista,Swann,1998)。特别是美国硅谷和欧洲产业集群的成功为上述观点提供了强有力的支持。在区域发展理论和国家创新理论的基础上形成了区域创新系统理论。

当创新系统研究发展到区域创新阶段,已经开始与产业集群的研究结合起来了[2]。从概念界定上看,区域创新系统和集群创新系统都建立在产业集群的基础上,换句话说,企业集群同样成为部分研究文献对区域创新系统界定的基础,如罗斯菲尔德(Rosenfield,1997)认为[3],区域创新系统可以首先通过区域集群定义来界定,也就是地理上的相对集中相互独立的企业群;阿歇姆(Asheim,2002)认为区域创新系统是由支撑机构环绕的区域集群。从学者对这两个概念的界定可以看出,区域创新系统和集群创新系统主要存在两点区别:一是前者的产业可能是比较分散,不一定是集中于某一产业,而后者主要集中于某一产业;二是从地域范围来看,前者的范围可能弹性更大。

阿歇姆等(Asheim 等,2000,2002)[4,5]认为区域创新系统是由支撑机构环绕的区域集群,区域创新系统主要由两种类型的主体以及他们之间的相互互动构成。第一类主体就是区域主导产业集群中的企业,同时包括其支撑产业。第二类主体就是制度基础结构,如研究机构和高等教育机构、行业协会、金融机构等,这些机构对区域创新起着重要的支撑作用。同时阿歇姆还界定了产业集群内部构建创新系统的必要条件:集群内部产业间更多的强有力的制度基础结构,并且包括更多的知识提供者。

二、网络组织理论

科斯(Coase)在其经典论文《企业的性质》中,以交易为分析单元,在交易成本的统一框架之内解释市场和企业的关系,将市场和企业看作由交易成本所决定的相互竞争和相互替代的两种制度安排。张五常(1983)也指出,企业并不是用非市场方式替代市场方式,而是用交易费用较低的要素市场替代了交易费用较高的中间产品市场。威廉姆森(Williamson)用不确定性,交易频率和资产专用性解释了经济活动的规制结构,他把处于市场与等级之间的混合型规制结构和组织形态统称为网络,并认为网络是相当稳定的。里查德森(Richardson)从互补性活动的角度论证了网络组织存在的理论基础。一般来说,当这些变量处于较低水平时,市场是有效的协调手段,企业的出现是不确定性大、交易和资产专用程度高的结果,处于这两者之间的则是双边、多边和杂交的中间组织形态。

米切尔把网络定义为联系特定的一组人、物体或事件的一个特殊的关系类型。他认为构成网络的这组人、物或事件可称为所谓"主体"(actors)或"结点"(nods)(Mitchell,1969)。伊斯顿把网络定义为一种模式或一种隐喻,用来描述一些(通常是大量的)相互联系的实体(Easton,1992)。网络组织理论将社会经济活动放到了更加现实和更为广阔的背景下分析,分析的重点是企业内部或外部能够诱导和实际存在的各种交互作用的网络关系及其构造。里查德森说:"企业与市场之间直接协调和自动协调的两分法,使人误解为性质截然不同的协调方法,他忽视了企业间合作的事实。"(Richardson,1972,第 895 页)网络组织理论提出,无论是在市场之中还是企业内部,市场原则和组织原则都是共同存在的,也就是说,市场和企业不是相互对立的,而是相互联结,相互渗透的。这种相互渗透,最终导致了企业之间复杂易变的网络结构和丰富多样的制度安排。

社会网络中企业间互动会更强一些,而企业内互动则比较弱一些(Granovetter,1985)。原因在于某种强大的人际关系的社会网络可以超越企业的边界,许多企业间的社会互动可能强于其内部。当拥有决策权力的个体之间存在信任关系时,群体中的个人或集体行动会不同于纯市场或等级组织关系下的行动。这种基于个人行为的企业互动有三个关键特征:首先是社会网络中的企业愿意合作,而不采取机会主义行动;其次,企业愿意重新组织他们的关系,而不必害怕报复;第三,企业愿意采取集体行动,以达到互利的共同目标。这些行为特征意味着社会网络由一系列可传递的私人关系组成,这种关系的力量被称为社会网络的根植性。

社会网络模型(Granovetter,1985,1991,1992)尽管本身没有内在的空间含义,但该模型却有明确的空间实用意义,因为社会网络是一种持久的社会资本,是在社会历史的过程中,通过持续的集体行动而形成的。从这个意义上讲,社会网络的实际控制力量可能是不确定的,它依赖过去信任关系的积累,或者存在有利于行动的环境,或者寄希望于领袖的号召力,或者各方对共同利益的认知以及行为主体对未来收获的预期。地理上的相互邻近使这些前提条件成为可能,特别是当存在独特的本地经济基础和产业文化时,社会网络往往会产生决定性的影响。此时,过去的关系倾向于持续下去,因为经济网络代表一种社区,这种社区既不是完全开放的,也不是彻底封闭的。任何个体要融入该社区需要过去的和日常的互动,并不断投入努力,发展个人关系和相互信任。当然具体到不同地区和不同社会环境,社会网络的发展和更新所需要的要素是多样的,地理上的接近可以成为建立联系的必要条件,但不是充分条件。

第二节　区域和高技术产业集群创新系统内网络联系的实证

一、N市创新网络的国际化链接

我国加入WTO后,国际资本和产业加速向我国特别是长三角区域转移的趋势更加明显,作为国内重要的科技和工业基地城市N市,实施了“全面开放,全城开放,全方位开放,向国际资本要生产力”的发展战略,使得利用外资工作不断迈上新台阶,有力促进了地方经济的发展。截至2005年底,N市已累计引进外商投资研发机构23家,其中有11家属于世界500强企业的研发机构,目前这些研发机构已在N市投入研发资金近5 000万美元,形成研究新成果近70项,对N市制造业向更高层次发展起到积极的推动作用。23家外商投资研发机构中,具有独立法人地位的研发机构9家,非独立法人的研发机构14家,其中,有2家属于外商投资企业的分公司,其余12家为外商投资企业的研发部门[6]。

落户N市的外资研发机构,无论是独立法人还是企业内设部门,在N市设立研发机构的目的主要是利用N市本地的优势资源进行技术改进或产品改良,都是在母公司原有技术上为生产服务的改进改良,针对特定的市场需求开发适用性产品,没有开展核心技术的研发活动。从国际合作角度看,落户N市的研发机构中,只有5家是N市企业与国外企业合资成立的合资公司的研发部门,有1家(中兴软创)是N市企业与外商合资成立的具有独立法人地位的研发中心。其余17家均为国外企业在N市独资或合资成立的研发机构。相关研究表明,截至2009年底,苏州市外资研发机构共267家,其中省级外资研发机构累计共141家,占了全省总数的57%。但同时也暴露出突出问题,即外商投资“研发中心”与本土企业合作层次较低,外商投资研发机构的技术溢出效应十分有限[7]。总体而言,国内外的合作型研发活动不多。

二、N市江宁开发区电力控制设备产业集群网络联系实证

对N市江宁开发区电力控制设备产业集群中高新技术企业的调查和统计分析,可反映出N市地区创新系统和高技术产业集群创新系统中网络联系的一些典型特征。通过发放调查问卷进行研究:N市江宁经济技术开发区目前在区内注册

有从事电力控制设备产品的高新技术企业 70 多家,拟抽取其中的 30%,即 20 家,组成调查样本总容量。实际调查共发放问卷 17 份,回收有效问卷 11 份,回收率 65%。受调查企业绝大多数是拥有自主知识产权的高新技术企业,获得数据进行统计分析后,得到如下结果。

(1) 关于是否存在技术的竞争市场

A:存在=80%;B:不存在=20%。统计比例结构如图 6-2 所示。

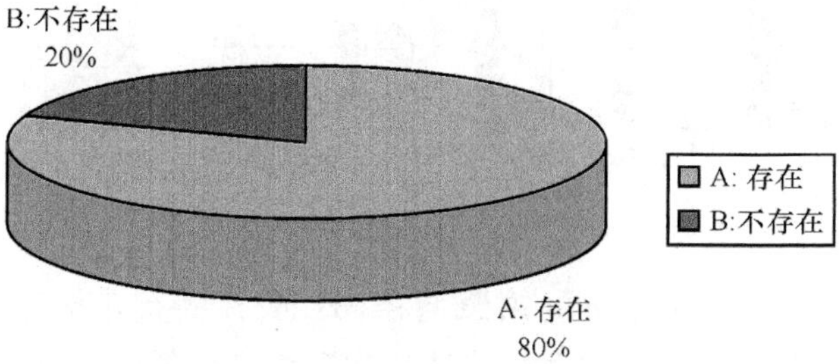

图 6-2　统计比例结构

对于是否存在技术的竞争性市场的问题,被调查的企业中有 80%的企业认为,在企业所在的区域中存在竞争性的市场,20%的企业认为不存在竞争性的市场。

(2) 关于与企业从事的产业产品相关的技术资源的分析

A:科技成果与专利获取途径

高校=9.09%;科研院所=36.36%;技术交易所=0;其他企业=45.45%;其他=27.27%。科技成果与专利获取途径统计比例结构如图 6-3A 所示。

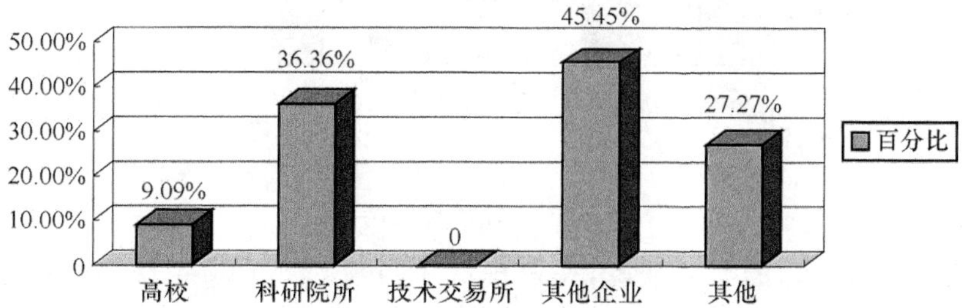

图 6-3A　统计比例结构

从图 6-3A 中可以看到科技成果和专利的获取途径,被调查的企业中,有 45.45%的企业从其他的企业获得,而 36.36%的企业从科研院所获得。自主研发、高校也是企业获得科技成果和专利的途径。其优先次序是:其他企业、科研院所、其他、高校、技术交易所。

B:科技人员的获取途径

高校＝63.63％；科研院所＝36.36％；人才市场＝54.54％；猎头公司＝27.27％；其他企业＝9.09％；其他＝18.18％。科技人员的获取途径统计比例结构如图 6-3B 所示。

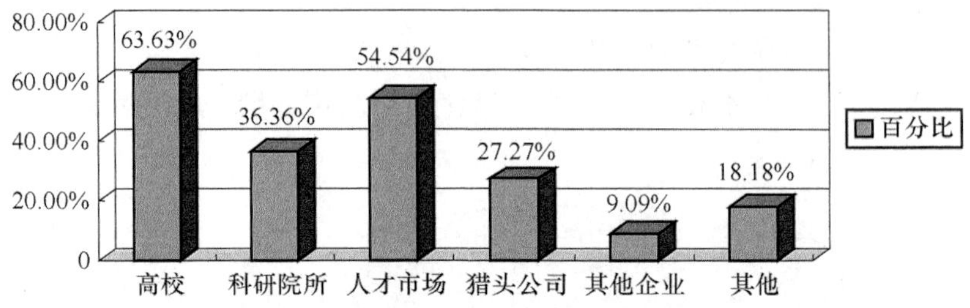

图 6-3B　统计比例结构

从图 6-3B 中可知科技人员的来源途径，63.63％的企业选择了高校，54.54％的企业选择了人才市场，其余的途径按选择次数由高到低的排列依次是科研院所、猎头公司、其他、其他企业。其优先次序是：高校、人才市场、科研院所、猎头公司、其他、其他企业。

C：有技能的劳动力

劳动力市场＝45.45％；人才市场＝63.63％；猎头公司＝0；其他企业＝9.09％；其他＝36.36％。有技能的劳动力统计比例结构如图 6-3C 所示。

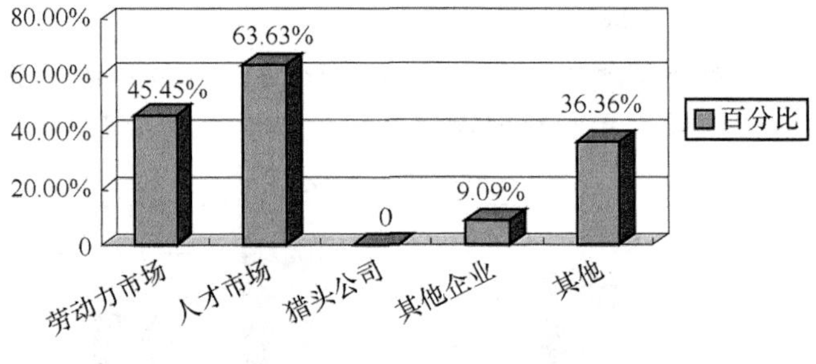

图 6-3C　统计比例结构

有技能的劳动力的获取来源，按选择次序由高到低的顺序排列依次是人才市场、劳动力市场、其他、其他企业。其中有 63.63％的企业选择了人才市场作为其获取有技能劳动来源，45.45％的企业选择了劳动力市场。其优先次序是：人才市场、劳动力市场、其他、其他企业、猎头公司。

D：信息的获取来源

高校＝27.27％；科研院所＝18.18％；公共信息机构＝36.36％；互联网＝63.63％；其他企业＝27.27％；亲朋好友＝0；其他＝18.18％。

从图 6-3D 中可以看到，信息的获取来源主要是互联网和公共信息机构，其余的按选择的次序由高到低依次是高校、其他企业、科研院所、其他。优先次序是：互联网、公共信息机构、高校、其他企业、科研院所、其他。信息的获取来源统计比例结构如图 6-3D 所示。

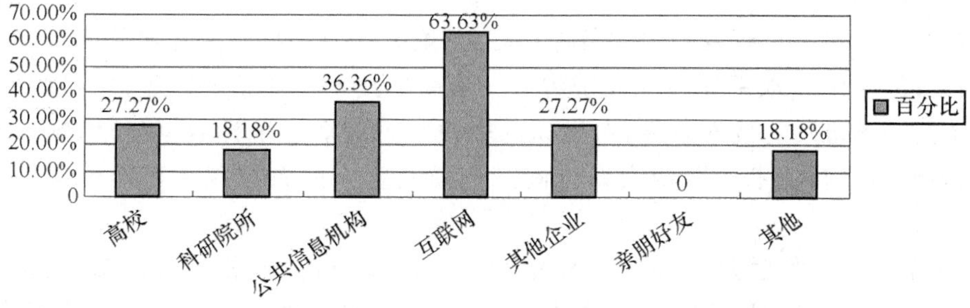

图 6-3D　统计比例结构

(3) 关于影响技术资源获得的因素的调查

地方制度的因素＝41.67％；市场交易的因素＝58.33％。影响技术资源获得的因素统计比例结构如图 6-4 所示。

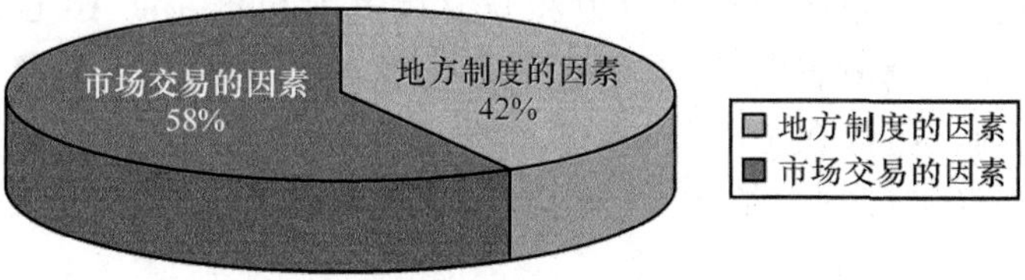

图 6-4　统计比例结构

从图 6-4 中可以看到，地方制度的因素和市场交易的因素均影响着企业技术资源的获得。地方制度的因素和市场交易的因素具有大致相同的重要性。

从调研情况分析，N 市江宁开发区电力控制设备产业集群的集聚体及其所在区域内多元主体之间围绕着技术创新存在着网络联系和互动。高新技术企业的科技人员获得的最主要来源为高校；科技成果和专利获得的最主要来源为其他企业与科研院所。

另一项关于 N 市地区知识系统和高新技术产业系统之间交互效应研究报告[8,9]对 N 市地区知识和技术要素流动性、可配置性做了如下统计分析。

N 市地区知识系统(由高校和科研院所构成)在研发产出方面重理论和技术、而轻产品和工艺；在技术成果推广方式中以转让和服务为主，而技术入股比重较低；在技术成果推广方面主要有以下几种障碍：企业缺乏承担风险能力(厌恶风险)、缺乏技术创新理念、企业缺乏资金及吸收成果的技术力量；在地区知识系统与高新技术产业系统合作中存在以下几种障碍，主要有：双方对未来产权共享缺乏预期的一致性、企业缺乏相关技术知识和经验、企业过去在合作领域没有从事过

R&D 活动、双方对技术诀窍保护；在 N 市地区知识系统成果推广数量的地域分布从大到小顺序为：国内省外地区、本省地区、本市地区、国外，其百分比分别为 58.4%、27.7%、12.4%和 1.5%。

分析上述统计结果，N 市地区知识系统的弱势有两点：其一是工程化能力仍偏弱，缺乏产品和工艺研发的中试条件；其二是绝大部分学科专业领域技术水平在国内领先，但与国际水平比较就处于劣势。从高新技术产业系统来看：R&D 基础较弱，企业缺乏研发的技术条件，对知识的吸收能力较弱。统计数据显示，N 市地区知识系统与高新技术产业两大系统间产业要素重新配置量仅占可能配置总量的 12.4%。

由中国社会科学院等数十家国内著名高校、地方院校、权威统计部门、企业研发机构的专家，对中国 200 个主要城市涉及竞争力的主要方面进行了权威评估，并 2006 年发布了《中国城市竞争力报告》。报告对其中 47 个最具竞争力的城市（不含港澳和台湾区域城市）进行了分类评估，N 市各项指标的排名状况：人才竞争力列前 8 位；金融资本竞争力列前 7 位；科技竞争力列前 5 位；基础设施竞争力列前 5 位；综合区位竞争力列前 7 位。而结构竞争力、环境竞争力、文化竞争力、制度竞争力、政府管理竞争力、企业管理竞争力和开放竞争力均不在前 10 位之列。竞争力评价从一个重要的侧面表明，N 市地区创新资源各要素的竞争力都很强，即人才、金融、科技、基础设施都在全国前 10 位，但涉及影响自主创新的环境要素就显得竞争力不够，诸如经济（产业）结构、文化、制度、政府管理、企业管理和开放程度均榜上无名。

综上所述，N 市地区创新资源各要素的竞争力很强，但技术和产业创新要素的流动性和可配置性不足。从中外合资研发机构的数量和外方独资设在 N 市的研发机构主要功能是其产品的本地化这点看，来自外资公司技术转移和本土企业从合作中“干中学”达到学习目的，从而提高本土企业技术创新能力的行为，实际上并没有发生。而从调研的事实可知，N 市的高新技术企业主要通过本土企业之间的相互作用进行这种学习过程。

第三节　知识流动性与技术创新绩效呈正相关关系实证

OECD 认为国家创新系统的实质内容是指一国境内不同企业、大学、科研机构和政府机构等创新主体之间围绕着科学技术发展及其商业应用所形成的一种相互作用的网络机制。同理，区域创新系统是指某一区域内不同创新主体之间围绕着科技发展及其商业应用所形成的一种相互作用的网络机制。国家创新系统概念是建立在创新过程中各主体之间的联系对于改进技术创新绩效至关重要这一基本假设基础上的。其内涵指创新和技术进步是生产、分配与应用各种知识的各角色之间一整套复杂关系的结果。一个国家或区域的创新绩效很大程度上取决于这些角色如何相互联系起来,成为一个知识创新和使用的集合体。这些角色主要是企业、大学、公共研究机构、中介组织以及在其中工作的人们,它们之间的联系是通过知识流动的方式来实现的。知识流动的机制包括:联合工业研究、公共和私有部门间的相互作用、技术扩散和人员流动[10]。

一、合作创新:知识流动的客观需求和理论解释

以能力为核心来认识、理解企业,就其本质而言,企业是一个能力体系[11]。用代表能力理论最新发展的核心能力理论观点解释,是指企业拥有的关键技能和隐性知识,它是一种智力资本或称知识资产,包括专利、技术秘密、经营经验、学习能力等。企业能力呈现出动态不均衡状态,即随着外部经营环境和内部企业目标的变化,企业能力必须持续不断地积累、培养、开发、运用、维护、扬弃,如此循环往复,永无止境,形成正反馈的增强回路。为积累、开发和运用能力而引起的技术、产品和服务创新,决定了企业可持续的竞争优势。

随着现代科技的快速发展,高技术及其产品研发竞争日趋激烈,技术创新的难度、综合性和规模日渐提高。对于重大技术创新项目,即使大型企业在能力上也暴露出下述不足:(1)技术匹配能力不足;(2)投资能力不足;(3)风险承担能力不足。为此,企业寻求互补性知识资产和意图通过学习过程积累知识资产的动机,导致了合作技术创新行为和技术型联盟,成为当今技术创新方式和战略联盟的主流模式[12,13]。

江苏省 1997 年工业企业技术创新调查的统计结果,对上述观点给予了证实[14]。此次参与调查的工业企业有 1 139 家,其中特大型企业 2 家、大型企业 217 家、中型企业 727 家、小型企业 162 家,对涉及研发阶段的技术创新企业调查了四种技术创新方式:与高校、研究机构共同研发;全部委托高校、研究机构研发;聘用兼职人员进行研发;与国外合作研发。调查数据如表 6-1 所示。统计结果显示,与高校、研究机构共同研发,即合作开展技术创新是主要技术创新方式。

表 6-1　不同类型企业 R&D 方式比例情况

类型 R&D 方式	全部调查企业	大型企业	中型企业	小型企业	国有企业	集体企业	私有企业	股份制企业	外资参与、独资企业	高新技术企业
方式一占比例/%	12.73	8.26	16.85	14.74	10.46	20.83	14.29	8.56	8.82	13.31
方式二占比例/%	1.56	0.64	1.76	3.18	0.70	3.84	0	0.89	1.04	2.02

续表

类型 R&D方式	全部调查企业	大型企业	中型企业	小型企业	国有企业	集体企业	私有企业	股份制企业	外资参与、独资企业	高新技术企业
方式三占比例/%	6.26	2.31	8.44	10.55	3.33	12.07	28.57	4.04	10.38	5.43
方式四占比例/%	1.88	1.99	2.12	1.09	1.70	1.76	0	1.13	5.36	1.83

注释：

方式一：与高校、研究机构共同研发

方式二：全部委托高校、研究机构研发

方式三：聘用兼职人员进行研发

方式四：与国外合作研发

从企业能力理论来解释，合作创新的本质是合作双方或多方从外部寻求所需的互补性知识资产，以此满足创新要求的一种方式。合作创新的过程是合作双方或多方知识和技能交流、融合与重新整合的过程。很显然，这一过程需要依赖知识流动来实现和完成。

二、知识流动与技术创新绩效关联性检验

知识并不像通常想象的那样容易流动和转移，知识的流动取决于知识自身被传送、解释和吸收的难易程度，因而面临着很多困难和障碍。有关研究表明，所有这些困难和障碍的产生都与知识本身特有的模糊性有关，模糊性越高，流动性越差。而决定知识模糊性水平的因素包括默会性、专用性、接受者的经验、知识拥有者的保护和文化差异等。无论在合作技术创新活动的过程中，还是创新主体间不同类型或形式（如短期或长期关系、签署合约或不签署合约关系、股份合作或合资关系等）的联系中，对知识类型的需求、知识流动量大小的需求，以及知识流动速度需求都不尽相同，但知识模糊性导致的知识流动困难和障碍是客观实在。如果知识流动的质量与技术创新绩效存在正相关性，由于知识流动困难和障碍客观实在，技术创新效率会因创新过程中各主体之间的联系达不到应有的水平而下降，那么创新主体之间建构高效率低成本的知识流通网络就成为国家、区域和高技术产业集群创新系统的最主要规划方向和建构目标[15]。下述调查活动所获得的信息，经统计分析，初步证实了知识流动的质量与技术创新绩效存在着正相关性。

N市科技局2002年对N市所属34家工程技术中心组建以来开展R&D活动的情况进行了调查[16]。其中依托高校办11家，依托企业办10家、依托研究院所办9家、企业与高校或研究院所联办4家。调查中用于测评知识流动的指标有：创新主体技术来源和数量情况、R&D项目来源和数量情况、R&D人员流动情况和知识交流情况；用于测评技术创新绩效的指标有：工程化成果推广情况和科研成果转移情况。经统计处理后的数据如表6-2、表6-3、表6-4所示。

表 6-2　创新主体知识流动对比

指标类别			高校(11 家)	企业(10 家)	研究院所(9 家)
主体技术来源及数量	吸收依托单位	总数/项	45	9	14
		平均数(项/单位)	4.10	0.90	1.56
	吸收外单位	总数/项	1	4	4
		平均数(项/单位)	0.09	0.40	0.44
	自主研发	总数/项	40	59	18
		平均数(项/单位)	3.64	5.90	2.0
R&D 项目来源及数量	企业委托项　目	总数/项	107	42	18
		平均数(项/单位)	9.7	4.2	2
	自主研发项　目	总数/项	22	56	38
		平均数(项/单位)	2	5.6	4.2
	参与合作项　目	总数/项	3	12	9
		平均数(项/单位)	0.27	1.2	1
R&D 人员流动	博士	流动比率(%)	16.7	9.5	57.1
	硕士		30.1	5.6	20.9
	本科及其他		10.3	23.7	9.6
知识交流	学术报告、专题讲座	总次数	49	23	43
		平均值(次/单位)	4.5	2.3	4.8
	技术交流、展销会	总次数	22	17	33
		平均值(次/单位)	2	1.7	3.7
	国际科技合作交流	总次数	21	8	15
		平均值(次/单位)	1.9	0.8	1.7

表 6-3　创新主体技术创新绩效对比

指标类别			高校(11 家)	企业(10 家)	研究院所(9 家)
工程化成果推广	新技术	总数(项、台、套)	36	32	10
		平均数(项/单位)	3.27	3.20	1.10
	新工艺	总数(项、台、套)	22	6	12
		平均数(项/单位)	2	0.60	1.33
	新产品	总数(项、台、套)	40	36	12
		平均数(项/单位)	3.64	3.60	1.33
	新设备	总数(项、台、套)	188	13	12
		平均数(项/单位)	17.09	1.30	1.33

表 6-4 创新主体科研成果转移范围对比

转移地域	转移对象和范围			单位:项
	行业内	行业外	大型企业	中小企业
N 市地区	70	24	38	40
江苏省(除 N 市外)	59	21	25	35
省外地区	37	17	43	26

表 6-5 创新主体科研成果转移能力对比

创新主体		转移范围	
		行业内	行业外
高校(11 家)	总数	29	8
	平均数(项/单位)	2.64	0.73
企业(10 家)	总数	25	3
	平均数(项/单位)	2.5	0.30

从表 6-2 反映的知识流动状况看,依托高校的工程技术中心主体技术来源多以吸纳依托单位技术为主,达到平均每个中心 4 项多;而依托企业的工程技术中心在吸收外部技术方面平均每个中心不足 1 项,主要以自主研发技术为主,达到平均每个中心约 6 项,说明依托高校工程技术中心与其外部保持了较好的知识流动状态。从联合工业研究角度看,依托高校的工程技术中心 R&D 项目来源主要是接受企业委托项目,达到平均每个中心约 10 项;而依托企业的工程技术中心,同口径数据为 4 项,R&D 项目来源主要是自主研发,达到平均每个中心约 6 项,这也说明在知识流动水平上,高校环境优于企业环境。依托研究院所的工程技术中心,数据显示通过知识流动获取主体技术的能力居于高校和企业之间,而在联合工业研究方面的指标落后于企业。

我国由于体制的割裂和长期受计划经济的影响,主体技术来源指标下的次级指标"吸收外单位"(指吸收依托单位以外的单位)技术和 R&D 项目来源指标下的次级指标"参与合作项目",高校、研究院所和企业都很低,这从整体上反映出我国区域创新主体间的知识流动水平很低。考察 R&D 人员流动可以看出:依托高校、研究院所的工程技术中心高学历 R&D 人员流动性比依托企业的工程技术中心高;在低学历层面上依托企业的工程技术中心中的 R&D 人员流动性较大。知识交流指标的各次级指标中依托高校和研究院所的工程中心均高出依托企业的工程技术中心较大幅度。仔细观察"R&D 人员流动"指标,尽管依托企业的工程技术中心在低学历层面上流动比率高于依托高校和研究院所的工程技术中心,其高出的倍率分别为 2.3 倍和 2.4 倍,但依托高校和研究院所的工程技术中心在高学历层面上流动比率分别高于依托企业的工程技术中心倍率为 3.1 倍和 5.2 倍。至此，可以获得结论：仅就作为创新主体的高校和企业来比较，高校的知识流动度远远高于企业。

再从表 6-3、表 6-4 反映的技术创新绩效看，高校在工程化成果推广的各次级指标的平均数都高于企业；在科研成果转移能力的对比中，高校无论在行业内转移成果或是在行业外转移成果，其平均数均高于企业。此外，从表 6-4 中可以明显地反映出知识流动的地域特征：科研成果转移的数量随空间距离的增大而递减，即转移到 N 市地区的科研成果数多于江苏省（除 N 市外），而转移到江苏省的科研成果数又多于省外地区，其比例为 94∶80∶54。这一现象证明在知识流动过程中存在空间经济性，科研成果转移的效率和成功率与受空间经济性影响的交易成本呈负相关。从表 5-4 中还可以获得由于区域边界、行业边界和企业边界的壁垒，对知识流动影响的信息：科研成果在行业内转移要比向行业外转移来得容易，但这种行业边界随着转移空间跨度的增加，或者说随着地域边界的突破和延伸，行业壁垒对知识流动的阻隔作用减弱。这点从科研成果在不同区域范围的行业内外转移数量比例关系中显示出来，即 N 市地区行业内与行业外转移数量比例为 70∶24、江苏省为 59∶21、省外地区的为 37∶17，比例的倍数由 2.9 减小到 2.8 和 2.2。同时我们还看到，大企业对知识的吸收能力随着空间跨度的增加明显强于中小企业。用企业能力理论的观点可解释为：由于企业的能力边界决定了企业的规模边界，则大企业的能力边界必定大于中小企业的能力边界。所以，随着区域边界的扩大，小企业能力边界达不到的地区或能力发挥很弱的地区，仍是大企业能力能达到的地区或能力发挥较强的地区。

综合上述分析，创新主体的知识流动与其技术创新绩效之间存在着正相关性。创新主体之间以知识流动形式建构的联系越频繁越密切，创新主体取得的技术创新业绩就越突出，同时也表明创新主体的技术创新能力越强。

第四节　集群创新网络高级化与集群企业创新能力提升

一、自主创新的模式及其作用

（一）自主创新的内涵和一般分类方法

自主创新一般分成三种类型或三种模式[17,18]：一是原始性创新，即通过科研和开发，努力获得更多科学发现与技术发明；二是集成创新，即通过各种相关技术成果融合汇聚，形成具有市场竞争力的产品和产业；三是引进技术消化、吸收和再创新，在积极引进国外先进技术与设备的基础上，进行充分的消化吸收和再创新。提高原始创新能力、集成创新能力和引进消化吸收再创新能力，深刻体现了创新运动规律，是提高企业自主创新能力之路。

（二）自主创新不同模式的资源需求特点及其功能

1. 原始创新

原始创新也称根本性创新，是指技术有重大突破的技术创新，一般运用新的科学发现或原理，通过研究开发设计出创新产品。就技术创新过程中技术变化的强度而言，原始创新是相对于改进创新（又称渐进性创新，指对现有技术进行局部性的改进而引起的渐进的连续的创新）而言的，改进创新是在技术原理没有重大变化的情况下，基于市场需要而对现有产品所做的功能上的扩展和技术上的改进。

原始创新孕育科学技术的发展和飞跃，常常伴随着一系列渐进性的产品创新和工艺创新，并在一段时间内可能引起产业结构的变化，是科技创新能力的重要基础和科技竞争力的源泉。

技术突破的内生性、技术市场竞争的率先性和知识能力支持的内在性是原始创新的最基本特征。就企业技术创新战略而言，原始创新是相对于模仿创新而言的。对企业而言，原始创新属于领先战略，主要依赖于技术上的突破和优势，掌握和控制核心技术，先于竞争对手积累生产技术、产品成本、质量控制和管理的经验，先于竞争对手构筑原材料供应网络和销售渠道，从而使产品在早期处于完全垄断的地位。原始创新要求研发费用高投入、研发队伍雄厚、有一流的或国际领先的技术研发水平，同时研发周期长，市场开发难度大，呈现高风险性、低成功率的特点。

2. 集成创新

集成创新是就技术基础的复杂性程度而言的，其核心在于“集成”。“集成”的本意是指将独立的若干部分加在一起，或者结合在一起成为一个整体；从管理学的角度，集成是指一种创造性的融合过程，即在各要素的结合过程中注入创造性思维。集成创新模式是一种源于系统创新要素集成基础上的自主创新，它将特定的技术资源围绕某个单一产品（或产品体系）逐渐体系化和“固化”。在这一过程中，相关的技术资源“融合”于以专门设备和专门生产线、特定生产供应链、生产规则和管理体制为特征的生产体系，以获得最经济、最稳定和最可靠的产出效果。这种创新模式，使企业在形成自主创新产品的同时，加速培养了自己的技术力量，不仅掌握产品的系统技术特征，而且掌握核心技术或关键技术。

要素的协同性（即要素综合集成，高度协同，实现系统整合与企业核心技术能力的匹配）、层次的系统性（即集成系统包容采购、技术、资源、生产、管理等要素层面集成）和持续的融合性（即企业内外部创新要素持续融合）是集成创新模式的最基本特征。

技术集成是技术商品化的必备条件，一项技术的商业化成功即技术创新需求许多补充性技术。许多技术创新活动之所以没有成功，主要是因为缺乏相关的补充技术。企业核心能力的形成不仅是一个创新过程,更是一个组织过程。使各种单项和分散的相关技术成果得到集成,其创新性以及由此确立的企业竞争优势和地区科技创新能力的意义,远远超过单项技术的突破。因此,更应当注重技术的集成创新,注重以产品和产业为中心实现各种技术集成。

3. 引进消化吸收再创新

引进消化吸收再创新模式,又称模仿创新模式,是指企业通过学习模仿率先创新者的方法,引进、购买或破译率先创新者的核心技术和技术秘密,将其消化吸收,进行二次开发、再创新的过程。技术创新源的外部性,技术上的追随性,研究开发和竞争对手的针对性是该创新模式的基本特征。对于企业来说,采取模仿战略或称追随战略,其技术来源以模仿、引进为主,以求研发周期短、降低研发成本、产品市场适应性强、成功率高的创新效能。引进、消化、吸收再创新模式重点是强化吸收创新环节。将先进技术融入企业的研发和生产体系,再吸收的基础上再创新,自主开发出关键性、战略性技术是实施该创新模式的关键。

二、自主创新能力与区域和高技术产业集群创新系统的内在联系

传统区域经济理论强调区域经济的比较优势。比较优势和资源禀赋有关,强调一个区域在经济发展中所独具的资源与有利条件。然而拥有比较优势不一定具有竞争优势,现在各区域之间由比较优势所构成的差别已越来越小,单纯由比较优势构成的区域竞争力正在被削弱。现代区域经济发展理论更加强调竞争优势,其重点在于区域智力资源、区域创新、区域综合能力与素质,强调通过区域创新系统建设提高区域竞争优势。同理,通过产业集群创新系统和创新网络建设来提高产业集群的竞争优势。

从区域和高技术产业集群创新系统效能对区域和产业集群综合竞争力提高的作用视角分析三种自主创新模式的关联性,可把区域和高技术产业集群创新系统概略的分成两个层次[19]:第一个层次是渐进性创新层次,指创新系统中的技术创新活动主要是沿着占统治地位的技术经济规范方向下推进,创新系统中创新主体相互作用以学习过程为主要特征,企业技术创新模式多以引进消化吸收再创新或针对行业领先企业的产品工艺的模仿创新,高技术产业集群集聚体及其所在区域中的大企业从事有限度的、复杂性程度低的集成创新活动;集聚体及其所在区域中进行创新的企业的知识产权形式多以实用新型的功能或外观设计专利表现出来。第二个层次是根本性创新层次,指创新系统中的技术创新活动主要趋向于促进新技术经济规范的出现,通过 R&D 不断提高新的方向的创新能力。企业特别是集聚体及其所在区域中的高技术企业或在行业中具有地位的企业技术创新模式多以原始创新为主辅以引进消化吸收再创新模式;大企业从事较多的技术复杂性和集成度较高的集成创新活动,集聚体及其所在区域中进行创新的企业的知识产权形

成多以发明专利表现出来。

三、自主创新模式与企业技术创新能力支撑的战略选择的内在联系

从企业技术创新能力与市场竞争层面考量三种自主创新模式的关联性可从两个维度分析：其一是企业资源和核心能力对其战略实施的支撑所决定的自主创新模式选择，以及这种选择行为对企业核心能力培育和增强的价值之间的动态关联性。其二是市场需求对技术供给提出的客观要求，在技术发展的内在规律约束下，企业自主创新模式选择反映出的模式间的关联性。由此构成的分析框架是[19]：如果企业一开始就缺乏技术创新资源和知识能力，在企业发展战略上一般选择追随战略，相应的以引进消化吸收再创新模式为主辅以低复杂性技术的集成创新模式作为企业的满意决策。企业进入成长阶段，积累一定技术和经济实力后，会转换发展战略，这时以集成创新模式为主辅以必要的原始创新和引进消化吸收再创新模式作为满意决策。如果企业技术创新资源和知识能力是内生性的，可以支撑企业选择在行业中实施领先战略，通过技术突破，掌握关键或核心技术，获得垄断地位，企业会把原始创新模式作为自己的满意决策。这一战略成功无疑使企业巩固或提升了其核心能力，以及获得相应的竞争优势。由于原始创新可能引发一系列渐进性的产品和工艺创新，而企业基于技术结构的产品平台扩展性是企业保持持续竞争优势的源泉[20]。为此，无论企业是否具备内生性技术创新资源和知识能力，如果保持企业领先的战略不变，接下来选择集成创新模式将成为企业的满意决策。在集成创新过程中，为选择较强技术关联性的产品并使技术供给成为可能，必然受到技术发展规律性的约束，这种约束从技术横向配置看，来自横向相关技术的可融合性和技术结构的优化程度；从技术的纵向配置来看，来自技术原理的可实现性或是否存在技术发明的基础，技术链上下游技术融合的精度适配性和技术融合后的可靠性等问题，使集成创新过程可能同时沿着原始创新和引进消化吸收再创新两个路径并进实现。

四、区域和高技术产业集群创新系统层次与其企业技术创新能力的对应性

根据自主创新的能力与区域和高技术产业集群创新系统的内在联系和自主创新模式与企业技术创新能力支撑的战略选择的内在联系，以及 N 市江宁开发区电力控制设备产业集群实证研究结论，从一般性意义上揭示了区域和高技术产业集群创新系统层次与其中企业技术创新能力对应性的事实。从前述情况看 N 市地区创新系统中企业整体自主创新能力偏弱，由于企业技术创新资源和知识能力的严重不足，以及地区知识系统整体技术水平难以在国际层面竞争，可以推断 N 市

地区创新系统尚处于渐进性创新层次，而N市地区学习系统则在产业技术进步中发挥着主要作用[21]。

N市属于跨国公司或其研发机构进入中国的二线城市。与北京和上海相比，应该说，N市尚未有真正意义上的世界500强企业投资设立的面向亚洲和中国区域的独立研发机构。由N市看全国，就整体情况而论相对于国内企业在与外国公司合作中存在的诸多障碍而言，国内企业与国内高校及科研院所的合作则要顺畅很多。改革开放以来，我国科教事业得到了很大的发展，高等院校、研究院所研究实力已经达到了相当的水平，与国际知识网络联系密切，促进了国外科研成果向国内的转移。但是，由于体制机制问题，中国高校科研院所开展基础研究多，承担应用性技术开发较少(Liefner，2003)。内资相关公司成为国内企业的第三大知识来源，而与发达国家的企业相比，发展中国家的企业偏重于对外部科技知识的吸收，而不是创造新知识，国内企业无法在创造技术方面起到领先作用，但是相互学习的效应却十分明显(曾刚，2004)。此外，借助海外华人华侨以及各种正式和非正式的国际联系，国内企业从国外技术市场引进了一大批比较先进的技术，促进了我国企业技术水平的提升(文娉，2005；Wang，等，1998)。外资公司在生产、营销等方面拥有明显的技术优势，而国内企业则占有开发管理本地市场的特殊经验。外资公司和国内企业的结合，有助于国外先进技术的本地化进程，有助于国内企业技术开发能力的提升(Bennett，等，2001)。但是，到目前为止，中外企业的技术合作仍然局限在国外技术的本土化调整，还没有进行真正意义的新技术创新研究(曾刚，2004)。

参考文献

[1] 曾刚，李英戈，樊杰．京沪区域创新系统比较研究[J]．城市规划，2006，30(3)：32-38.

[2] 孙沛东，徐建牛．国外产业集群技术创新研究综述[J]．广州大学学报(社会科学版)，2004，3(7)：71-77.

[3] RosenfeldA. A. Bringing Business Clusters into the Mainstream of Economic Development[J]. European Planning Studies，1997. 5(1)：3-23.

[4] AsheimB. T.，IsaksenA. 2002. Regional Innovation Systems：The Integration of Local'Sticky'and Global'Ubiquitous'Knowledge[J]. Journal of Technology Transfer. 27：77-86.

[5] AsheimB. Industrial Districts：The Contributions of Marshall and Beyond [M]. Ch21 in ClarkG. L.，FeldmanM.，GertlerM. (Eds) The Oxford Handbook of Economic Geography，Oxford：Oxford University Press，2000，413-431.

[6] 打造南京总部经济中心之研究. http://gjh1260811812.blog.sohu.com/90587748.html.

[7] 史嵘,夏海力. 外商投资"研发中心"与本土企业合作的竞合博弈分析[J]. 企业经济,2011,(6).

[8] 郑加强,黄西川,等. 南京高新技术潜在优势领域及其产业化现状与前景研究[R]. 南京市科技局、南京理工大学、南京市统计局报告 20025009,南京:南京理工大学,2004.

[9] Huang Xichuan. Verification Study on Interactive Effect of Regional Knowledge System and Regional High-thch Industrial Systems[A]. See:Tsinghua University. Proceedings of the 2nd Globelics Conference[C]. Beijing:Tsinghua University Press,2004.

[10] 经济合作与发展组织. 国家创新体系[A]. //冯之浚,罗伟. 国家创新系统的理论与政策文献汇编[C]. 北京:群言出版社,1999:309-326.

[11] 杨浩等. 现代企业理论教程[M]. 上海:上海财经大学出版社,2001. 88-95.

[12] 裴学敏,陈金贤. 知识资产对合作创新过程的影响分析[A]. //冯之浚,罗伟. 国家创新系统的理论与政策文献汇编[C]. 北京:群言出版社,1999:283-289.

[13] 蔡兵. 企业在技术创新中开展技术联合浅析[A]. //冯之浚,罗伟. 国家创新系统的理论与政策文献汇编[C]. 北京:群言出版社,1999:290-295.

[14] 江苏省科技情报研究所,等. 江苏工业技术创新调查与分析研究[R]. 江苏省科学技术委员会 BR96011,南京:江苏省科学技术委员会,1997.

[15] 阎海峰. 知识在网络组织中的流动分析——以跨国网络结构为例[J]. 外国经济与管理,2001,23(10):29-33.

[16] 黄敏,郑加强,等. 2001 年度南京科技机构与创新体系建设工作年报[R]. 南京市科学技术局,南京:南京市科学技术局,2002.

[17] 朱孔来. 自主创新三种实现形式的内涵、特点、相互关系及推进对策[J]. 山东经济,2008,(3):65-69.

[18] 杨志江,罗掌华. 试析自主创新的内涵和特点[J]. 韶关学院学报(社会科学版),2008,29(8):66-69.

[19] 黄西川,等. 自主创新模式的关联与创新主体的行为优化[J]. 科学学研究,2007,25(增刊):120-127.

[20] 任学峰. 高技术企业产品战略管理[M]. 天津:天津大学出版社,2000.

[21] 黄西川,等. 整合科技资源,提高南京自主创新能力的研究[R]. 南京理工大学课题组报告 200602043,南京:南京理工大学,2007.

第七章　技术创新：高技术集群企业成长与获取竞争优势的途径

第一节　创新：高技术产业集群中企业成长的一般规律

企业的基本构成要素为目标、生产、交易、技术和制度，它们的关系如图 7-1 所示。据此结构模型[1]，目标是企业存在的前提和价值。目标的实现依赖于一系列活动的作用过程，包括生产活动和交易活动，前者的性质和强度取决于企业的技术结构，后者则取决于企业的制度结构。换言之，企业的技术和制度是其生产和交易活动的内在机制，生产和交易则是企业技术和制度结构的外在体现。由于技术与生产、制度与交易之间存在内在联系，必然形成目标与技术、制度间的紧密联系，从而形成以企业目标为核心的有机整体。

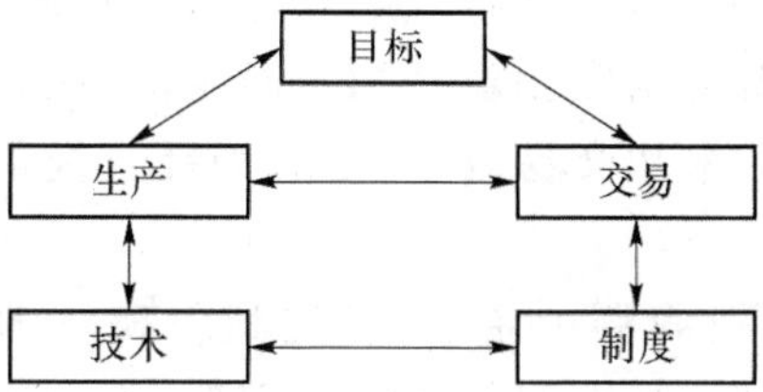

图 7-1　企业结构模型

世界经济论坛和瑞士洛桑国际管理开发学院认为，企业国际竞争力是一个综合概念，包括相互联系又相互补充的两个方面：一方面是企业内部效率形成的竞争力；另一方面是由环境左右而形成的竞争力。随着全球经济一体化的加速，产业分工越来越深化和细化，同时，企业的外部环境动态性不断加剧、不确定加大。中小型高技术企业为了生存与发展，在越来越多地利用核心能力、专业化生产展开竞争的同时，与产业链的纵向和横向产业组织与非产业组织展开协作和合作成为必要。企业的目标就是通过生产向社会提供具有客户价值的产品和服务，但专业化生产必须是以足够的市场规模为前提的，如果缺乏足够的市场容量，专业化生产的规模和程度就会受到限制。在这里讨论问题的起点是：假设高技术企业具有最小效率规模(MES)，即首先它不以成本劣势为基础；假设高技术企业始终具有规模扩张的偏好；假设高技术企业在成长(即做大做强)过程中始终受到资源和成本的约束。据此，高技术企业在规模成长过程中最大限度的发挥资源的使用效率就成为其始终不渝的诉求。

在一定时期，高技术企业产业类型选择确定后，企业的技术效率随之确定。法瑞尔(M.J.Farrell,1957)认为：所谓技术效率，就是在生产技术不变、市场价格不变的条件下，按照既定的要素投入比例，生产一定量产品所需的最小成本占实际生产成本(投入水平)的百分比。也可以理解为：在技术的稳定使用过程中，技术的生产效能所发挥的程度。技术效率度量的关键是生产前沿的确定，即在一定技术和生产条件下，最佳组合的资源投入量与最大可能的产出量之间的对应关系。追求的是不仅产出投入比的最大，而且产出和投入的结构也必须是最佳。这里资源的最佳组合，是指每种资源都可得到充分利用的资源组合。最佳结构，是指每种产品的生产潜力都得到充分发挥的结构。所以，在既定产业中，企业要成长，就要提高企业技术效率和推进生产前沿，也就只有通过技术创新来实现。中小型高技术企业在实施技术创新发展时，为了突破自身资源瓶颈和尽可能降低技术创新成本，在研发、生产、销售和服务中广泛采取与产业链的纵向和横向产业组织与非产业组织展开协同和合作，从而出现了企业价值链重构和向产业价值链转移的现象，伴随发生的是中小型高技术企业的制度创新和管理创新(管理要素中包含技术要素和制度要素)。高技术企业要在企业内部与外部通过重新选择制度安排，以最低的交易成本、最大限度地获得环境能提供的资源。因此，在资源和成本双重约束下，中小型高技术企业的技术创新与制度创新是相伴而生的，在企业规模成长的道路上最大限度地提高企业技术效率和交易效率，不断为社会提供顾客价值更高的产品和服务。

为此，对于高技术产业集群中企业，优先利用高技术产业集群的外部规模经济，持续性的实施技术创新、制度创新和管理创新，不断实现企业内部规模经济的成长，无疑是最明智的企业战略行动。

第二节　技术创新观企业核心能力概念和评价模型

一、基于技术创新的核心能力模型

企业间的竞争实质上是一场争夺顾客的较量，而顾客会从他们认为提供满意的顾客价值的企业购买产品(菲利浦·科特勒,1999)。因此,如何以顾客价值为导向,高效率地调动企业资源,发展企业核心能力,创造卓越的顾客价值,构建坚实的市场基础,增加顾客赢利率,成为管理学界研究的重要课题。

普拉哈拉德和哈默尔首先定义企业核心能力是“企业内部的积累性学识,尤其涉及如何协调多种生产技能和整合多种技术流的知识”。企业核心能力是企业在市场竞争中获取长期稳定竞争优势的能力。它是一种综合能力,是一组先进技术的和谐组合,这种组合应具有与众不同的异质性,并成为企业开发出独特产品的技术基础,如图 7-2 所示。

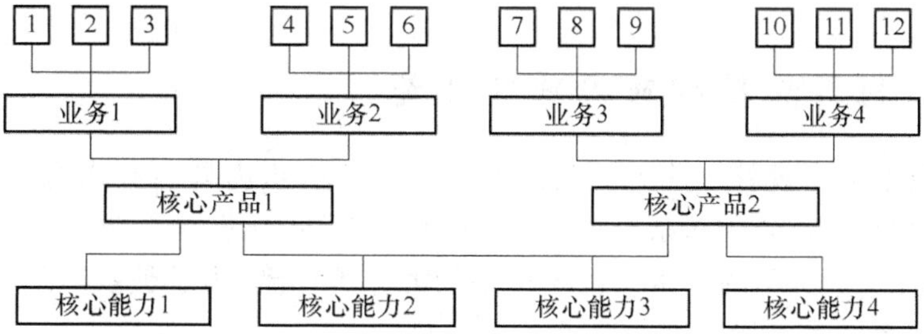

1—12 的小方框指最终产品

图 7-2　普拉哈拉德和哈默尔定义的核心能力概念模型

其后,企业核心能力的研究形成了许多学派,比较著名的有资源论、知识论、能力论等。就企业资源的物质属性划分,它包括物质性资源与非物质性资源。物质性资源包括土地、产房等不动产,生产设备、运输工具等固定资产,原材料、产品、流动资金等流动资产;非物质资源包括人力资源、信息、商誉、品牌、专利、技术秘密、商标、积累的学识和经验等。而基于资源的核心能力观认为成为企业竞争优势潜在源泉则更多的来自非物质资源,可以看出非物质资源大多具有知识的特征且更多地表达出知识的属性。从基于知识的核心能力观分析,企业核心能力是企业特有的专业知识和信息或可视为一个知识系统。鉴于技术本身是知识的一种类型,由此可以把资源观、知识观、能力观[2]从技术的视角统一到基于技术创新的核心能力分析框架中,获得如图 7-3 所示的技术创新观的核心能力概念模型。

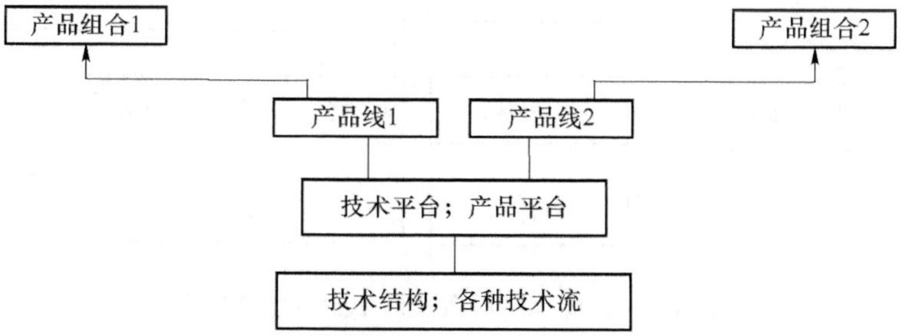

图 7-3　技术创新观的核心能力概念模型

图 7-3 模型继承了普哈拉德和哈默尔学术思想的核心概念，认为企业拥有的各种各类技术构成企业独特的技术结构，这是企业研究开发新产品和新工艺的技术和产品平台基础，对于某一特定企业它具有价值性、异质化、不可模仿、难以替代和可扩展的特质。企业依托技术和产品平台，创新产品及其组合参与市场竞争。技术创新对于产品和工艺都要去协调不同的生产技能(如制造创新)并有机结合多种技术流(如综合集成技术)这方面的学识是构成技术创新能力的核心知识；同时，企业技术创新能力也内涵研究与开发、生产与制造以及营销的能力。从某种意义上来看，企业技术创新能力可以视同企业的核心能力[3,4]，特别对于高新技术企业尤为如此。

二、技术创新观核心能力评价模型

为使技术创新观核心能力的表述能够在企业组织内外良好沟通，使其具有全面性、可分解性、层次性和系统性，同时不失动态性，根据企业技术创新能力的内涵，提出如图 7-4 所示的技术创新观核心能力评价模型，力求使技术创新观核心能力概念的界定满足可操作性的要求。

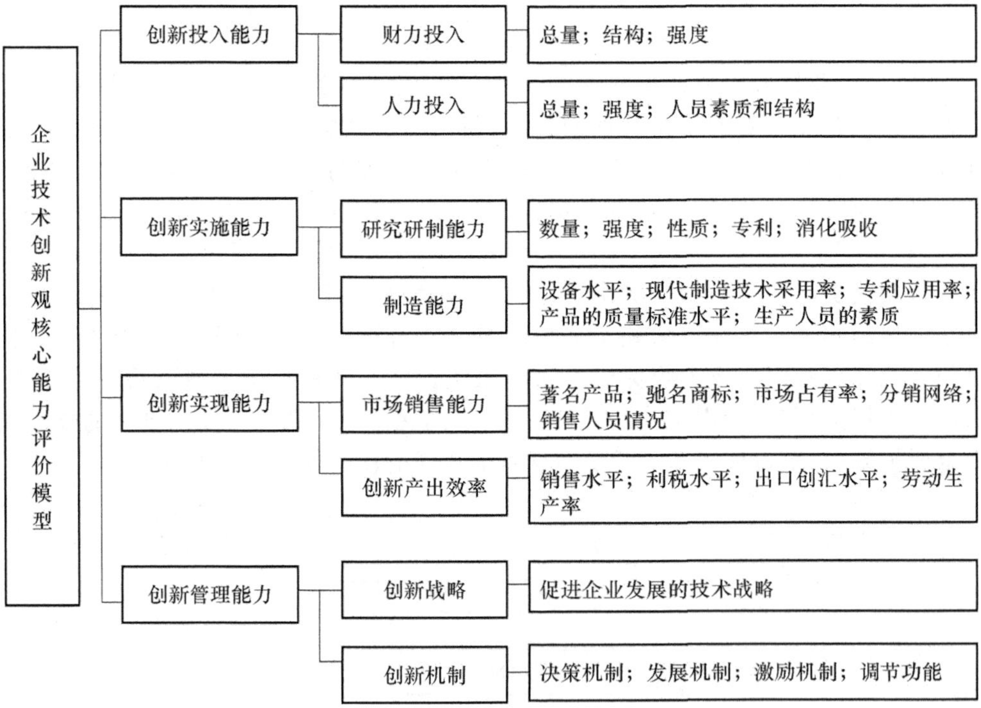

图 7-4　企业技术创新观核心能力评价模型

第三节 高技术企业产品创新决策评估模型

根据高技术产业集群中企业成长的一般规律,高技术产业集群中企业规模成长的竞争战略集中体现在如何利用高技术产业集群的环境条件,获取和创造支撑企业技术和制度创新的资源,通过持续的技术创新,不断积累资源、特别是知识和技术资源,不断使内化于企业的技术创新能力增强,构筑先进的、扩展性强的技术平台和产品平台,逐级提升高技术产业集群中企业的技术创新层次,不断提供社会更具客户价值的产品和服务,在企业竞争力持续提升中,实现高技术产业集群中企业资本的扩大和规模的成长。

根据企业技术创新观核心能力评价模型,而且实践中企业技术创新能力提升总是离不开构建先进的、扩展性强的技术和产品平台。为此,笔者通过高技术企业产品创新决策评估维度和方法的建立,实现对企业技术创新能力提升的可操作性表达[5]。

(一) 建立决策评估指标体系的指导思想和原则

高技术产业与传统产业在产品技术水平、市场和营销特点、投资回报率、生产管理能力或企业素质要求等许多方面存在差异,在进行技术经济评估时,既不能完全沿用传统产业产品创新可行性研究方法,又不能片面追求评估的科学理论性和完备性,同时必须保证评估的有效性。由于高技术产品投资大、风险大、产品寿命周期短、国际市场竞争激烈,其成败往往维系在市场上,市场对产品的质量、功能、价格等要求越来越苛刻,对市场研究的要求更为迫切。这就决定了高新技术企业在产品创新的前期,就要对该产品未来的市场情况、技术优势、投入产出经济效益等有一个比较明确的判断和认识,决策评估指标体系中要反映这方面的预测[6]。鉴于决策评估指标体系即可反映企业技术创新能力的分析维度,又能判断企业产品创新条件的优化程度,加之我国高新技术产业尚缺乏产业及其分类行业的准确统计数据和基准的市场和效益等标准参照,在建立评估指标体系时,尽量采取了相对指标来加以克服。

在评估原则方面,除了一般要求的科学性、可行性、综合评估等原则外,在可比性方面强调分类评估的原则。对于高新技术产业的各行业,如微电子、新材料、机电一体化、生物技术等,因其市场特点不同,产品的寿命周期、投资回报率、投资回收期等基准不同,不分行业的产品创新混在一起进行评估,同一指标的数据离散太大,评估标准难以确定,从而造成失真现象。因此,在实施评估时,要采取分行业分类进行,在综合评估数学模型处理上,突出反映这一原则。

(二)高技术企业产品创新决策评估指标体系结构及解释

根据上述指导思想,从产品开发具有的市场和经营潜力、经济效益、产品的技术优越性、开发生产该产品具备的基础条件四个方面入手,设置四个一级指标,十六个二级指标,构成高新技术企业产品创新决策评估指标体系如图 7-7 所示。该指标体系简单,定义明确而规范,以期实现良好的可操作性。下面就指标体系予以解释。

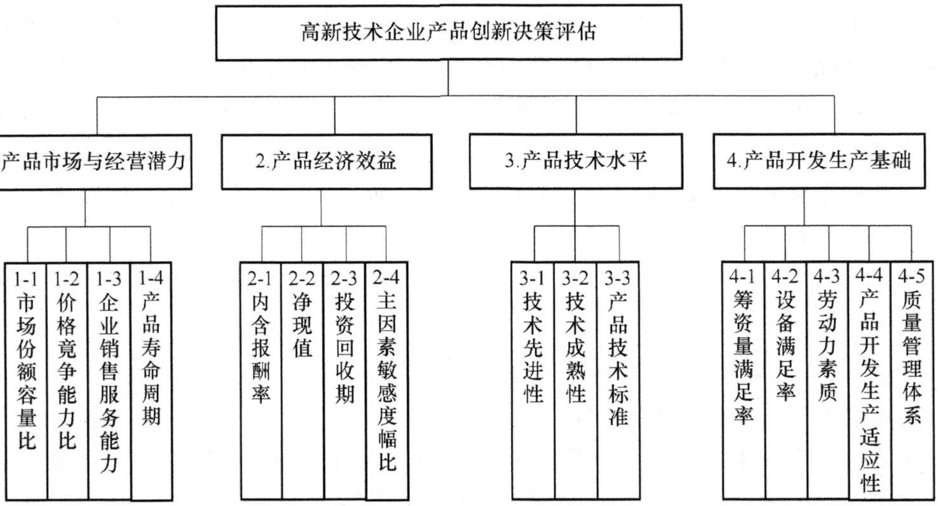

图 7-5　决策评估指标体系结构

1. 产品市场与经营潜力。产品创新决策首先取决于该产品的市场前景和经营的潜在能力。一般认为,产品市场容量大,企业销售能力强,就有可能在市场占有率的竞争中获得较大的市场份额,取得满意的经济效果。产品的市场预测和经营潜力估计,涉及确定目标市场的产品特性及设计特点、产值成本的预测、税收、销售能力、产品更新率和技术替代的影响以及竞争对手分析等等。众多因素之间是相互联系的,有的具有函数关系[7]。比如,最终用户与市场份额有如下的依次决定的关系:最终用户→市场的划分和目标市场→产品销售策略→产品销售价格→规划中的销售量(收入)→市场份额。其中,表征产品市场与经营潜力的主要参量有市场容量和份额、价格、销售和售后服务能力以及产品的寿命周期等,由此构造隶属产品市场与经营潜力的四个二级指标:

$$1\text{-}1.\ \text{市场份额容量比}=\frac{\text{企业营销该产品能占领的市场份额}}{\text{该产品市场潜在的容量}}$$

产品的潜在市场容量是指在所有市场划分中总的预测商品销售数(或货币值)。对于一个特定的企业而言,有的市场是它能够渗透的,有的是它难以进入的。一家企业很难独占同类产品的所有市场。市场份额容量比综合反映了产品和企业的市场竞争能力。

1-2. 价格竞争能力比 $=\frac{\text{产品销售价格}}{\text{替代产品的平均价格}}$

产品销售价格是市场竞争力的关键因素,代表了生产力水平和生产效率、产品的性能价格优势,它与最终用户的支付能力(用替代产品的平均价格表示)相比,可反映市场对产品的接纳程度。

1-3. 企业销售服务能力

高技术产品市场一般最终用户群体不具有相似特性,市场总规模比消费市场小,经常出现市场分散在大量小型最终用户中,这对经营的企业提出了较高的销售能力要求。此外,用户对高技术产品的可靠性和可维护性非常关注,建立售后服务和维护体系是高新技术企业扩大产品市场的重要策略。销售服务能力也就成为企业开拓市场和经营潜力的主要标度。

1-4. 产品寿命周期

市场预测主要是做出趋势规划,核心概念是产品寿命周期,指一种产品由试制成功投入市场到被市场淘汰为止所持续的时间,它是描述产品在该时期内的销售状况的图形。寿命周期概念有两个:首先,曲线可以是一条潜在的曲线,由市场因素分析来拟出;其次,曲线是实际曲线,是企业对市场施加影响的市场战略的最后结果。这里的产品寿命周期指标是指待开发产品通过市场因素分析而获得的产品销售年限预测值。

2. 产品经济效益。产品经济效果评估是产品创新决策评估的决定性因素,一般说任何产品不具备良好的(或满意的)经济效益,都是不可取的(或不可行的)。高技术产业是高投入、高风险产业,衡量风险投资的效益要充分考虑资金的时间价值、投资的风险和复杂劳动的价值对开发产品经济效果的影响。同时考虑税收、物价等变化因素对资金时间价值的影响,才能客观地反映其产品的经济效果。这就需要一套指标、采取动态评估方法来评估。

2-1. 内含报酬率(IRR)

即:$\sum_{t=0}^{N}[\text{第 } t \text{ 年的净现金流量} /(1+\text{内含报酬率})^{t}]=0$,指一个产品在其寿命周期内,按现值计算的实际投资报酬率。一般认为,项目的内含报酬率越高,投资效果越好,其下限不得低于产品开发筹资或贷款的利率。

2-2. 净现值(NPV)=未来报酬的总现值—投资金额的总现值

$$\text{NPV}=\begin{cases}\sum_{t=0}^{N}\dfrac{\text{第 } t \text{ 年的净现金流量}}{(1+i)^{t}}\\ i\ \text{折现率(或称资金成本)}>\text{筹资或贷款利率}\end{cases}$$

净现值是一项投资的未来报酬总现值超过其原投资现值的余额,其算数值越大,产品收益总额越高,其下限要大于等于零。

2-3. 投资回收期 $= \dfrac{\text{原投资金额}}{\text{平均每年的净现金流量}}$ （静态计算法）

回收期指回收某项投资所需的时间(年数)。一般来说,项目的回收期越短,说明该项目所冒风险程度越小。由于静态计算法没有考虑货币的时间价值,不能明确项目投资未来的收益状况,在产品创新决策评估数学模型中,实际采用动态计算法。

2-4. 主因素敏感幅度比＝

$$\frac{\text{以内含报酬率来分析敏感度所允许的产品销售价格变动幅度}}{\text{项目寿命期间预测产品销售价格变动幅度}}$$

产品经济评估采用的数据多来自预测或估计,但在实践中,总是有多种不确定性的因素存在,为了分析不确定因素对产品创新的影响,需要进行不确定性分析。不确定性分析包括盈亏平衡分析,敏感性分析和概率分析。当影响产品经济效益评估指标的参数不是确定的变量,每个变量取各种不同数值的概率又不能获得时,可以通过考察各主要变量取不同数值时经济效益评估指标变动的幅度,来分析经济效益指标对各主要变量的敏感程度。一般说经济效果指标对价格,成本、产量等变动因素最敏感,因此,采用最常用的内含报酬率对产品的销售价格的敏感度构造评估指标。

3. 项目技术水平。高技术产业与传统产业比较最显著的区别在于其产品的技术含量高,产品技术水平状况构成产品创新决策评估的一部分。技术水平有较高的起点,产品的生命力强。一个产品技术水平先进仅是有价值开发的前提之一,能否开发出可靠性高、适宜市场范围大的产品,还取决于产品的技术是否成熟、采用的产品技术标准是否先进,这些都是产品技术水平的内涵。由于技术水平的评估是定性的判断,在建立指标中,尽可能选择分级标准明确、易于判定优劣的指标。所以在隶属于“产品技术水平”的指标下,设置三个二级指标。

3-1. 技术先进性

指产品采用的技术原理和方法的先进程度,评估标准选用目前国家通行的对科技成果鉴定采用的规范性评语来分级。

3-2. 技术成熟性

技术“成熟化”的程度直接决定着产品开发能否成功,决定着产品开发的投资量和周期。从市场的角度看,这是衡量产品技术水平的最重要指标。在此,以科研成果到产品上市整个工业化过程时间序列的主要阶段来确定评估标准。

3-3. 产品技术标准

技术标准是对产品和工程建设的结构、规格、质量和检验方法应该达到的标准所做的技术规定。选用什么等级的技术标准影响着产品的质量水平和通用化、标准化程度,进而对产品的市场规模和销售产生影响。

4. 产品开发生产基础。主要指企业现阶段开发生产的基础和能力以及产品本身的适用性。一般可从四个方面衡量企业能力:综合能力,比如销售利润递增率、资金利润率、行业地位等;开发能力包含企业投入开发的资金量、科技人员的比例、新产品品种数,新产品销售比率以及质量领先地位等;生产能力涉及劳动生产率、资金周转率、成本递减率、设备利用率等;销售能力则指主要产品市场占有率、销售递增额、销售利润率、销售渠道与网点。这里立足于考察企业开发和生产能力,并且关心企业就产品进行开发生产的基础条件优劣。

4-1. 筹资量满足率

该指标考察企业开发产品的潜力及资金保障程度,用百分比来表示。

4-2. 设备满足率

该指标考察企业生产能力和开发生产该产品的设备保障程度,用百分比来表示。

$$4\text{-}3.\ \text{劳动力素质}=\frac{\text{企业直接从事高新技术产品研究与开发的科技人员数}}{\text{企业职工总数}}$$

该指标是衡量高技术产品生产企业开发能力的主要指标,反映企业对新技术的开发潜力和对引进技术的消化、吸收、创新能力。

4-4. 产品开发生产适用性

适用性概念内涵相当广泛,如:成果可推广的范围、成果开发应用的环境问题及受自然条件的影响程度,成果开发出产品的原辅材料和零配件供给弹性等,都属于此范畴。

4-5. 质量管理体系

高技术企业产品创新决策评估指标体系中的各项指标,有的是数量指标,如表 7-1 所示,有的是定性指标,如表 7-2 所示。要使评估工作数量化,不但要将定性指标数量化,而且要把所有的指标值综合为一个总值进行综合评估。综合评估模型采用线性加权法,即:

V 表示产品创新决策评估总值;β_i 表示每个一级指标权重;K_i 表示每个一级指标评估分值。$V = \sum_{i=1} \beta_i K_i$, $i = 1,2,3,4$ 每个一级指标的评估分值公式为:

$$K_1 = \sum_{i=1}^{4} \alpha_i P_i,\ K_2 = \sum_{i=5}^{8} \alpha_i P_i,\ K_3 = \sum_{i=9}^{11} \alpha_i P_i,\ K_4 = \sum_{i=12}^{16} \alpha_i P_i,\ i = 1,2,3,\cdots,16$$

α_i 表示每个二级指标权重,P_i 对于二级指标为定性指标的,表示指标的折合分值,对于二级指标为数量指标的,表示指标计算值的转换分值。转换分值适用公式:

$$P_i = 100 \times \left[\frac{X_i - X_{\min}}{X_{\max} - X_{\min}}\right]$$

$X_{\max}$ 为 X 评估空间某指标的最大值;$X_{\min}$ 为 X 评估空间某指标的最小值;X 为评估指标计算值,分别为 $A, B, C, \cdots, J$。

表 7-1　数量指标

指标编号	指标名称和代码	权重代码	转换分值代码	指标计算值计算方法
1-1	市场份额容量比 A	α_1	P_1	$A=\dfrac{\text{企业生产营销该产品能占领的市场份额（万元）}}{\text{该产品市场潜在的容量（万元）}}$
1-2	价格竞争能力比 B	α_2	P_2	$B=\dfrac{\text{产品销售价格（元）}}{\text{替代产品的平均价格（元）}}$
1-4	产品寿命周期 C	α_4	P_4	C 由预测决定(年数)
2-1	内含报酬率 D	α_5	P_5	$\sum_{i=0}^{c}\dfrac{\text{第}\,t\,\text{年的净现金流量}}{(1+D)^t}=0$ 净现金流量＝现金收入－投资费用(当年需要的)－新增流动资金(当年发生的) 现金收入＝税后净收入＋折旧费 税后净收入＝税前净收入－税收 税前净收入＝毛利－折旧费 毛利＝销售额－成本费用(不含折旧费) 销售额＝产品销售量×产品销售价格
2-2	净现值 E	α_6	P_6	$\sum_{i=0}^{c}\dfrac{\text{第}\,t\,\text{年的净现金流量}}{(1+i)^t}=E$ i 折现率(或称资金成本)＞筹资利率或银行利率或贷款利率
2-3	投资回收期 F	α_7	P_7	$F=F_1+F_2=\dfrac{\log P-\log(P_i-TgD)_i}{\log(1+D)}+\dfrac{\log\Delta C-\log(\Delta C-\Delta TgD)_i}{\log(1+D)}$ T 为一次投资额;P_i 为年纯收益额;D 为报酬率; ΔT 表示投资增加额;ΔC 表示年经营费用节余额
2-4	主因素敏感幅度比 G	α_8	P_8	$G=\dfrac{\text{以内含报酬率来分析敏感度所允许的产品销售价格变动幅度}}{\text{项目寿命期间预测产品销售价格变动幅度}}$ $\dfrac{\text{项目寿命期间预测的销售价格平均值}-D\text{ 等于银行利率或筹资利率或贷款利率的价格}}{\text{项目寿命周期预测的最高销售价格与最低销售价格之差}}$
4-1	筹资量满足率 H	α_{12}	P_{12}	H 由预测决定
4-2	设备满足率 I	α_{13}	P_{13}	I 由预测决定
4-3	劳动力素质 J	α_{14}	P_{14}	$J=\dfrac{\text{企业直接从事高新技术产品研究与开发的科技人员数}}{\text{企业职工总数}}$

表 7-2 定性指标

指标编号	指标名称	权重代码	折合分值代码	折合分值	评语集
1-3	企业销售服务能力	α_3	P_3	100 80 60 30 0	可利用现有全部销售服务网点和人员 除利用现有网点外,还需要建立一部分新销售服务网点 必须开辟与现有网点数目相当的新网点和增加一部分新人力投入 大部分是新网点,并至少增加一倍人员 全部是新网点和新的销售服务人员
3-1	技术先进性	α_9	P_9	100 80 60 30 0	世界领先 世界先进 国内领先 国内先进 行业先进(或省内先进)
3-2	技术成熟性	α_{10}	P_{10}	100 80 60 30 0	工业化生产 小批量生产 中 试 小 试 实验室阶段
3-3	产品技术标准	α_{11}	P_{11}	100 80 60 30 0	国际标准 国家标准 部颁标准(专业标准) 企业标准 自拟标准
4-4	产品开发生产适用性	α_{15}	P_{15}	100 80 60 30 0	成果可在国内外推广,无环境污染问题,不受气候等自然条件限制,原材料国内丰富,零部件国内现有协作单位能满足供应 成果可在全国推广,有污染但易于全面治理,大部分原材料国内能满足,大部分零部件国内现有协作单位能满足供应 成果可在行业推广,有污染,基本上能治理,一半原材料需要进口,近一半零部件需要进口或联合新的协作单位 成果可在部分省市推广,有污染,治理情况一般,大部分原材料和零部件需要进口 成果可在地区推广,有污染,治理费用大,且情况一般,受气候等自然条件限制,原材料和主要零部件完全依赖进口

续表

指标编号	指标名称	权重代码	折合分值代码	折合分值	评语集
4-5	质量管理体系	α_{16}	P_{16}	100	质保体系建立完善，实施全过程质量控制，检测设备技术先进，自动化，质管是程序化进行的
				60	质保体系建立但不完善，大部分生产过程实施质量控制，设备较为先进，工作半自动化，质管是半程序化进行的
				0	质保体系尚待建立，只在个别环节实施质量控制，设备普通人工操作，质管无程序

* 评语集：将各指标的可能取值范围划分成几个档次，以便选择合适的评语，同一档次内的取值可以认为具有相同或接近的评分，折合分（100　80　60　30　0）分别与评语集中的各档次相对应。

权重设计采取专家咨询法。一级指标权重之和为1，每个一级指标所包含的二级指标权重之和也为1。经专家赋权求平均值后，获得各评估指标重要性系数如表7-3所示。

表7-3　评估指标重要性系数

权重代码	权值			
β	β_1(0.30)	β_2(0.35)	β_3(0.20)	β_4(0.15)
α	α_1(0.400)　α_2(0.266) α_9(0.300)　α_{10}(0.500)	α_3(0.167)　α_4(0.167) α_{11}(0.200)　α_{12}(0.200)	α_5(0.515)　α_6(0.228) α_{13}(0.200)　α_{14}(0.334)	α_7(0.143)　α_8(0.114) α_{15}(0.133)　α_{16}(0.133)

至此，可以根据综合评估的分值，判断同一产品创新的不同高技术企业技术创新能力的强弱；也可以根据同一产品创新不同时期综合评估的不同分值，判断不同时期同一高技术企业技术创新能力的提升状况。

第四节　基于集群的高技术企业竞争优势分析模型

"竞争优势归根结底产生于企业为客户所能创造的价值"（Porter，1997）。着眼于比竞争对手提供更大的顾客价值与顾客满意，应成为企业建立和保持竞争优势的核心和基点。Woodruff（1997）认为，顾客价值是顾客对特定使用情景下有助于实现自己目标和目的的产品属性、这些属性的实效以及使用的结果所感知的偏好与评价。企业所提供的顾客价值大于竞争对手就具有竞争优势，反之，就不具有竞争优势。企业能否创造和传递卓越的顾客价值和企业本身的知识及能力有关。企业能力理论从企业内部剖析导致企业超越竞争对手的原因，认为"企业内部能力、资源和知识的积累是解释企业获得超额收益和保持企业竞争优势的关键性概念”（克努森，1998）。能力是完成一定的任务或活动的一组资源具有的能量，反映的是能有效利用资源解决问题的水平（Grant，1991）。只有是别的企业难以仿制的、有价值的能力才能创造出超过竞争对手的用户价值，它导致企业之间产生效率差异，并为企业带来“理查德租金”。因为这种核心能力的差异影响要素市场的竞争结构，使得要素市场竞争不完全，拥有别的企业难以模仿的资源和能力的企业就可以获得由这些要素产生的经济利润，也就是这些要素的租金。于是存在来自企业内部的竞争优势分析逻辑，如图 7-6 所示。

企业拥有的资源→企业核心能力→企业生产经营效率→市场运作，特别是产品和服务的客户价值→收益与利润→企业资本增值→企业拥有的资源增加

图 7-6　来自企业内部的竞争优势分析逻辑图

正如前述，企业除其内部效率形成的竞争力外，还能由环境左右而形成竞争优势。在高技术产业集群中，存在着多种能为高技术集群企业带来竞争优势的环境要素。如高技术产业集群内丰富的专业信息，减少了高技术集群企业信息搜寻成本，提高了其交易效率；再比如高技术产业集群由于产业组织密度高且中小型高技术企业居多，它们的产业技术和产品结构有一定的关联性，从专业化分工和合作需要出发，它们之间形成了大量的介于市场和企业之间的所谓“中间组织（Inter-form）”，如战略联盟和虚拟企业等，其组织特征如图 7-7 所示。中间组织的根本特点是带有企业和市场的双重特性，“看得见的手”和“看不见的手”同时在企业间、企业和顾客间起着配置资源的作用，这使得高技术产业集群内市场环境相对稳定，产业组织内系统成本较低，有助于高技术集群企业对高技术产业集群外企业形成竞争优势。于是对高技术集群企业存在下面的来自企业外部环境的竞争优势分析逻辑，如图 7-8 所示。就是说中小型高技术企业定位于高技术产业集群后，实施战略行动，运用自己原有的资源，低成本的、选择性的介入和利用高技术产业集群中有利于自身发展的环境要素，从而从外部环境中吸收和获得有助于增强和培育自身核心能力的资源，通过原核心能力的增强或培育的新核心能力提高高技术集群企业的生产经营效率，创造具有客户价值的产品和服务，在市场运作中取得收益与利润，实现高技术集群企业资本和资源的增值和增加。这里的市场运作本身也属于在高技术产业集群的环境中和在超越高技术产业集群更大的区域直至国际环境中。

把来自企业内部的竞争优势分析逻辑嵌入到来自高技术集群企业外部环境的竞争优势的分析逻辑中，就是图 7-8 所示的高技术产业集群企业竞争优势的分析模型。

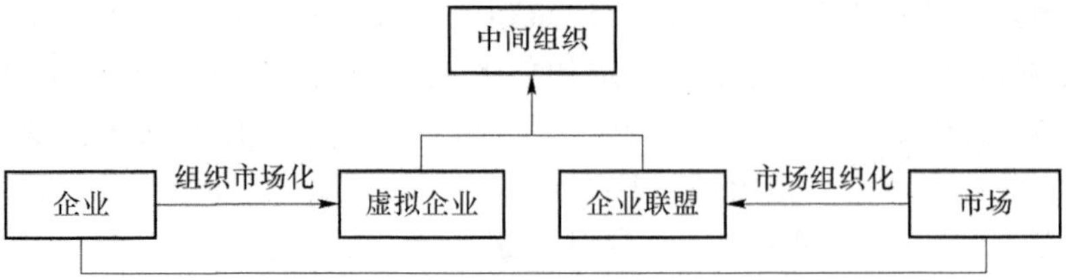

图 7-7　中间组织形成关系图

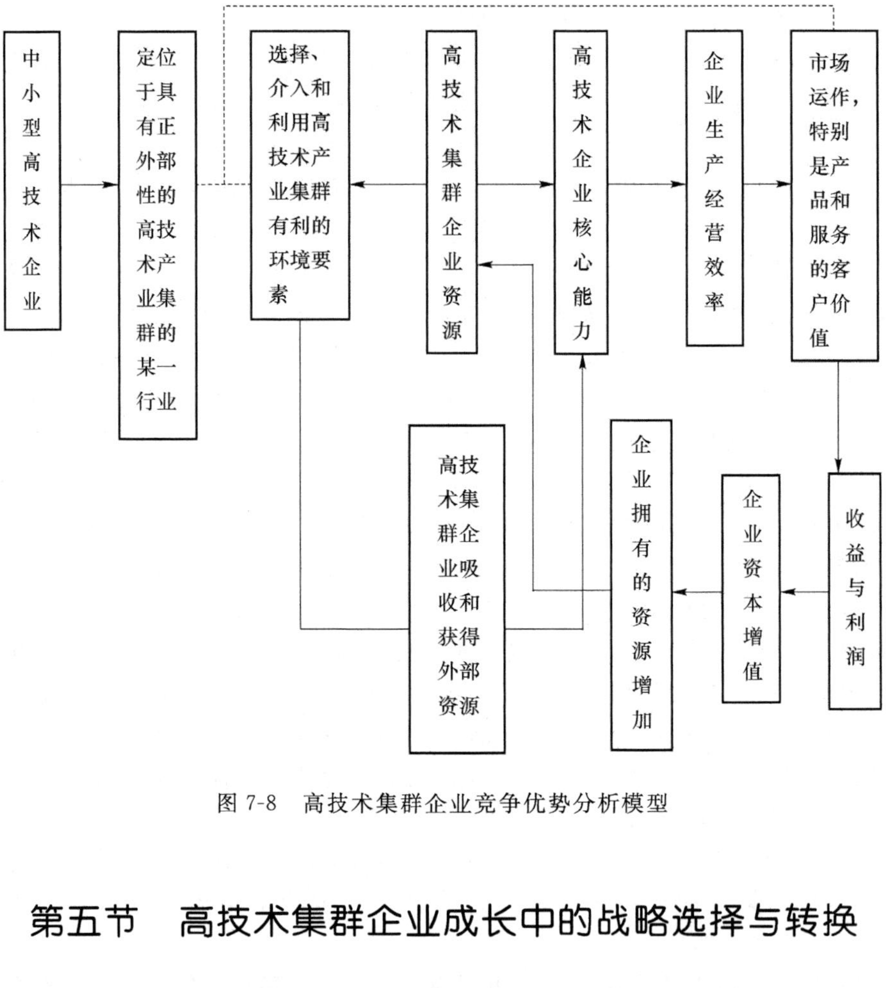

图 7-8　高技术集群企业竞争优势分析模型

第五节　高技术集群企业成长中的战略选择与转换

技术制胜的企业战略范式[8]阐述的思想是：在知识经济的背景下，不论是企业的外部产业环境变化还是企业的内部核心能力提升，技术因素都起到了巨大的作用，特别是在企业内部，没有技术的支撑，企业的发展几乎是不可能的。自 20 世纪中叶以来，技术越来越成为创造商品价值的主体因素。西方跨国公司技术对产品的贡献率达到70%左右，中国只有30%左右，技术差距是我国企业与西方发达国家企业竞争力悬殊的根本原因。世界上任何一个具有竞争优势的企业都是在技术上保持优势的企业，完全可以说技术优势是企业竞争优势的根本来源。从某种意义上来看，高技术集群企业的技术创新能力可以视同高技术集群企业的核心能力[9,10]。

根据高技术集群企业成长的一般规律和竞争优势的分析模型，高技术集群企业规模成长的竞争战略集中体现在如何利用高技术产业集群的环境条件获取和创造支撑高技术集群企业技术和制度创新的资源。通过持续的技术创新，不断积累资源特别是知识和技术资源，不断使内化于企业的技术能力增强，构筑先进的、扩展性强的技术平台和产品平台，逐级提升高技术集群企业的技术创新层次，不断给社会提供更具客户价值的产品和服务，在企业竞争力持续提升中，实现高技术集群企业资本的扩大和规模的成长。

如果把模仿创新、渐进创新、合作创新、引进消化吸收再创新、集成创新、原始创新等作为高技术集群企业内生技术能力不断增强的阶段性标志的话，并确认随着高技术集群企业内生技术能力明显增强的同时，对于从高技术产业集群的环境中吸收和获取知识和技术资源的依赖明显减弱的话，可据此以模仿创新、渐进创新、合作创新、引进消化吸收再创新、集成创新、原始创新等及其它们相互组合作为高技术集群企业不同发展阶段的主导战略；把实现各类创新需要达到的关键子目标所需的任务完成以及相应从高技术产业集群的环境中需要达到的关键子目标所需的任务完成作为辅助战略，这样就形成了高技术集群企业在规模成长道路上，不同发展阶段的战略组合与不同战略组合转换的时机。

参考文献

[1] 王国顺，等. 技术、制度与企业效率[M]. 北京：中国经济出版社，2005.

[2] 曹兴，李南翔. 基于内外因素的企业核心能力构成分析[J]. 湖南科技大学学报：社会科学版，2004，(6)：96-99.

[3] 王毅，陈劲，许庆瑞. 企业核心能力：理论溯源与逻辑结构剖析[J]. 管理科学学报，2000，3(3)：24-43.

[4] Meyer M H. Revitalizing your product line through continuous platform renewal [M]. Research Technology Management，March-April 1997. 34-42.

[5] 中国企业管理咨询公司. 企业管理咨询的理论与方法[M]. 杭州：浙江人民出版社，1985.

[6] 李石林. 技术经济学[M]. 杭州：浙江教育出版社，1987.

[7] 李仲爵，等. 高技术产品与出口产品市场研究及预测[R]. 中国和平利用军工技术协会. 北京：中国和平利用军工技术协会，1990.

[8] 黄西川，叶国挺. 技术制胜：面向知识经济时代的企业战略新范式[J]. 现代经济探讨，2006，(9)：57-60.

[9] 王毅，陈劲，许庆瑞. 企业核心能力：理论溯源与逻辑结构剖析[J]. 管理科学学报，2000，3(3)：24-43.

[10] Meyer M H. Revitalizing your product line through continuous platform renewal[M]. Research Technology Management，March-April 1997. 34-42.

第八章　产业集群化之路：正反馈互动机制的发现与利用

第一节　高技术企业集聚的最优空间判别依据和方法

一、区域创新环境：高技术产业进入动力

20世纪80年代中期法国的欧洲区域创新环境研究组（GREMI）对欧洲一些地区和美国硅谷进行了研究，探讨了区域内生增长问题，先后提出了“创新环境”“创新网络”“集群学习”等概念，被认为是关于区域创新研究的开创性工作。目前一般认为创新环境是指有利于创新的区域条件，是区域内一组有利于创新的、实物与非实物因素的集合，是指区域已有的能力和发挥创新网络的潜力，大体可分为包括物质技术设施和信息基础设施在内的基础设施环境，包括制度、历史传统、社会氛围、经营文化在内的制度环境以及包括人力资本、资金、技术在内的资源环境三个方面[1]，并可以用区域环境因素体系，如科技环境因素、金融环境因素、教育和人才环境因素、政策和法律环境因素、市场环境因素等予以具体表征。

区域创新网络是区域内政府、企业、R&D机构、金融机构、协会、个人等为实现互动学习和创新活动并在互动学习和创新过程中形成的正式与非正式的关系的总和。创新网络可以有效降低创新活动中的技术和市场不确定性，克服单个企业在从事复杂技术系统创新能力局限，实现低成本创新和差异化竞争的目标，从而使其成员赢得正和博弈带来的收益增长。创新环境是技术创新的约束条件，创新网络在本质上就是为了创新要素的融合和集成，二者之间存在互动正反馈机制[2]。近年来区域发展的实践表明，能够长期发展的区域是那些能够吸引创新性企业和高技术产业进入的区域，而区域吸引力在于其创新环境的质量。创新环境更是企业空间集聚的条件：创新环境的质量越好，对企业的吸引力越大，企业就越乐于在此布局，从而形成一定规模的空间集聚，而当集聚效益为正的时候，就会在路径依赖

的作用下，空间集聚的质量和规模都不断提高和扩大，形成高技术产业集群和创新集群[3]。

二、构成高技术企业集聚最优空间（区域）的几个基本要素

（1）科技进步快且科技对经济社会发展贡献率高的区域。从区域科技创新要素投入水平、区域政府对区域创新环境的改善作为、区域科技创新效能和效率体现出的产业结构水平、经济增长潜力和经济发展方式以及区域社会进步程度综合反映出的区域创新环境的质量判断区域的优劣。

（2）有可利用的资源和通达性便利的空间。具有科技和产业资源集中的区域，特别是科技资源相对集中的区域，这里所说的资源，既包括实物，也包括知识、技术和信息等无形的资源。同时，该空间范围不仅各种交通方式的可达性要好，而且更要具有便利性；地域范围内还要有其他基础设施条件，如通信等；此外，基础设施还包括知识、技术转移的支撑，如科技公共服务平台建设情况，科技服务业发展的水平等。

（3）具备产生交互效应条件的地域空间。根据技术转移的空间经济性和知识外溢的空间衰减规律，一个由高校和科研院所构成的知识系统与其紧邻的或附近的高技术产业体系之间方可形成有规模的交互性效应；更进一步来说，有效率的交互领域是知识系统与高技术产业系统科技资源丰裕和研发有优势的、技术可相互融合的领域。对区域科技资源丰裕度高的高技术研发优势学科专业与区域高技术产业优势领域和成长性、产业创新率高的高技术产业部门进行关联性分析，根据相关性的高低，可以做出高技术产业不同行业进入某区域空间的适宜性判断。

（4）R&D资源配置密集和技术链相对完备的空间（区域）。基于对高技术企业柔性专业化和技术创新发展战略行为驱动结网的认识，根据高校、科研院所、企业知识流动性渐次减弱的规律性，在R&D资源配置密集和技术链相对完备的空间（区域），一旦出现技术的竞争性市场，这类地域空间对于潜在形成高技术企业集聚处在优势地位。

（5）具有获取技术劳动力和土地等要素价格优势的地区空间。能获取技术劳动力和土地等要素相对价格低的地域空间，为高技术企业集聚和高技术产业集群的地域扩展创造了潜在的发展空间。

第二节　研发与产业载体空间集聚的正反馈互动机制

高技术产业集群创新网络属于确定性非线性系统，混沌是确定性系统的内在随机性，是一种貌似无序实则更为有序的非周期性行为。混沌理论的研究表明，只

要确定性系统中有非线性因素作用,系统就会在一定的控制参数范围内产生一种内在的随机性,即确定性混沌。系统的长期行为对初始条件的敏感依赖性是混沌运动的本质特征,处于混沌状态的系统,运动轨道将敏感的依赖于初始条件[4]。高技术企业集聚的初始状态非常重要,特别是最初形成的集聚体,它所具有的聚集和自组织功能大小和强弱,将调控高技术产业集群创新网络的演化方向。

企业追求生产、交易效率的持续提升和运用持续技术创新进行差异化竞争与努力垄断产品价格的动机促使企业实施地域性结网的战略行为,已有的研究成果也表明,企业获取技术的需求是企业进入高技术产业集群(高科技园区)发展的主要动机[5]。所以,高技术企业集聚的集聚体及其所在区域知识溢出的水平,决定诱导高技术企业进入集聚体及其所在区域的概率大小和成功率;而产学研合作研发的成功率和产业主体进入规模的扩大,各创新主体的知识流动性的增强、技术创新能力的提升,会进一步刺激研发规模的扩大,从而形成研发网络与产业网络之间互动的正反馈机制,如图 8-1 所示[6,7]。

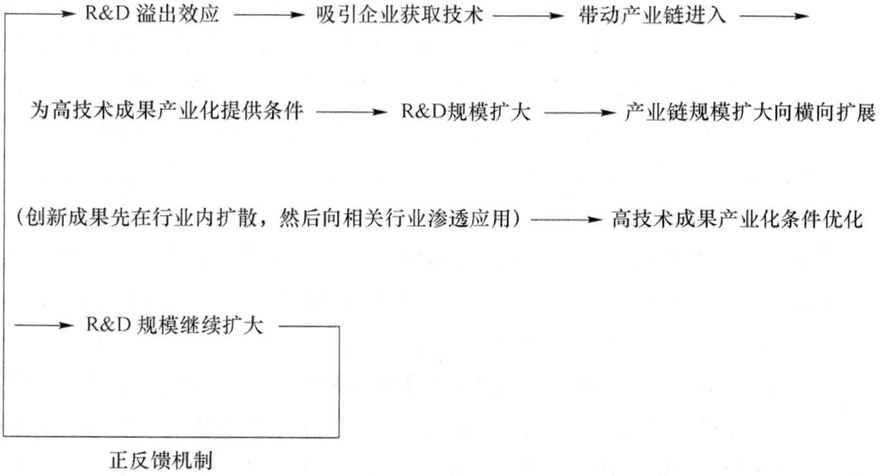

图 8-1 互动正反馈机制形成原理

第三节 正反馈互动机制利用:产业集群化规划案例(Ⅰ)

一、南京军民两用科技示范园建设背景和基础

2006 年 4 月中国颁布《国防科技工业中长期科学和技术发展规划纲要(2006—2020)》,按照“强化基础、提高能力、军民结合、跨越发展”的战略,始终坚持

自主创新战略基点不动摇，确定了未来十五年的科技发展总目标，可以概括为“三个增强”“两个满足”。也就是自主创新能力显著增强，保障国家安全和促进经济社会发展能力显著增强，国防科技综合实力显著增强；满足现代武器装备自主研制和信息化建设的需要，满足军民结合高技术产业国际竞争的需要，建成创新型国防科技工业。为此，原国防科工委充分调动全行业的优势资源，将大量军民两用技术及成果辐射应用到区域经济的各领域中。在军民科技合作中成功创造了三种模式，即：①平台支撑型。“政府搭台、企业唱戏”，以促进推广交流和加速实现产业化为重点，搭建多种形式的成果展示交易、信息沟通共享平台。②产学研联合型。国防科技工业和区域的企业、高校、研究院所间，按照共同投资、成果共享、风险共担的原则，建立多种形式的产学研联盟，共同承担国家和区域重大军民两用技术研究，促进军民用技术的相互转移转化。③产业带动型。军工集团公司通过与地方政府开展科技合作，整合集团的科技和产业资源，结合区域经济发展重点，建设军民两用高科技园区或军民结合产业基地，形成了军民互动的良好局面。

南京是江苏省的重点军工城市，部属军工单位众多，军工科技和产业资源禀赋丰裕。据初步统计，国防科工委和中国人民解放军总参谋部、总装备部和总后勤部所属在宁科研院所 20 多家，企业 30 多家。民口配套军品生产、原市属改制企业 40 多家，纯民营从事与军品相关的零部件生产企业 20 余家，从大军工的视角统计，合计约 100 多家军工企事业单位。拥有 590 亿元的总资产，5 万多人的职工队伍，科技人员达 1.8 万人。

南京军民两用科技的综合实力在全国同类城市中名列前茅。南京市白下区坐拥南京理工大学、南京航空航天大学、中国人民解放军工程兵学院、中国人民解放军理工大学等多所国防高校；南京电子设备研究所（8511 所）、中国电子科技集团第 28 所、55 所、江苏省冶金研究所等数家国防科研院所及金城集团等大型军工企业，成为在宁国防科工委系统的高校、研究所和大型企业最为集中区域，是南京市军民两用科技产业资源的极核。2007 年 9 月南京市政府决定在白下区选址建设“南京军民两用科技示范园”。该园区以“三园”（即白下高新技术产业园区、金城航空科技园、光华东街创意产业园）为孵化产业化基地，力争 5 年内建成一座功能齐全的军工民品科技城。

在宁国防科工委系统科研院所中（如南京航空航天大学、中国电子科技集团第 28 所、55 所等院所）都有较大量的军民两用技术项目可转化，并且也都有较好的市场空间。如南京航空航天大学为建设大学科技园储备了较多的近期可转化的项目，涉及新材料、环保、电子、汽车等行业项目 30 余项；中国电子科技集团第 28 所的机场管理系统、应急指挥系统、信息管理系统、电子政务系统等项目都有较大的市场，2006 年全所实现了 13.2 亿的产值，民品约占四成，2007 年提出了军民各半的产值目标；中国电子科技集团第 55 所的微电子、大功率器件、模块电路、小屏平板显示、特种真空电子等项目也取得了较好的市场业绩，2006 年全所完成了 8.6 亿收入(民品占五成左右)，2007 年提出了民品占六成的目标。由此可见，各军工院所、企业经过多年军品研发的积累，都储备了较大量的可转民用的技术、产品、项目。南京重点发展的四大支柱产业都涉及军工民用产业的主要领域，特别是在军工电子、航空及航空机载设备领域具有独特的比较优势。将南京建设成为国内最大的军民结合型电子工业基地和全国重要的军民结合型先进装备制造业基地，有着坚实的基础。

二、南京军工科技与产业资源空间分布特点

南京军工科技产业资源空间分布基本上形成沿南北方向 45 度线呈东西两大版块布局的空间结构，即栖霞、玄武、白下、秦淮、江宁为东版块，下关、鼓楼、建邺、雨花、浦口为西版块。东版块集中了 39 家企事业单位，共计 2 万多名职工，7 000 多名科技人员，2 所国家重点军工高校：南京理工大学和南京航空航天大学；优势科技产业资源集中在两方面：一是以中电集团 28 所、55 所、熊猫集团等为核心载体的电子及通信产业，特色突出显示在集成电路、电子器件和平板显示技术等领域；二是以金城集团、宏光空降、工艺装备、5311 所和 8511 所等为核心载体的光机电及装备制造业，特色突出显示在航空航天机械制造业和汽车制造业领域。西版块集中了 31 家企事业单位，共计 2 万多名职工，5 600 多名科技人员，2 所国家重点高校：南京大学和东南大学；优势科技产业资源也集中在两方面：一是以中电集团 14 所、长江电子信息产业集团、普天通讯、三乐电子信息产业集团等为核心载体的电子及通信产业；二是以汽轮电机、高精齿轮、中船绿洲、宏图高科等为核心载体的，特色突出显示在军工民用光机电气装备制造业，如风力发电和电力设备制造。由此天然构成了南京东西布局各具鲜明产业特色的军工科技与产业资源长廊。

三、南京高技术和新兴产业及其产业链的空间分布特征

(一) 南京打造十大产业链总体思路

为构筑南京市产业新基础，建成长三角先进制造业中心，实现“开拓新兴产业新领域，构筑支柱产业新优势，推进传统产业新突破”的总体要求，“十一五”期间南京以产业链建设为抓手，重点打造平板显示、集成电路、通信、光伏、石化、汽车、钢铁、风力发电设备、轨道交通设备以及电力设备十大产业链。

开拓新兴产业新领域。重点培育先导型新兴产业，以光电产业为突破口，强化引进消化吸收再创新，加强平板显示和光伏两大产业链建设。平板显示产业链：做强模组，向上延伸面板及上游材料、器件，向下打造终端优势；光伏产业链：立足电池片，拓展电池组件，引进多晶硅制造。

构筑支柱产业新优势。加快电子信息、石油化工、汽车、钢铁四大支柱产业的结构调整步伐，增强自主创新能力，进一步构筑综合竞争新优势。突出发展通信、集成电路、石化、汽车及关键零部件、钢铁等五大产业链。通信产业链：打造研发基地，夯实移动通信基础，开拓卫星通信空间，发展 IPv6 网络。集成电路产业链：以设计为基础，突破芯片制造瓶颈，强化封装配套能力，提升核心竞争力。石化产业链：壮大乙烯规模，做强中间产品，拉长产业链路，提高精细化率。汽车产业链：增强自主创新，打造整车品牌，加速零部件集聚，融入国际体系。钢铁产业链：做强炼钢基础，做精连铸热轧，延伸拓展冷扎，发展精品钢。

推进传统产业新突破。加快传统产业的改造升级，实现新突破，其中装备工业加快风力发电装备、轨道交通、电力设备三大产业链建设。风力发电装备产业链：发挥传动优势，整合电机和控制系统生产，引进桨叶制造，拓展设计、总装。轨道交通产业链：做大车辆制造业，突破电气总成，实现组团配套。电力设备产业链：强化研发平台建设，做强设备制造，拓展设计领域。

（二）南京主要高技术和新兴产业的产业链核心载体的空间分布

① 平板显示产业链

平板显示产业链：做强模组，向上延伸面板及上游材料、器件，向下打造终端优势。针对南京的发展目标是强化中间，延伸两头，完善产业链。主要依托南京经济技术开发区（栖霞区）为载体进行建设。其他主要载体有熊猫集团（玄武区）300 万台 LCD 彩电项目建设；SM-PDP 显示器，依托东南大学（鼓楼区）阴罩式 PDP 技术；LED 产业，在产业链上游、中游重点推进 55 所（白下区）外延片生长、芯片制备项目和南京高新区（浦口区）LED 芯片及 SMT 封装项目；在产业链下游，重点是南京汉德森科技股份有限公司（浦口区）自动化封装设备项目。

② 集成电路产业链

集成电路产业链：以设计为基础，突破芯片制造，强化封装配套，提升核心竞争力。针对南京的发展目标是设计突破、芯片带动、封装突出。主要依托江宁经济技术开发区（江宁区）和南京高新区（浦口区）为载体进行建设。其他主要载体，目前南京市从事集成电路设计的企业有 20 多家，大多集中在玄武区。其中已经形成规模、年产值 5 000 万元以上的企业有 2 家，年产值 1 000 万元以上的有 5 家。知名集成电路设计企业中星微电子 2007 年已入驻徐庄（栖霞区）。南京集成电路设计产业园 2007 年 10 月落户徐庄软件产业基地，预计在 2010 年将有 30 至 50 家产业化前景良好的集成电路设计业入驻。

③ 光伏产业链

光伏产业链：多晶硅、硅切片制造→电池片→电池组件封装。针对南京的发展目标是龙头拉动、两端延伸、发展组件、产业集聚。全力打造行业龙头企业，力求突破多晶硅及硅切片上游产业，适时发展电池组件封装产业化，加快应用领域配套建设。江宁区重点发展光伏电池及应用产业，南京化学工业园（六合区）重点发展多晶硅原料产业。在产业中游，以做大做强南京中电光伏公司为核心，形成年产60兆瓦光伏电池的生产能力。

④ 通信产业链

通信产业链：打造研发基地，夯实移动基础，开拓卫通空间，发展IPv6网络通信，研发无线传感网络。移动通信重点建设熊猫集团通信产业园（江宁区），相关研发产业化有：江苏东大通信技术有限公司（江宁区）研发TD-SCDMA手机核心芯片；同创集团（跨地区）依托南京理工大学（玄武区）“微波毫米波组件关键技术研究与应用”科技成果，推进数字毫米波技术产业化；十四所（鼓楼区）发展GSM基站天线、部分射频模块、3GTD-CDMA智能天线等产品；在江宁（江宁区）建设南京东大宽带通信公司（鼓楼区）3G基站（BTS）射频子系统及网络优化设备产业化生产基地。

卫星通信方面：熊猫集团重点发展卫星电视直播技术及产品；十四所“村村通”电话用经济型VSAT地球站；建设同创卫星通信科技产业园：组建“VSAT卫星通信产业联盟”，推进卫星通信系列产品，成为中国最具影响力的卫星应急通信服务提供商和运营商；江苏紫金电子集团有限公司与解放军信息工程大学合作（白下区），建设“国家数字交换系统工程技术研究中心（NDSC）”南京分中心；紫金集团发展接入层多业务传送平台（MSTP）、光纤到户（FTTH）等产品；南京普天（秦淮区）发展视频会议系统等。

⑤ 风力发电装备产业链

风力发电装备产业链：发挥传动优势，整合电机、控制，引进桨叶制造，拓展设计、总装。针对南京的发展目标是依托基础，整合优势，强化成套，打造基地。主要载体有：南京高精股份（下关区）发展传动系统；南京汽轮电机集团（下关区）发展电机；南瑞集团（江宁区）发展控制系统；中材科技（雨花区）推进桨叶建设。

⑥ 轨道交通产业链

轨道交通产业链：做大车辆制造，突破电气总成，实现组团配套。针对南京的发展目标是依托龙头发挥优势，强化产业组合成套，加快南京高新区（浦口区）城轨产业基地建设。其他主要载体有：车辆，南京浦镇车辆厂；电气总成，南京华士电子科技有限公司；高档车门系统，南京康尼机电新技术有限公司；信号系统，十四所；地铁自动售检票系统，熊猫集团；轨道线路供电系统，国电南瑞科技股份公司、国电南京自动化股份有限公司；通信系统，南京普天通信股份有限公司；空调系统，天加空调设备有限公司；消防系统，南京消防器材股份有限公司（浦口区、高新区、江宁区）。

⑦ 电力设备产业链

电力设备产业链：强化研发平台建设，做强二次设备优势，拓展设计、成套领域。依托江宁开发区建设电力设备生产基地和研发中心。其他主要载体涉及加快推进南瑞继保(江宁区)研发中心、大陆科技电站(江宁区)在线监测装置、国电南自(江宁区)试验中心等产业链项目,鼓励金智科技(江宁区)扩大具有自主知识产权的嵌入式电力自动化系统产品市场份额,重点建设嵌入式软件平台及产业化项目。

基于上述分析,从7条产业链主要载体的空间分布特征看,尽管各条产业链主要载体在军工科技资源形成的东西二版块都有分布,但从相对集中分布的角度:平板显示产业链、集成电路产业链、电力设备产业链主要分布在东版块;而风力发电设备产业链、轨道交通产业链主要分布在西版块;通信产业链在东西版块分别分布的比较均衡。就现有工业园区为依托布局上述产业链主要是栖霞、江宁和浦口;在城区东西二版块就7条产业链分别形成以玄武和白下为核心居东、以下关和鼓楼为核心居西的两个与7条产业链相关科技和产业资源高地。

(三)南京军民结合产业基地布局模式

鉴于南京市军工科技与产业资源优势领域和空间分布特征,根据南京主要高技术和新兴产业产业链空间分布的特点,根据高技术企业集聚与高技术企业创新能力提升的互动机制原理,南京市军民结合产业基地应采取按业已形成的东西两个军工科技产业资源丰裕的长廊进行规划,与东西长廊业已形成的相对集中的平板显示、集成电路、电力设备和风力发电设备、轨道交通等产业的各自特色相协同,军民结合产业依南北方向按东西两个长廊分别配置纵向产业链,并构成南北纵向产业链在东西方向上横向产业链之间相互呼应的格局,以此形成与南京轴向组团式城建模式相契合的军民结合产业基地布局模式。

(四)产业集群化发展军民结合产业基地的路径

按照南京军民结合产业布局模式,并将其建设成为具有持续产业创新能力的军民结合产业基地,关键在于军民结合产业基地(集群)创新网络的建构,也可以说关键是军民结合产业基地(集群)创新群落的建构,或如何促进其生成和发展。根据前述理论分析、大量实证研究学术成果以及技术链、产业链和价值链的互动原理,产业集群化发展南京军民结合产业基地的可能路径。

1. 基于产业链完备的市场驱动型虚拟基地建构路径

在现有军工科技和产业资源分布集中的东西长廊,根据业已形成的产业特色构建路径。

东版块

军工优势科技产业资源集中在两方面:一是以中电集团28所、55所、熊猫集团等为核心载体的电子及通信产业,特色突出显示在集成电路、电子器件和平板显示技术等领域;二是以金城集团、宏光空降、工艺装备、5311所和8511所等为核心载体的光机电及装备制造业,特色突出显示在航空航天机械制造业和汽车制造业领域。南京市政府打造的7条产业链中:平板显示产业链、集成电路产业链、电力设备产业链主要分布在东版块。

西版块

军工优势科技产业资源也集中在两方面：一是以中电集团 14 所、长江电子信息产业集团、普天通讯、三乐电子信息产业集团等为核心载体的电子及通信产业；二是以汽轮电机、高精齿轮、中船绿洲、宏图高科等为核心载体的，特色突出显示在新兴光机电气装备制造业，如风力发电和电力设备制造。南京市政府打造的 7 条产业链中的风力发电设备产业链、轨道交通产业链主要分布在西版块。

在东西版块上述产业主要载体集中的区域，首先以纵向产业链的邻近配置为原则，加大同一产业和相关产业、主导产业和配套产业载体的进驻与发展建设，形成在一定的地域空间范围内特定军民结合产业纵横产业链的密集布局。然后，在东西长廊最接近产业链布局地域空间的高校与科研院所集中地区，与产业链布局地域空间相连接的地域空间有序的布局相关研发载体及公共机构与科技服务业载体建设。选址原则是研发载体邻近高校与科研院所布局；公共机构与科技服务业载体邻近产业链布局，形成沿东西长廊南北向军民结合产业基地按创新链有序延展的空间经济结构。

2. 基于技术链完备的技术推动型虚拟基地建构路径

在现有军工科技和产业资源分布集中的东西长廊，根据业已形成的军工科技资源禀赋领域，如东版块的南京理工大学、南京航空航天大学、中电集团 28 所、55 所等；西版块的南京大学、东南大学、中电集团 14 所等构建路径。在其高校和科研院所和主要研发载体集中的地区，依据东西版块上述产业特色，按技术链完备性原则优先密集布局从基础研究到工程实验的研发载体建设，形成具有高知识溢出效应的科技研发高地。然后在东西长廊沿与上述特色产业主要载体集中地区相连接的地域空间，按照完善产业链和创新链的原则，有序布局同一产业和相关产业、主导产业和配套产业载体，以及公共机构与科技服务业载体建设，形成沿东西长廊南北向军民结合产业基地按创新链有序延展的空间经济结构。

3. 基于技术链与产业链互动效应的现实空间基地混合建构路径

在现有军工科技和产业资源分布集中的东西长廊，选择军工科技资源集中的高校、科研院所及相关研发载体集中地区与上述特色产业主要载体集中的地区中相互交叉的地域，划出专属的军民结合产业基地地域空间范围，如在东西长廊中，分别应在东版块的玄武、白下和栖霞区；西版块的下关和鼓楼区，划出专属的军民结合产业基地地域空间，同时在基地现实物理空间交替、渐次的密集配置研发载体和产业载体，研发网络与产业网络有效互动后，即可按市场需求和规模要求布局公共机构和科技服务业载体。密集配置的原则是，在基地现实物理空间相对完善技术链、产业链和创新链相关载体的布局；交替渐次配置的原则是优先研发载体，其次产业载体，最后是创新链上的服务性载体，旨在形成研发网络和产业网络互动的正反馈机制，并逐步增强。成功的关键在于，建构初期的由研发、产业和公共机构载体与基础设施等构成的集聚体要具有吸收资源和衍生企业的功能。

基于技术链与产业链互动效应的实空间基地混合建构路径，也可直接在高校集中的地域边上，划出专属的军民结合产业基地。这样操作的关键在于，在基地建设初期，进驻基地的有限数量的产业主体要具备满足规模生产要求的开拓外部市场的能力。目前建设中的南京军民两用科技示范园及进驻其中的类似莱斯公司那样的产业载体就是典型例子。

第四节　正反馈互动机制利用：产业集群化规划案例（Ⅱ）

（注：南京理工大学国家大学科技园中长期发展规划（2011—2020 年）由笔者主持制定，较完整地体现了本著作的学术思想，仅删除“国家大学科技园建设政策体系完善和保障措施”内容，其余全部保留。）

前　言

当今世界，知识和技术的更新速度日益加快，科技成果商品化、产业化的周期大大缩短，科技创新将成为未来经济和社会发展的主导力量，智力资源将是推动社会生产力发展最重要的要素资源，各国综合国力的竞争，将更加突出地表现为知识创新、技术创新和高新技术产业化的竞争。随着产业集群的培育和发展成为我国区域经济发展和获取竞争优势的主导模式之一，建设各种工业、经济园区以及各种科技和高技术产业园区等也已成为地区政府推进产业集聚，建构产业集群的基本手段。

我国高等学校凝聚了大量高层次人才，是我国科技事业的重要力量。随着科技、教育体制改革的深化和知识经济的发展，高等学校在我国研究开发体系中的地位与作用越来越重要。以国家科学技术最高奖项为例，国家自然科学奖是面向基础研究和应用基础研究领域的奖项，获奖项目必须满足三个条件：一是前人尚未发明或者尚未阐明；二是具有重大科学价值；三是得到国内外自然科学界公认。在 2009 年度的颁奖中，高校获得国家自然科学奖二等奖 16 项，占授奖总数的 57.1%；高校获得国家技术发明奖通用项目为 31 项，占通用项目总数的 79.5%。国家科技进步奖是高校获国家级重大科技奖励中数量最多的重要奖项，2009 年度，高校获得国家科技进步奖通用项目 151 项，占通用项目总数的 68%。上述成果充分反映了高校的高水平研究成果站在国家层面，适应国际前沿，满足国家战略和社会发展的需要。高校正在成为我国科技创新特别是自主科技创新的重要力量，科技创新是经济持久繁荣的不竭动力。

但是，由于受思想观念和客观环境的制约，蕴藏在高等学校中的智力优势远未得到充分发挥，成果转化渠道不畅，产业化发展未取得应有的效果。依托高校学科齐全、人才荟萃、成果累累、信息通畅的优势兴办国家大学科技园，为科技人才创新创业提供平台，促进高等学校丰富的智力资源与其他社会资源的优化组合，是为国内外实践证明了的推动高新技术成果转化的有效途径。

国家大学科技园建设，不仅大大激发了高校科技力量投身发展高科技、实现产业化大业的积极性，为转化科技成果、发展高新技术产业、促进经济结构调整和持续健康发展增添了新的活力，而且也为深化高等学校科技、教育体制改革，培养适应新经济发展要求的复合型人才提供了新鲜的实践经验。因此，积极创造条件大力兴办大学科技园，把蕴藏在高等学校中的智力资源激活、解放出来，变人才和技术优势为产业和经济优势，对于加速我国高新技术产业发展，培育新的经济生长点，提高综合国力和国际竞争力，具有重要战略意义。

中共中央“十七届五中全会”提出，“十二五”期间加快转变经济发展方式，是我国经济社会领域的一场深刻变革，必须贯穿经济社会发展全过程和各领域，坚持把经济结构战略性调整作为加快转变经济发展方式的主攻方向，坚持把科技进步和创新作为加快转变经济发展方式的重要支撑，推动我国经济发展尽快走上创新驱动、内生增长的轨道。为国家大学科技园建设注入新的活力。

南京理工大学国家大学科技园在市委市政府、南京市科技局、白下区政府的领导下，各相关部门和企事业单位经过多年不懈努力，团结拼搏，勇于探索和求实创新，各项建设事业都取得长足的发展；多方建设主体对园区特色定位已达成共识，园区管理体制和运作主体业已形成，支撑园区可持续发展的各功能体系建构的思路正逐步清晰起来。为了抢抓机遇、科学发展、创新发展和争先发展，南京理工大学国家大学科技园根据多年来建设发展的实践过程，需要认真总结经验。特别是随着新的载体建设逐步到位，基于快速可持续性发展的指导思想，需要进一步理清园区发展思路、各功能系统及其内在结构、发展目标体系、主要任务和建设重点，为“十二五”的稳步、快速、可持续发展，提供系统性的指导和规范。

为贯彻落实《国家中长期科学和技术发展规划纲要(2006—2020 年)》《国家中长期教育改革和发展规划纲要(2010—2020 年)》以及《国家中长期人才发展规划纲要(2010—2020 年)》精神，进一步推动我校国家大学科技园持续健康发展，总结国家大学科技园建设以来的做法和经验，分析当前国家大学科技园面临的新形势和新任务，研究部署“十二五”国家大学科技园工作，依据《国家大学科技园认定和管理办法》(国科发高字[2006]487 号)、《国家大学科技园评价指导意见》(国科办高[2010]69 号)、《南京理工大学“十二五”发展规划》和江苏省、南京市、白下区相关规划及其所确定的有关任务，制定本规划。

一、发展现状

(一)基本情况

南京理工大学国家大学科技园(以下简称科技园)由南京市白下区人民政府和南京理工大学共同发起创建。2001 年 4 月经南京市人民政府科学技术委员会批准成立,科技园位于南京市主城区东南方,毗邻南京理工大学。科技园按功能划分为创新园、产业园、服务园,并与南京理工大学校园构成独特的“四园合一”的有机整体。通过前期的创建,科技园于 2003 年 9 月被国家科技部、教育部正式批复为“国家大学科技园”;同年 6 月,被国家知识产权局批准为“国家专利产业化试点基地”,成为首家以国家大学科技园这一新型载体实践“国家专利产业化工程”的试点基地,也是国内唯一的一个园区挂两块“国家级”牌子的大学科技园。

园区首期开发 2.1 平方千米,由创新园(高新技术研发孵化区)、创业园(先进制造业、现代服务业、总部经济集聚区)、服务园(总部经济及综合服务区)等组成,是科技创新、人才培养、高新技术成果转化和总部经济的理想之地。

创新园占地一万平方米,与南京理工大学校园相连,规划建设 20 万平方米的研发孵化楼宇,建成的一座 1.1 万平方米的研发孵化大楼已投入使用,有三座总面积达 8 万平方米的研发孵化楼宇正在建设中,项目建成将为海内外创新创业人才提供一流的办公研发、孵化场所。目前,南京理工大学部分重点实验室、工程研究中心、信息中心等研发载体已入园开展研发孵化。

服务园占地一万平方米,规划建设 12 万平方米的现代化综合服务楼宇。德兰大厦已建成并交付使用,星展大厦、必得大厦等楼宇将于 2011 年全部建成。项目建成后,直接为园区高新技术企业提供完善的金融、信息、商务资讯、投资咨询、中介代理、人才培训等综合服务。

创业园占地 190 万平方米,规划建设 250 万平方米的楼宇。以打造高科技品牌园区为发展理念,以高起点规划、高标准建设为指导原则,以集数字化、人文化于一体的生态环保型高科技园区为标准,充分利用背倚紫金山,东临青龙山和园区内的三条生态水系,规划建设上充分保持了原有山、水、林相互衬托的风貌,形成独特的生态环境;并充分体现以人为本理念,突出体现高科技特色、功能完备特色。创业园 1 号地块项目总用地面积约 26.6 万平方米,规划用地 10.6 万平方米,建筑面积 5.5 万平方米。其中,一期 3.1 万平方米的五幢标准厂房已建成并投入使用,每幢厂房为三层框架结构,总建筑高度 16 米,用于光机电一体化领域的高端技术研发、孵化、规模化生产。

截至“十一五”末园区累计入驻科技型企业 331 家,其中在孵企业 313 家,毕业企业 18 家,产业主要涉及光电与电子信息、机电一体化与先进制造、新材料技术、生物工程、航空航天等领域。331 家企业中,注册资本超亿元的企业 4 家,1 000 万元以上的企业 29 家;产值超亿元的企业 1 家,产值达 1 000 万元以上的规模企业 15 家;13 家企业被认定为省、市高新技术企业。园区企业实现技工贸总收入达 50 多亿元,上缴税收 2.5 亿元,安置就业人数超过 1.2 万人。园区依托南京理工大学申请各类专利 500 多项,其中已经授权的有 483 项;申请软件著作权 100 多项,转化高校及其他各类科技成果 200 多项,承担各级各类科技立项 41 项,获政府部门 3 200万元科技立项经费支持,科技活动经费总额达 2 亿元,先后有 5 000 余名高校师生在园区创新创业和社会实践,有力地促进了地方经济发展。目前,园区建立了完善的服务体系,并通过了 ISO 9001 国际质量管理体系认证和 ISO 14000 环境管理体系认证。

(二) 比较优势

在原规划指导思想和建设原则指导下,经过多年的建设与发展,科技园显示出自在的特色优势。

1. 区位优势和生态环境优越

园区位于主城区东南部,地处紫金山与青龙山构成的生态走廊内,被运粮河、永丰河水系环抱,自然景色宜人,地理位置得天独厚。毗邻绕城公路,距城市中心——新街口仅 8 千米。内外交通极为便利,从园区到绕城公路、宁杭高速、沪宁高速均不超过 3 分钟车程。

2. 立体交通、出行便捷优势凸显

园区经紧邻的绕城公路可在 15～20 分钟内直达长江二桥(新生圩码头)、三桥、南京禄口国际机场,园区是目前南京市内外交通最为便利的国家大学科技园和省级开发区。随着周边纬六路、纬七路的贯通,物流中心、火车南站以及绕城公路快速化改造等项目的陆续建成,将进一步提升了园区周边的交通能力,便于园区人流、物流、信息流集散和产品口岸通关。

3. 物理空间功能规划布局合理

园区按功能划分为创新园、产业园、服务园,并与南京理工大学校园构成独特的“四园合一”的有机整体,沿创新链功能物理空间配置完备。园区坚定不移地走精品路线,按照“总部加研发,特色鲜明、建筑风格独特、人文生态环境优美”的标准,不断提升园区的品质和内涵。

4. 资产关系清晰、运营管理模式先进

科技园提出了“依托大学、政府支持、市场化运作、企业化管理”管理思路,凡属于园区范围的南京市白下区政府和南京理工大学的资产交由科技园股份公司托管,区政府和高校通过董事会的方式明晰科技园股份公司的运行机制,在政策、资源、人力配置等方面予以支持,科技园股份公司按照现代企业制度进行规范化运营与管理,确立了国家大学科技园独立运作、自主经营的工作原则和制度,如图 8-2 所示。

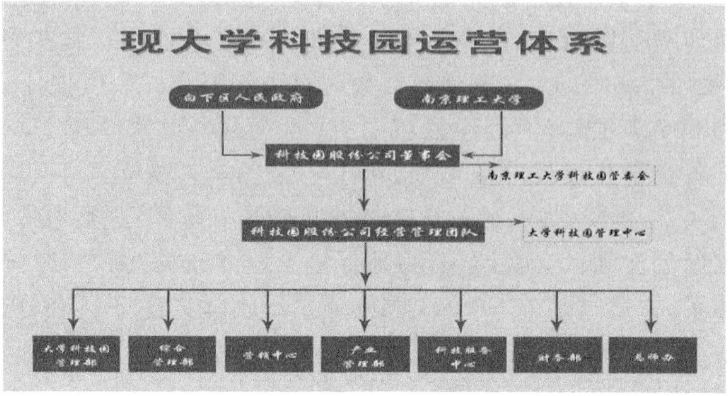

图 8-2　大学科技园运营体系图

5. 彰显园区潜能的品牌优势突出

园区自成立以来先后被批准为“国家专利产业化试点基地”“国家大学科技园”“江苏省重点小企业创业基地”“南京白下高新技术产业园区”“省级现代服务业(科技)集聚区”“南京军民两用科技示范园”“美国硅谷(南京)创新创业基地”“中国留学人员创业协会(美国)南京创新基地”。园区拥有两个国家级、三个省级等众多品牌,不但为园区一区多园多基地的发展提供了空间和政策支撑,而且为未来的快速发展奠定了坚实的基础。

6. 园区周边科教资源和实力雄厚

园区周边聚集着南京理工大学、南京航空航天大学、解放军理工大学、南京农业大学和 8511 所、55 所、28 所等一批国家重点高校和科研机构及 6 万余名高科技人才,在科研、技术、专利、实验、检测、人才等方面对园区形成了强力的支撑,特别是与南京理工大学一墙之隔的特殊地理位置,为园区发展提供了得天独厚的条件。

7. 构建政策环境、促进要素集聚

南京理工大学和白下区政府,相继出台了鼓励师生到园区创新创业、大学图书馆及实验设备与园区资源共享、促进科技成果入园转化、入园企业“一站式”服务、科技型公司管理和入园高新技术企业税收减免等一系列政策,初步建立起有利于科技园发展的政策环境,加速了科技和产业要素向园区的集聚。

8. 区域内现代服务业发达

白下区以商务服务业著称,与南京其他城区相比,现代服务业门类齐全,包括工程技术与规划管理、咨询与调查服务、法律企业服务和管理服务等。企业数量多,并且拥有数个规模大、辐射力强的企业。洪武南路集中了多家中资银行的地区分行总部,形成了南京独有的金融一条街,中山南路也集中了中国银行等数家银行,成为南京金融保险机构数量最多的地区,为园区高科技产业发展提供了完善的服务保障。

9. 逐步健全服务平台的建设

构筑了以园区为主导、以企业为主体、以促进企业创新发展为目标、以综合服务为依托的服务体系，全方位地为企业发展提供支持。在融资方面，针对企业发展存在的资金瓶颈制约问题，成立了贷款担保公司、小额贷款公司（正在审批中），同时积极筹划成立风险投资基金，为园区企业发展提供金融支持。在科技与人力资源方面，针对科技型企业技术创新和高端人才需求，园区正着手筹建科技与人力资源平台，将南京和科研院所的技术与专家资源进行整合，力求实现与企业"无缝"对接。在提供社会化综合服务方面，引进律师事务所、会计事务所、专利申请、海关报关等中介服务机构，为企业的发展需要提供便利、快捷、优质、高效的服务。

（三）存在的主要问题

1. 应对环境、发挥优势，园区功能尚需再定位

科技园处于创业和发展时期，一些项目建设工作刚开始启动，一些项目建设尚待完善，园区的功能和作用尚未充分释放和发挥出来。随着区域内各国家大学科技园特色优势之间竞争的展开；随着南京市城市建设空间布局的要求；随着区域内产业环境的变化和发展战略性新兴产业的目标要求；也随着我校教育和科技体制机制的改革不断深化和"十二五"期间学校建设发展的需要，科技园如何依托我校国防军工背景、优势学科、雄厚的科研实力、丰富的科技成果和人才资源，整合一切可以利用的社会资源，实现国家科技部和教育部建设国家大学科技园的目标和任务，科技园需要在新的形势和环境面前，结合自身的条件和实际情况，对园区功能进行重新定位。

2. 秉承可持续理念，园区研发和产业体系待协同

科技园自建设以来，形成了一大批研发和产业载体的集聚，但总体上看，科技创新能力不够突出。主要表现在两个方面：一方面是科技创新型企业缺乏，另一方面表现在产业内部创新网络不够完善，缺乏创新文化基础。白下区作为中心城区，区内高校和科研院所丰富，但科研成果的转化能力和技术中介性服务却并不发达，这一方面反映了园区企业对科研成果或者科研服务的吸收和接受能力低；另一方面也反映了研发者本身对成果转化的能力低。这种转化能力弱本质上反映了园区创新系统创新能力较弱，这在很大程度上影响了区域产业结构的高级化。为此，特别在创新园和创业园各孵化大楼和厂房建成启用前，规划好未来发展的研发和产业体系，实现两者的协同创新，发展创新型经济，园区的可持续发展才能得以保障。

3. 做实做强、引导集聚，政策体系要完善

在科技园建设过程中，政府部门在企业税收返还、科技立项等方面的优惠政策支持力度不够，国家大学科技园尚不及国家级产业园区应有的优惠政策，难以吸引并集聚高校师生和高新技术企业到科技园创新创业。政策问题还暴露在一方面国家征地拆迁政策进行重大调整，另一方面针对科技园的相关配套政策还没有完全到位,增加了土地开发的成本,影响了开发主体的投资决心和园区对重大项目的吸引力;园区虽然取得两块国家级牌子,但国家、省、市还没有针对大学科技园制定专门的园区开发相关配套政策和税收扶持政策,与其他国家级开发区相比无法取得政策上的平等。此外,从政府对产业发展的影响来看,区级政府的政策运作空间较小,这在一定程度上制约了区级政府对产业发展的调控能力,也制约着产业发展规划的落实。所以,科技园的未来发展,需要进一步解放思想。根据《国家大学科技园认定和管理办法》(国科发高字[2006]487 号)、《国家大学科技园评价指导意见》(国科办高[2010]69 号)要求,全方位的梳理和利用国家、省、市各"条条块块"已出台的相关政策,并在区政府和学校力所能及的范围增补相关政策,通过完善政策体系,引导研发和产业要素集聚。

4. 支撑科技创新的公共服务平台不足,专业服务水平待提升

尽管科技园成立了南京理工大学科技园股份公司,实行管理运营人员职业化,为园区提供运营服务和为企业提供各类综合服务。但支撑科技创新的各种专业性服务显得分散和凌乱:来自南京理工大学和园区周边的高校与研究院所以及全国国防军工系统的科技成果没有专门的服务渠道与园区企业对接;产业投资渠道单一、投资数额小、资金短缺,科技产业规模不大、科技成果转化率较低、优势产品少、盈利能力较弱等问题暴露了园区风险投资和金融服务水平还较低;白下区范围各种标准、计量和检测研究机构较多,但园区还没有整合资源建立相关的服务于企业技术创新的公共技术服务平台。此外,从园区围绕科技创新提供公共服务发展过程来看,我们的专业化服务水平还不高,缺乏既懂技术经济又懂商务和管理的复合型人才。

5. 各种软硬环境建设任重而道远

科技园地处南京市中心城区,属典型的都市型高科技园区,应以总部经济、研发和各种"轻软"产业发展为本。这不仅要求有国际国内先进水平的研发载体和承载核心技术的行业核心零部件、分系统产品制造载体,还要有大量可柔性供给的高素质、有技能的廉价劳动力;不仅要有完善先进的基础和市政设施,还要有体现创新文化氛围的良好商务环境。目前,园区还缺乏世界 500 强投资的研发载体、龙头企业和众多国内有影响力的研发载体与企业,由于各种软硬环境建设和园区形象建设滞后,园区还缺乏一定的吸引力。

二、环境分析

"十二五"时期是我国全面建设小康社会的关键时期,是深化改革开放、加快转变经济发展方式的攻坚时期,深刻认识并准确把握国内外和区域经济社会发展形势的新变化和新特点,是科学制定国家大学科技园中长期发展规划的前提。

（一）发展创新型经济，转变经济发展方式

随着全球经济发展环境进入后金融危机时期，伴随着大宗商品价格上涨，国际流动性过剩现象还将持续，加上美国弱势美元政策的推行，中国面临的输入型通胀压力逐步加大。对此，我国政府将保持宏观经济政策的连续性和稳定性，并根据新形势、新情况，着力提高政策的针对性和灵活性；继续实行积极稳健的财政政策，加快转变经济发展方式，调整优化经济结构；积极扩大居民消费需求，着力优化投资结构，推动经济进入创新驱动、内生增长的发展轨道。

根据中共中央"十七届五中全会"精神，"十二五"期间加快转变经济发展方式，是我国经济社会领域的一场深刻变革，必须贯穿经济社会发展全过程和各领域，坚持把经济结构战略性调整作为加快转变经济发展方式的主攻方向，坚持把科技进步和创新作为加快转变经济发展方式的重要支撑，以提高发展的全面性、协调性、可持续性。为此，深入贯彻科教兴国战略和人才强国战略，发展创新型经济，建设创新型国家、创新型城市，成为提高地区产业结构竞争力，促进区域协调发展的首要任务。

（二）世界产业结构调整新特征：产业转移和集群式发展密切结合

新一轮产业全球转移的速度在加快、规模在扩大，呈现产业链条在全球范围进行配置的特征：产业转移层次提高，国际分工体系高度专业化，产业转移和集群式发展密切结合。

原来单个项目、企业或产业的转移日益转变为相关产业链的整体转移，有利于形成产业集群。技术、知识和资本密集型产业（包括现代服务业和先进制造业）正在成为新一轮产业转移的重点领域，在国外设立研发中心的跨国公司数量正在增多。由于，发达国家转移高新技术产业，以获取综合竞争优势为目的。因此，更注重东道国的投资软硬环境，特别是信息基础设施、技术、人才、研发配套能力和体制条件等。在全球化分工基础上的区域性产业转移势头强劲，区域经济集团化十分迅猛，其中投资便利化和贸易自由化协定极大地促进区域内资本流动和产业转移，而且跨国公司在产业转移中的主导作用更加突出。

（三）园区经济成为地区经济发展主导模式，大学担当起历史重任

2008年以来，中国经济如何转变过于严重依赖外需增长的经济发展方式，推动中国产业结构优化升级，成为"关系国民经济全局紧迫而重大的战略任务"，其中，通过发展园区经济，打造主导产业集群，形成地域经济发展的增长极，成为各地实现产业结构调整、改变增长方式的重要发展思路。中国园区经济是改革开放的产物，经历了二十多年的发展历程，从经济特区、到沿海开放城市、内地城市再到西部整体的全国开花的过程。而园区的类型，由经济开发区、高新技术开发区、出口加工区、保税区、物流园区等，逐渐向多功能、专业化发展。从园区的各项指标上

看，其已成为中国经济腾飞的中坚力量，成为地区产业和经济结构调高调优的主要抓手。

无论从历史发展的角度还是从工业化和现代化成功的先行国家发展经验来看，大学在地区乃至一个国家的文明进步中始终扮演着“先驱者”的角色，发挥着启蒙者、催化剂和推动性力量的作用，知识经济和新经济的发生和发动过程也如此，斯坦福大学和硅谷作为创新型经济的楷模，历经半个世纪而不衰，至今仍延续着产业经济发展的“神话”。所以，大学，特别是研究型大学，作为国家大学科技园的依托力量和核心，在发展地区创新型经济中将承担起历史赋于的重任。

（四）南京打造十大产业链和发展战略性新兴产业的基本态势

南京高新技术产业发展在提高质量、优化结构的前提下，始终保持着较快增长速度。“十一五”期间，为将南京建成“长三角先进制造业中心”，南京市政府颁布了《南京市工业十大产业链发展行动纲要》，重点发展平板显示、集成电路、通信、光伏、石化、汽车、钢铁、风力发电设备、轨道交通设备和电力设备十大产业链。经过五年的发展，南京的高技术产业已经形成平板显示、集成电路、光伏、通信、风力发电装备、轨道交通、电力设备等产业链雏形。南京市具有独特的科教文化资源优势，2009 年全年专利申请量达 14 220 件，同比增长 21.6%，其中发明专利 6 461 件，位居全国全省前列，科技资源优势使南京走上具有南京特色的创新和产业升级跨越道路。

随着国务院 2010 年出台《关于加快培育和发展战略性新兴产业的决定》之后，南京市委、市政府 2010 年 3 月 12 日印发《南京市推进科技创新，推动产业转型，发展创新型经济的行动计划》，明确提出产业转型“4＋8＋8”模式，即 4 大支柱产业提档升级、8 大新兴产业培育壮大、8 大现代服务业调整优化。其中，着力培育壮大的 8 大新兴产业主要指风电光伏装备产业、电力自动化与智能电网产业、通信产业、节能环保产业等将组合成 4 个千亿级的产业集群，此外还有生物医药产业、新材料产业、轨道交通装备产业等 4 个 500 亿元以上的产业集群，到“十二五”末，八大新兴产业总体规模要达 7 000 亿元。目前，南京市新能源、新材料、生物医药、新型光电、环保装备、航空航天、轨道交通装备、先进船舶制造八大新兴产业已全部走向了国际市场。

（五）国家科技综合体制改革试点城市建设助推科技园特色发展

“军民结合、寓军于民”是中央从国家战略高度为国防科技工业发展改革确定的重大方针，根本目的是促进国防建设与经济建设的协调发展，形成以军带民、以民促军、军民良性互动发展的局面。军民科技资源共享，是军民融合国防科技创新体系建设中需要着力解决的重要内容。原国防科工委《武器装备科研生产许可实施办法》《武器装备科研生产许可专业（产品）目录》《关于非公有制经济参与国防科技工业建设的指导意见》《深化国防科技工业投资体制改革的若干意见》《关于推进军工企业股份制改造的指导意见》《关于进一步推进民用技术向军用转移的指导意见》和《军民科技资源共享指导意见》等的颁布，在实验室等基础平台、大型科研设施、科技成果和科技文献、专利等方面，加大向社会开放的力度，充分利用民口科技设施与资源，提高资源共享和综合利用水平。原国防科工委一系列政策法规的颁布和实施，基本扫除了我国建立军民结合、寓军于民新体制的障碍。

在南京地区，现有国防科工委直属 7 所高校中的 2 所（南京理工大学、南京航空航天大学）；国防科工委下属 11 家军工集团中，有 7 家集团在南京设有下属单位 9 个，其中企业 4 家（金城集团、晨光集团、南京北方光电公司、宏光空降设备厂）、研究所 5 家（南京电子设备研究所、南京船舶雷达研究所、中国电子科技集团公司第 14 所、28 所、55 所）。南京军民两用科技的综合实力在全国同类城市中名列前茅。

随着《南京市推进国家科技体制综合改革试点城市建设实施方案》的出台和《南京国家科技体制综合改革试点城市建设任务分解方案》的贯彻落实，建立军民融合技术创新体系，发挥南京军工科技与产业优势，将南京理工大学国家大学科技园建设成为军转民和民进军特色优势的大学科技园，加大南京军民两用科技示范园的建设力度，提升军民两用技术创新服务水平，形成军转民航空、卫星通信、电子、装备、软件等产业集群，已成为南京市委市政府试点城市建设的目标。

（六）竞争中发展的科技园：高校服务社会的窗口和教育科技管理创新的先行区

教育部部长周济在《落实科学发展观，加强产学研合作，推动大学科技园发展》一文中指出，科技成果转化与产业化是我国高校发展的特色，中国高校发展科技产业是由国情所决定的：一是在我国目前特定的历史条件下，相当部分企业缺乏技术创新的能力。在这种情况下，高校具有非常巨大的发展空间，也是发展高校科技产业的一个重要机遇。二是目前国家对高等教育的投入非常有限，只能通过成果转化与产业化获得社会更多的支持。

高校对科技园的支持和推动作用主要表现在以下几个方面：(1)为科技园发展提供研发设施、技术支持和科技成果、科技人才、研发配套能力，推动科技园企业的技术创新与进步；(2)为科技园发展提供人力资源（如受过专业训练的大学生和研究生）；(3)为科技园的员工提供继续教育和专业培训；(4)能够在储备人才和创造良好的文化氛围方面发挥重要作用；(5)高校还发挥自身的信息优势，为企业的商务管理提供决策咨询。因此，科技园是高校服务社会的窗口和通道。高校在促进科技园发展的同时，其自身也在这种协作发展中受益：(1)科技园直接进入人才需求市场和高新科技研发市场，使高校与市场联结在一起，有利于高校深化教学改革，优化学科专业结构；有利于高校特殊人才的引进，提高研发水平，更好地服务于社会需求，使高校获得发展的新空间；(2)高新科技成果转化不是单纯的高校主体行为，科技园的出现无疑为推动高校科技成果的转化提供了一个重要基地和转化环境，有利于高校的科研成果产业化，推动高校走向产学研结合的发展道路；(3)增强高校的自我发展能力，改善高校的办学条件；(4)科技园由于有一套完整的科研开发机制以及风险投资基金的制度保障，吸引了一大批高校的师生进入这一领域，开展自主创业活动。这将激励高校师生勇于创新，自主创业，从根本上提高高校的素质和社会责任，推动高等教育的改革。

在南京创新型城市建设目标的推动下，以南京大学、南京工业大学、东南大学、南京理工大学的国家大学科技园为核心载体发展高科技实现产业化、引领科技进步和区域经济增长的产学研结合创新体系，出现了多模式、多路径、竞争发展的格局。如南京工业大学、东南大学、南京大学国家大学科技园分别参与的南京模范马路创新街区建设工程、中国无线谷建设工程、南京生物和医药谷建设工程，已经拉开了各高校依托国家大学科技园，彰显自身学科专业优势、研发能力和办学条件，服务社会和融入地区经济发展的竞争大幕。

(七)麒麟生态科技新城建设:科技园发展的新机遇

人类追求与自然和谐共存和共同进化，追求经济社会可持续发展的理想，随着全球密集创新时代的来临，在以人为本、创新驱动的科学发展观指导下，在新一轮产业革命的前夜，承载区域经济未来和公众期望的城市建设正快速驶向信息化、数字化、智能化、生态化的智慧城市发展轨道。南京麒麟生态科技创新城的建设不仅展现了南京未来城市建设的崭新理念，也使南京创新型城市建设向前迈进了一大步。根据规划，麒麟生态科技创新城将建设以科技研发为主导、多功能复合的新城区。围绕完善创新价值链，新城区建设将体现出“创新、集聚、孵化、辐射、示范”五大功能并按照集聚“高端技术、高端产业、高端客户、高端人才”的要求，重点抓好科技创新核心区的规划建设，先期启动一批科技与产业对接平台的建设和入驻。立足科技创新和重大科技成果转化，完善和强化创新激励、成果转化激励、创新项目输出激励等一系列激励机制，建立麒麟生态科技创新城与产业园区联动发展机制，全力为全南京各产业园区提供优质高端产业化大项目，力争将麒麟生态科技创新城建设成为长三角区域科技研发、成果转化、创新型经济建设的先导区和示范区，成为国家一流的创新中心。

城市产业结构和城市功能之间联动效应的存在，促使城市通过产业结构调整和产业空间布局的优化来重塑城市功能，反过来，城市功能的调整也必须通过产业结构的调整和产业空间布局来实现。麒麟生态科技创新城的城市功能定位促使其必须通过调整现有产业结构，重构与城市中心区相匹配的产业体系和产业空间，这必将为毗连的我校科技园带来难得的发展机遇。

三、指导思想、发展思路和战略定位

（一）指导思想

贯彻党的十七届五中全会精神，深入实施科教兴国战略和人才强国战略，以把南京理工大学建设成为国际知名的一流研究型大学为导向，以国家大学科技园作为我校教育和科技体制机制改革创新的先行区、作为我校发挥学科专业优势和科技创新能力服务地方经济建设和社会发展的窗口和通道，以市场配置资源为基础，以营造园区环境为重点，以技术和制度创新为保证，引导和强化各类创新资源向国家大学科技园集聚，把国家大学科技园建设成为自主创新的重要基地、产学研合作的示范基地、高校师生创业的实践基地、战略性新兴产业的培育基地；建设成为我校技术转移和科技成果转化、创业企业孵化、创新创业人才培养的综合性科技创新平台。通过国家大学科技园的建设和发展，增强我校的自我发展能力、改善我校的办学条件、促进和带动我校的学科发展和结构优化，使国家大学科技园成为实现南京理工大学可持续发展的重要支撑。

（二）发展思路

科技园坚持“校府共建”的发展模式，遵循“高起点规划、分步骤实施、滚动式发展”的建设原则，按照“依托大学、政府支持、市场化运作、企业化管理”的管理思路，理顺、协调和密切学校国家大学科技园、产学研基地管理办公室和技术转移中心三个学校科技创新管理机构之间的关系，依托学校优势学科专业和高技术研发资源禀赋丰裕的领域和方向，充分发挥学校学科型公司在凝聚人才、项目决策、教学与科研管理创新、科技成果产业化、“官产学研金”密切合作平台和创新资源集中与扩散的枢纽作用，全方位统筹、整合和集聚学校内外科技创新要素和资源，运用技术链和产业链交互效应原理和知识溢出诱导研发与产业载体间互动正反馈机制，推动科技园军民融合型创新体系建设。

通过梳理、利用、增补和完善政策体系，创造优良的园区创新环境；通过在园区创新链上完备配置服务体系和强化服务，促进园区内外多元主体之间创新网络的生成、互动和发展；通过园区服务载体的专业化和服务体系的网络化建设，逐步实现服务载体的自主经营和自我发展；通过创业资本与科技创新有机结合的资本导入、放大、退出的投融资机制建立，突破中小型创新企业融资难的瓶颈；从而真正把我校和周边的科技优势通过国家大学科技园转化为南京或周边地区的经济发展优势。

大学科技园通过准确的战略定位，诠释都市型高科技园区的特点和发展内涵，在空间上实施一区多园多基地扩展模式，进一步加强和完善“四园合一”园区内商务环境和基础与市政设施建设，在未来的中长期发展过程中，达到园区形象鲜明，产业特色突出，低碳、生态、智能和优美的工作与生活环境建设要求，并实现与麒麟生态科技创新城的功能定位的协同和地理空间的衔接融合。

（三）战略定位

南京理工大学国家大学科技园是国家和南京市创新体系的重要组成部分，承担着能为区域经济发展需要提供成熟的高端技术和产业化项目、高层次的技术、经营和管理人才、科技型中小企业的综合性孵化器建设职责。具有充分利用高校的人才、学科和技术优势，根据国家重大需求、区域高创新率的主导和新兴产业发展需求、军民融合产业发展需求，运用产学研结合和产业技术创新联盟的方法与手段，通过创新链载体建设和运营，加速高校技术转移和科技成果的转化与产业化的功能。建设科技园的直接目标是实现创业园、南京市各产业开发区、南京理工大学在江苏各地区的产学研基地对传统产业技术升级和战略性新兴产业发展所需的成熟技术、产业核心技术和高端产业化项目的有效供给。

国家大学科技园将在技术转移能力上实现与学校技术转移中心的对接；在有效供给南京理工大学在江苏各地区的产学研基地所需的成熟技术、产业核心技术和高端产业化项目上实现与学校产学研基地办公室的对接。建立实施信息和项目共享与遴选的优先机制和保障措施，提高我校技术转移和科技成果的转化与产业化、服务地方经济发展的整体效能和效率。

四、园区功能和中长期发展目标

（一）园区功能

一流的国家大学科技园是一流大学的重要标志之一，是高等学校科技成果转化与产业化的重要通道，主要功能是充分利用高等学校的人才、学科和技术优势，孵化科技型中小企业，加速高等学校科技成果的转化与产业化，开展创业实践活动，培育高层次的技术、经营和管理人才。大学科技园应建立适应社会主义市场经济的管理体制和运行机制，通过多种途径完善园区基础设施建设、服务支撑体系建设、产业化技术支撑平台建设、高校学生实习和实践基地建设，为入园创业者提供全方位、高质量的服务。园区致力于高新技术项目的研发与孵化、高新技术企业的培育与孵化、高新技术成果的辐射与转化、创新与创业人才的培养与培训。南京理工大学国家大学科技园的基本功能定位在企业孵化、知识创新、人才培养与集聚和成果转化四个方面。

1. 具有企业孵化功能

大学科技园是一种特殊的孵化器。英国前首相撒切尔夫人说过："科学园是孵化场，不但要在这里孵化小鸡，将鸡养大，而且要使其中一些成为能下蛋的鸡。"通过建立完善的支撑服务体系，为科技人员及其科技成果、项目的转化和产业化提供适宜的生长环境和全程化、多方位的科技服务,使企业减少初始投资,降低成长风险。

一是扶持初创的高科技企业。初创的高新技术企业一般拥有专有的知识技能,但由于其处于成长期,难以形成具有号召力的企业形象和声望,也就不足以保证企业的生存发展,因而其未来往往具有高度的不确定性。大学科技园可以在制度和政策上为企业发展提供良好的环境,针对初创企业内在的薄弱环节,通过一系列管理支持和资源网络,降低高科技企业的创业成本,帮助和促进企业的创建、成长和发展,把初创企业孵化成为具有一定市场竞争力的成熟企业。

二是创建高科技企业。企业核心能力的重要组成部分是核心技术,有巨大市场潜力的科技成果是形成核心技术的基础。大学科技园在拥有了此类科技成果之后,可以利用相应的资金、人才等资源在这些科技成果的基础之上创建高科技企业,培养企业的核心能力。

2. 具有知识创新功能

南京是全国的重要的教育、科研和文化中心之一,汇聚了众多实力雄厚的科研机构和知名的大专院校,也是全国人才最为密集的城市之一。作为中心城区,白下区的科技力量雄厚,区内有南京理工大学、南京航空航天大学、省委党校、金陵科技学院以及28所、55所、63所、60所、8511所、农科院、农机所等多家大专院校和科研院所,具有中级以上职称的专业人才6万人,因此,具有明显的人才优势和知识创新优势。白下区完全可以以科技园和都市工业园为载体,充分发挥人才优势和科研优势,促进知识创新,大力发展集项目孵化、研发设计、成果转化以及加工制造为一体的特色高科技产业,努力成为南京市知识创新和科技成果转化的重要功能区。

3. 具有成果转化功能

在传统模式下,大学的科技成果往往通过技术转让等方式导入企业,这种方式呈现静态、间断的特征,一般只适合于应用已成熟的技术,难以导入体现在成果开发者身上的技术诀窍、经验等隐性技术,而这些隐性技术往往决定着成果转化的成败。大学科技园正好为大学科技成果导入企业提供了一个有效的平台和界面。大学科技园依托大学和科技园自身研究开发方面的优势,通过鼓励和支持大学师生或校外人员把实验室研究的成果和创新项目带到园区进一步研究开发,实现科技成果的“本土移植”,使大学的创新成果能够以最快捷的方式实现转化和产业化。

大学科技园的成果转化功能主要通过三种途径实现。

一是将科技成果直接应用于园区企业。进入大学科技园创业的企业,一般都有很强的技术需求,所以对于相对成熟的科技成果可以直接在企业进行试验和应用。这种做法不仅可以缩短科技成果的转化周期、降低企业研发成本,而且因为研究人员能够非常方便地直接参与到企业工作当中,可以大大提高科技成果产业化的成功率。

二是通过园区内的研发机构转化科技成果。社会上很多企业为了得到高校的技术、人才支持，往往都在大学科技园内建立起自己的研发机构。大学科技园可以根据企业的实际需求，为其推介高科技成果。在大学科研人员的指导、配合下，企业的研发机构将这些科技成果进行二次开发和产业化开发，最终实现科技成果的转化和产业化。

三是以科技成果为核心技术创建高科技企业。大学科技园对那些具有广阔市场需求潜力的科技成果，可以自行投资创建企业进行孵化。一旦技术成熟并基本形成稳定的产品，企业自然也就具备了较高的市场价值。大学科技园可以将技术和企业一同包装出售给社会上的大型企业，实现科技成果的转移和转让。在这一过程中，大学科技园根据自身的知识产权和先期投入的资金成本，获得相应的经济利益，开始新一轮的科技成果孵化工作。

4. 具有人才培养功能

21 世纪的知识经济时代，高素质的人力资本是市场竞争成败的关键。大学科技园能够实现人力资本的跳跃式增值，是以人力资源的优势来保障园区优势的。因此，人才培养功能是大学科技园的重要功能。

大学科技园对创新创业人才的培养包括三个方面。

一是面向创业者的培养。大学科技园孵化企业不仅仅是帮助其开发高技术产品，更重要的是要利用各类优势资源，为创业者提供面向市场学习经营、管理等方面的知识和参加实践锻炼的机会。在实践中不断地培育和造就拥有技术背景、擅长管理、熟悉市场经济运作的新型科技企业创新创业人才，尤其是培育能够适应经济社会发展和激烈市场竞争的优秀企业家和技术创新专家。

二是面向社会的人才培养。大学科技园利用大学丰富的教学资源，开办一些开放式的、适应市场经济发展和全球化趋势所需要的教育培训课程，通过集中授课、专家指导、实习观摩、企业诊断等形式，使自身成为指导科技型中小企业创业发展和培训高科技企业复合型管理人才的培训基地，成为高科技企业家的摇篮、创业者的乐园。

三是面向在校大学生的培养。大学的根本任务是培养具有创新精神和实践能力相结合的专门人才，而在这一过程中，“实践能力”是个薄弱环节。大学科技园的兴起，为解决这个问题创造了一定的环境、条件和平台，大学生可以在大学科技园这个平台上学习书本以外的知识，在实践中直接感受市场运行的一些规律，从而使自己初步掌握创新、创业和企业管理技能，为将来走向社会打下基础。

（二）中长期发展目标

1. 总体发展目标

南京理工大学科技园以转化科技成果、孵化高新技术企业、培养复合型人才为主要任务，采取多种激励措施和优惠政策，以专业的研发环境和服务体系对入园企业和园区内外予以服务。充分发挥政府、高校、社会多方积极性，努力把南京理工大学科技园建成人才、技术、资本、管理和服务等各类要素资源汇集、融合的平台，为国内外高科技人才提供优良的创业和发展空间，把国家大学科技园建设成为自主创新的重要基地、产学研合作的示范基地、高校师生创业的实践基地、战略性新兴产业的培育基地；建设成为我校技术转移和科技成果转化、创业企业孵化、创新创业人才培养的综合性科技创新平台；努力将南京理工大学国家科技园办成A类国家大学科技园。

南京理工大学国家大学科技园的发展目标是：到2020年，园区累计投资总额150亿元；实现园区高新技术企业的技工贸年总收入超过100亿元，年利税达20亿元；累计建成50万平方米的孵化场地及附属设施；平均每年培育和孵化高新技术企业50家；孵化成功标志性高新技术项目200项；引进亿元以上投资项目20家，培育年总产值在10亿元以上的大型企业5家；园区内有多家高科技企业在海内外上市；形成若干个以专业特色为核心的中小科技企业集群；园区建设与发展水平达到国内国家大学科技园的一流水平；建设园区形象鲜明，产业特色突出，低碳、生态、智能和优美的工作与生活环境，实现与麒麟生态科技创新城的功能定位之协同和地理空间之衔接融合；经过5～10年的建设，南京理工大学国家大学科技园以开放的姿态寻求更多的国际合作发展机遇，使其成为南京东部地区的集技、工、贸于一体的综合性科技城，成为南京地方经济实现跨越式发展的新亮点。

2. 具体发展目标

第一阶段：初创期（2～3年）

重点建设南京理工大学科技园。

主要任务：研究大学科技园的发展战略，明确目标与定位；编制科技园建设与发展中长期规划和基本建设规划；基本完成南京理工大学科技园孵化器建设；研究探索大学科技园的管理体制、治理结构和运营机制；初步形成基础设施与房地产开发、创业与风险投资、技术创新孵育服务、企业经营、商务商贸资讯、金融、信息、咨询、中介代理、生活后勤服务、人才培训与交流服务等技术服务与转移体系、综合与创业公共服务体系；完成创新园和服务园区建设。

基本目标：建设10万平方米的孵化场地及附属设施；在孵企业达到100个；优势学科的重点实验室和工程研究中心导入孵化器；入园产业化项目20个；园区技工贸年总收入突破10亿元。

第二阶段：发展期（4～6年）

在与南京理工大学合作向更高层次发展的同时，积极寻求与南京航空航天大学、解放军理工大学等区内其他高校和研究院所合作、积极寻求与南京市各产业开发区、南京理工大学在江苏各地区的产学研基地合作，再建设几个新的孵化器。

主要任务：推动国家大学科技园发展模式从一校一园向多校一园转化、向园区一区多园多基地发展，建成布局合理的多个孵化器，形成孵化分散、产业集中、专业细分的发展格局；实现服务体系规范化、市场化、专业化、网络化连锁经营的模式；资本运作力求有所突破；产业化基地建设与开发形成166.6万平方米左右的规模。

基本目标：孵化场地及附属设施达30万平方米；在孵企业达到300个；入园产业化项目达到100个；园区技工贸年总收入达到50亿元，利税10亿元；力争科技园内有2～3个企业上市融资。

第三阶段：成熟期(7～10年)

主要任务：孵化器建设向专业化、国际化方向发展；积极寻求与国际资本的融合和交流；科技园区技术创新、产业布局、人才汇集、综合服务、生态环境达到国内一流水平。

基本目标：孵化场地及附属设施达50万平方米；专业化孵化器不少于10个；在孵企业达到500个；产业化项目达到200个；园区技工贸年总收入达到100亿元，利税20亿元；园区内多家企业在海内外上市。

3. 细分的发展目标

(1)打造良好的园区服务和运营环境；(2)园区要达到较高的创新绩效；(3)园区具有较高成果转化能力；(4)园区要具有良好的孵化绩效；(5)努力将园区建设成为人才培养与集聚的基地；(6)园区要对高校和地方经济做出相应的贡献(具体指标略)。

五、园区创新体系建设

(一) 园区研究与开发体系(包括孵化器建构)

南京理工大学科技园以四园合一的区位优势，集中优势学科和研究领域，利用南京理工大学的优势学科专业、人才、技术、信息、实验设备、文化氛围等综合资源优势，通过包括风险投资在内的多元化投资渠道，在各级政府政策引导和南京理工大学的支持下，在园区建立研究与开发体系和孵化器。

(1) 将南京理工大学内的优势学科专业，如通信与信息系统、光学工程、电磁场与微波技术、模式识别与智能系统、计算机应用技术、军事化学与烟火技术、材料科学与技术、环境工程、纳米与亚微米技术及应用、特种能源工程与烟火技术、机械电子工程等学科专业研究院所的有关重点实验室和实验室引进园区，使园区形成一定的基础研究和应用基础研究条件和氛围。

(2) 将在国家、行业和地方已形成影响的、研究开发队伍比较完整的工程技术研究中心，如国家特种超细粉体工程技术研究中心、药物中间体工程技术研究中心、电力废气污染治理工程技术研究中心、江苏省轨道交通电气自动化工程技术研究中心、江苏省片式元件与材料工程技术研究中心、材料评价与优选设计教育部工程研究中心、精细化工工程技术研究中心、高效传热工程技术研究中心、高聚物纳米复合材料工程技术研究中心、水处理工程技术研究中心、特种机器人工程技术研究中心等引进园区，形成众多专业技术创新平台(工程技术研究实验室)。在一定规模基础上，与地方政府、行业主管部门和企业共同建设若干高新(产业)技术工程研究院，围绕国家重大需求和区域经济产业结构，从事科技成果孵化、转化、工程化，形成工程化、产业化人才引进和聚集的基地。鼓励有条件的工程技术研究实验室依托高新(产业)技术工程研究院，建立技术产品化的中试基地，进行运行机制创新，吸引企业研发机构就近落户或参与工程技术研究实验室运行，形成与基础研究和应用基础研究重点实验室的有机协同，在园区实现研发、转化、工程化的直接对接。

(3) 鼓励学校各学院和教师、科技人员成立学科型公司，发挥下述功能：①在入园的科技型公司从事开发研究和成果转化活动中，对开发和转化与学校优势学科关联度较强的科技成果时起到决策咨询的作用；②在园区重大的产学研合作中承担项目筛选和决策作用；③在园区以项目合作为平台实施股权化治理结构方案设计中特别是有风险投资方或战略合作伙伴参与治理结构时，学科型公司受托作为中间方，有义务促成利益均衡的方案达成；④学科型公司作为学校与园区共同发展的桥梁和纽带，发挥科技资源汇集和扩散的功能，也是引进和聚集学科专业人才的高地，因此，它要具有和发挥学校教学、科研、产业协调运行和发展的制度创制和政策实验区功能。

从南京地区科技创新资源和产业发展资源优势领域和方向分析，“十二五”期间围绕科技发展重点领域包括通信系统、智能与轨道交通、先进制造、制造业信息化共性基础、创新药物与中药现代化、新材料与新能源、软件系统集成、生物、生态资源与节能等领域中的关键技术进行研发，特别针对新型显示器件、智能与轨道交通、电力系统自动化、新型医疗器械、半导体照明材料、太阳能光伏、纤维增强材料、多孔陶瓷、高分子材料等专业技术。

以上研究院所、重点实验室、实验室、工程技术研究中心、工程技术研究实验室、高新(产业)技术工程研究院和学科型公司构成大学科技园孵化器组成部分的主体和核心。此外，企业研发机构、校企合作研发机构、大学生创新创业实习实训基地、一定规模的孵化场地和办公用房、公共技术服务平台(如测试中心、信息中心等)等，共同构成完善的大学科技园孵化器的硬件建设。在大学科技园研究与开发体系建设时，将多学科集中在一个区域空间中，学科交叉是产生新学科的源泉，是获得原创性科学成果的重要途径，在发挥传统优势学科的基础上，积极进行学科交叉，为原始创新和集成创新创造条件。

大学科技园孵化器的软件建设涉及基础商务服务(工商注册、税务登记、财务咨询代理、法律事务、会计审计、资质认证、信用等级评定等)、中介服务(如人才服务、专利服务、技术产权交易、资产评估等)、投融资服务(创业投资、种子基金、担保基金、政府各种支持资金、小额股权投资、小额贷款服务等)、市场推广服务(如市场调查、营销推介、广告、策划、会展服务等)、物业服务和公共服务(如政策供给、信息服务等)等。上述一些大学科技园孵化器硬软件建设将在后续专门章节予以规划。

国家大学科技园研发体系和孵化器主体规划布局在创新园中。

(二) 园区产业体系(包括产业链建构)

“十一五”期间南京以产业链建设为抓手,重点打造平板显示、集成电路、通信、光伏、石化、汽车、钢铁、风力发电设备、轨道交通设备以及电力设备十大产业链。“十二五”期间南京市在高技术新兴产业领域主要推动风电、光伏装备产业、节能环保产业、新材料产业、轨道交通产业、军转民产业和文化创意产业等的快速发展。

据此,国家大学科技园应围绕大力发展战略性新兴产业,占领产业链高附加值环节目标,结合南京理工大学国家和部省重点学科优势,主要在电子及通信产业的集成电路、电子器件和平板显示技术产品,汽车制造业中的机械和电子产品,光机电及装备制造业围绕风力发电设备、轨道交通设备、电力设备中的系统产品和核心零部件产品以及节能环保、新材料、军民两用、文化创意等产业的有关产业部门、领域和方向建构自己的产业体系。并通过对上述产业链和典型企业资源整合案例的详细分析,构造学校优势学科和研发领域所对应高技术行业的研发设计—中试基地—高端制造—制造服务业的相关产业链环。国家大学科技园构建产业和产业链体系的总体思路如图 8-3 所示。

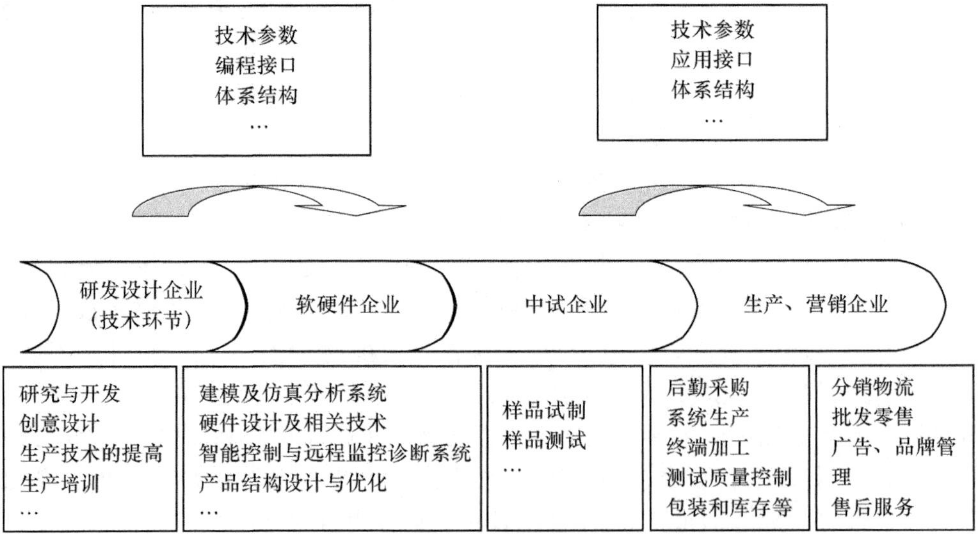

图 8-3 国家大学科技园构建产业和产业链体系总体思路图

（三）园区公共服务体系（包括技术转移和公共科技服务平台建构）

园区公共服务体系建设是完善大学科技园孵化器硬软件建设的组成部分，由园区创新链专业服务体系和园区综合管理服务体系构成，技术转移和公共科技服务平台的建构是园区创新链专业服务体系建设的核心。

1. 技术转移和公共科技服务平台建设

技术转移服务是科技成果转化服务的关键，其本身是体系化的服务，涉及针对园区科技创新领域和方向优势及产业特色确定的服务内容、技术评估、技术转移、项目认定、需求配对、政策咨询等。公共科技服务要根据园区科技资源整合能力，主要解决园区产业技术和产业创新过程中共性和关键共性技术的供给。

（1）技术转移服务平台体系

针对技术转移的体系化服务要求以及未来园区研发和产业体系的军民两用特色的要求，技术转移服务内容的主要组成部分是军民两用技术成果的转移。技术评估涉及技术经济和投资分析；技术转移、项目认定、需求配对涉及未来技术成果项目落地前的各操作主体筹集整合产业资源、利益均衡的达成。从强化军民两用技术转移直至军民结合产业化项目落地整个创新链完整配置相应服务单元要求出发，结合知识集成与成组相对完整性和实践过程阶段性划分的经验，技术转移服务平台体系由三个子平台组成。

① 信息交流服务子平台——由军民两用技术成果信息流程和扩散网络建构，包括承担政策咨询工作。信息交流服务子平台要不定期举办国内外不同学科领域的“专场沙龙”或“高峰会议”，为入园企业提供一个交流、沟通的网络信息平台，进行企业产品成果的推介、发布以及最新资源信息的链接等；不定期的组织入园企业参与其相应领域的国外专家学术交流、国内知名教授讲座等学术活动，并提供校内外其他各类讲座、研讨会、培训等方面的信息。

② 项目可行性与投资评估服务子平台——项目技术经济分析和评估工作流程和相关专业领域中介机构（如技术评估咨询等）集成构建。

③ 产权交易与资源协调服务子平台——“官产学研”产业资源整合过程与商务运作机构（如技术交易、知识产权服务等）集成构建，该子平台与园区综合管理服务体系中的为入园企业提供工商、税务、银行、海关、公安、市容、卫生、环保等部门服务的“一站式”服务平台相衔接。

（2）公共科技服务平台体系

公共科技服务要为企业提供专业的科技服务、科技培训和科技交流等。南京市目前共有各类科技公共服务平台 78 个，其中国家级科技公共服务平台 3 个、省级科技公共服务平台 70 个，市级科技公共服务平台 5 个，平台的公共服务作用较好的为南京地区的科技创新、人才创业提供了基础条件支撑。从对南京高新技术产业发展现状和各类科技公共服务平台现有配置状况分析，目前光机电产业仍需建设高层次的专业性重点实验室，且光机电产业缺乏公共技术服务平台。电子信息产业在白下区只有一家科技公共服务平台（江苏省计算机系统工程测试中心），显然难以实现科技资源共享并支撑电子信息产业的快速创新需要。同样，栖霞、江宁区在平板显示、集成电路、通信等科技领域也缺乏科技公共服务平台。玄武区是集成电路设计制造的企业密集区，更应加强研发资源的共享，加快关键共性技术的扩散和应用。

国家大学科技园应在充分利用南京市公共科技服务资源的同时，要强抓机遇，围绕园区产业体系的产业技术和产业创新需要以及相应产业且园区周边尚缺的公共科技服务平台，相应的建立自己的公共科技服务平台。根据园区目前发展需要，应加快建设两类平台：

① 科技合作和人才服务平台——建立科技合作项目库和科技合作人才库；培养中青年行业技术带头人；建立科技人才与科技项目结合的人才引进机制和科技创新创业人才教育培训体系（如学校一些院系中专门为入园企业的员工开设研究生进修班，学习优秀者可通过国家统一考试取得硕士学位）；建立专项人才跟踪系统。包括为园区提供一般性人力资源服务。

② 基础条件服务平台——大型科学仪器设备的共享；科技文献、科学数据和研发项目文档数据的共享；基础计量测试子平台的建设和共享：比如以白下区内众多检验、计量、标准化科研院所为依托，建设标准研发和检验计量服务公共技术服务子平台，为各类研发活动提供检测、文献查询、技术标准等专业技术服务，为园区和全市高新技术企业专利和标准化战略实施提供支撑。

国家大学科技园要优先考虑以适当的合作形式向入园企业开放和共享南京理工大学的图书馆、重点实验室、工程技术研究中心、学科型公司等科技创新基础设施，充分利用现有设备、技术、人才为入园企业提供强大的科技支持和服务。学校内的高端精密仪器设备和成套科研设备等要通过制度创新，转移到国家大学科技园或开放为园区企业服务，通过服务社会，增加收益并补充日常设备仪器维护费用开支。

2. 园区综合管理服务体系完善

园区综合管理服务体系要能够覆盖基础商务服务（工商注册、税务登记、财务咨询代理、法律事务、会计审计、资质认证、信用等级评定等）、中介服务（如人才服务、专利服务、技术产权交易、资产评估等）、投融资服务（创业投资、种子基金、担保基金、政府各种支持资金、小额股权投资、小额贷款服务等）、市场推广服务（如市场调查、营销推介、广告、策划、会展服务等）、物业服务和公共服务（如政策供给、信息服务等）等，目前园区已入驻和建设了一些上述服务类型的机构，但系统性仍显不够；另外一些已经纳入技术转移服务平台体系和公共科技服务平台体系建设中予以规划，如中介服务（如人才服务、专利服务、技术产权交易、资产评估等）的一部分；还有一些是要完善功能的，如为入园企业提供的“一站式”服务平台要配置完整工商、税务、银行、海关、公安、市容、卫生、环保等部门的服务功能；最后是要在国家大学科技园已规划的综合服务楼宇建设和功能定位基础上补充新建一些服务平台。

(1) 服务园建设规划

服务园占地一万平方米，规划建设 12 万平方米的现代化综合服务楼宇。德兰大厦已建成并交付使用，星展大厦、必得大厦等楼宇将于 2011 年全部建成。项目建成后，将直接为园区高新技术企业提供完善的金融、信息、商务资讯、投资咨询、中介代理、人才培训等综合服务。

① 德兰研发大厦——项目位于服务园东部，占地面积 0.5 万平方米，建筑面积 2.5 万平方米，大厦建筑分为地上 12 层、地下 2 层，项目总投资约 6 000 万元，2009 年底建成并投入使用，用于科技研发孵化、商务楼宇办公。

② 必得科技研发中心——项目位于服务园中部，占地面积 2.1 万平方米，建筑面积 5.6 万平方米，计划 2011 年建成。建成后将成为集科技研发、综合培训、电子商务、商务办公、配套服务于一体的综合性设施。

③ 星展科技大厦——项目位于服务园西部，占地面积约 1.3 万平方米，建筑面积 3.4 万平方米，计划 2011 年建成并投入使用，建成后用于科技研发和商务办公。

在上述服务园规划基础上，进一步强调综合服务体系的内涵建设和专业服务的体系化，为此，加快以下服务平台的建设和完善。

(2) 投融资服务平台建设

国家大学科技园积极打造投融资服务平台，提供全方位的金融服务。金融服务机构是为创新主体疏通融资渠道、筹集资金、投资评估、投资担保，提供金融服务的机构包括银行、风险投资机构、投资咨询评估公司等机构。提供的服务主要包括：为企业寻求战略投资者、风险投资人，提供创业投资、种子基金、担保基金、政府各种支持资金、小额股权投资、小额贷款服务等；为企业寻求间接融资，提供财务咨询，帮助潜力企业上市；为初创企业提供管理咨询、融资咨询，编制商业计划书；代理企业申请政府各种支持资金，如中小企业创新基金、火炬计划项目等。

为解决创新企业对资金的需求，大学科技园将出资建立小额担保公司对企业进行资金提供，对于一些好的项目，大学科技园将自己进行股权投资。在企业发展到一定阶段后，大学科技园将联合相关银行为有需求的合格企业进行类似集合票据的融资服务；对于那些业绩和利润符合新三板上市的企业大学科技园将积极为其牵线搭桥扶植其上市。大学科技园将倾力搭建真正的投融资平台，并与地方政府和有关机构协力解决创新企业融资难问题。

为了解决园区建设和资金紧张的情况可吸引社会资金进入，给予其选择项目和企业的优先权，以解决孵化器内企业融资难的问题。此外，要投资中小企业，鼓励民间资本投资中小企业。借助园区的优惠政策吸引高新技术企业进入大学科技园，提高园区的影响力和土地利用率，达到“以园养园”的效果。

（3）电子政务平台建设

建立电子政务系统，这个系统要包括电子政务、企业门户、网络社区三个主要平台，实现内部办公自动化和面向园区全体企业的交互式网上办公，将园区用户建立在一个强大、安全的网络基础设施平台上，使政务、商务、科教、社区等各个方面全面实现信息化服务，如图 8-4 所示。政务平台实现园区介绍、机构职能、流程介绍、政策法规、公告信息、智能导航、在线帮助等信息的查询，包括对公开信息的采集、录入和发布等，发布信息的增加、更新、修改、删除均是通过后台进行动态管理。建立适应网络社会的“一网式”“一表制”新模式，为园区企业提供高效快捷、规范透明的现代化管理与服务。

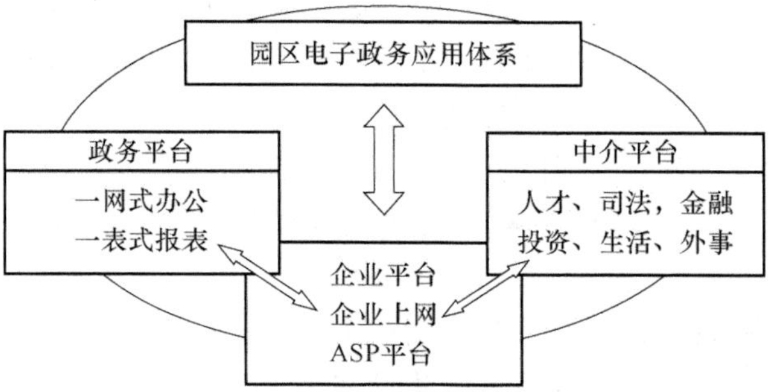

图 8-4　园区电子政务应用体系图

① 网上办公平台

网上办公平台包括交互式网上办公平台、具体流程网上申报审批、一表式申报实现、网上政务信息公开四大功能模块，涵盖科技局、国税局、地税局、统计局等政府机构管理和审批内容，实现园区管委会内部办公自动化和与企业的交互式网上办公。基于该系统，企业办事人员可在办事人员平台上进行用户注册、密码修改、项目网上申报、项目网上审批、审批表格下载、查询项目审批情况、使用一套报表等一系列工作，从而完成网上申报、状态查询、质疑处理等多种工作事项。园区电子政务系统涵盖管理部门，实现园区政府管理和服务的全过程上网，企业可以通过该系统得到管理单位提供的“一站式”全套服务，缩减业务处理环节。园区和政府工作人员也可以基于该平台完成审批处理、超时处理、催办处理、自动回复、自动驳回等企业管理和服务工作，其中包括内资、外资、合资（合作）新技术企业的入园审批、年审复核、新产品认定、新技术收入申报审批、企业报表等业务的网上审批申请。

② 企业门户平台

建立企业门户平台，以大型门户网站为基础，以为企业提供不同层次的建网和市场推广服务为基本功能，融合企业邮箱、搜索引擎等工具，以电子黄页为发展雏形并组合数据库应用服务（产品报价、供求信息等数据库应用）所形成的具有电子商务功能模块的信息发布交流平台。目标为园区企业提供全方位的服务，包括构建企业的门户网站，展示产品、分类查询，共享相关资源信息及企业间通过 BBS 在线交流。企业门户平台包括会员管理、首页、企业黄页、商情快递、产品展厅、在线推广、企业动态、企业邮箱、企业论坛等栏目。

③ 网络社区平台

建立网络社区平台，即围绕高新技术产业建成的服务社区，主要包括人才社区、投融资社区、法律社区、培训社区、税务社区、生活社区等等。这些社区整合政府、企业、个人、中介的潜在资源，通过搭建网上信息交流的平台，最终促成四者之间的相互交流和资源的合理利用。人才社区是园区政府利用网络信息技术搭建的信息交流平台。该平台整合本地区企业的人才需求、人才的就业需求和中介机构的人才服务资源，人才社区有人才交流中心等多家专业服务机构提供的信息和服务，实现企业、政府、中介互动，全面提升园区竞争力。科技人才、企业、中介都可以随时获得信息，并通过相互的沟通，寻找自己需要的资源。实现网上有充分的信息交流，网下有实体人才服务机构提供实实在在的服务。

（4）物业服务平台

针对园区企业的各种需要，在公共绿化、公共卫生、保安服务三项现行基本性服务项目基础上，将提供以下部分有偿服务项目：

① 室内设施、设备维修和室内绿化养护服务

针对用户对单元内装修设施与机电、空调设备进行维修，满足用户对室内绿化及植物摆设养护的特别需求。

② 室内各项清洁保养

包括地毯清洁、石材抛光打蜡、玻璃窗清洁、清洗沙发、清洁办公家具等服务内容。

③ 商务中心服务

提供中英文打印、接发传真、翻译；代订车、船、机票和各类演出活动票；代为联系旅行社、收发包裹邮件、代办保险、文件装订、车辆保养、年检等服务。

④ 商务会议及会务服务

提供策划、组织、联络、场地预订、现场布置、设备租用、餐饮配备、礼仪服务等服务。

⑤ 房屋租赁管理服务

提供房屋租售代理、房屋的转让、出租代理、代收租金等租赁管理服务。

通过园区创新体系建设，以完善创新价值链为宗旨，营造局部优化环境，并把南京理工大学和南京市相关科技资源有效导入国家大学科技园。在集中整合发展

的同时,加快吸引、聚集国内外著名研发机构,科技研发型企业进驻园区发展,实现国家大学科技园的创新功能、孵化功能、聚集功能和辐射功能。

六、大学生创新创业基地建设

国家大学科技园是国家创新体系的重要构成和自主创新的重要基地,是高等教育体系的重要组成部分,是产学研结合和培养创新创业人才的重要平台,对高校大学生进行创新和创业教育,是高等教育适应当代经济发展趋势的内在要求。创新创业教育的目的在于激发学生的创业意识,传授相关的创业知识,培养学生的创业能力,降低学生的创业风险。而创业教育的关键就在于理论与实践相结合,针对这一特点,充分利用大学科技园丰富的创业资源和广阔的实践基地,承载先进的创业教育理念和营造完善的创业教育体系,与学校形成教育合力联动培养创新创业人才。同时大学生创新创业基地的建立,也是聚集大学有知识和技能人力资源的有效措施,有助于高校知识和技术向大学科技园的传播,有助于大学科技园中科技型企业劳动力的柔性供给和降低企业经营成本,从而提高园区企业的竞争力。

(一)创新创业理论与实践教育的优势

创新创业理论教学是创新创业教育体系中的基础环节。南京理工大学可积极开发创新创业教材,如《职业生涯规划教程》《大学生择业指导》《大学生创业教程》《促进教学与时俱进》《创造学教程》《创业案例分析》《大学生创业与成功教育丛书》等系列教材 ,以及制定商业计划书和创业导师专题讲座等。依托国家大学科技园,各类理论教学变得生动而活泼,并紧跟时代的脚步。

提供真实的创新创业过程教育是大学科技园最大的教育优势。大学科技园创新企业成长的创业过程提供了最有说服力、最形象的教育环境,为大学生提供了最具教育意义的感性知识。大学科技园可以提供大量成功案例和失败案例作为启示性的教案,利用创业实例,剖析成果和创业原理,演示其生产制造或运营管理流程,把策划的思路和创业的历程整理成教案,对照现实的成功实体进行讲解或者对照失败的事例材料进行分析,给学生一个活生生的直面教育。

国家大学科技园建设大学生创新创业基地,创立学生科技研发区、技术服务区、营销服务区,为大学生创建专门的创新创业实习实训空间,组织学生到大学生创新创业基地实习,接受创新创业的真实锻炼和训练,亲身体验和经历创新创业的真实过程,加强他们对真实创业的感受,形成创业意识,和园区企业家展开合作,接受业务指导,总结经验教训,培养创业能力,提高适应未来创业实践的能力。

创业孵化服务工作是创新创业教育体系中最后一个环节,也是国家大学科技园必须具备的基本功能。大学生创业企业大多是处于创业初期的微型企业,无论在人才、资金、市场、管理等资源和能力方面都极端匮乏,需要倍加的培养和呵护。目前,国家大学科技园已构建、启动和正在完善政府为投资人服务、高校和科研院所资源共享服务、社会科技中介增值服务“三位一体”的科技创新创业服务平台体系。园区已成功导入会计、税务、法律、专利等社会中介机构和南京理工大学部分重点实验室、工程技术研究中心、信息中心、图书馆等共享资源为入园企业和创业大学生服务；学校也划拨专项基金，支持学生创新课题立项，通过完善的人才、资金、科研设施、资讯、成果交易、转化服务等科技创新要素市场化服务保障体系，可大大降低了创业失败的风险，提高大学生创业成功的概率。

（二）大学生创新创业基地载体建设和空间布局

大学生创新创业基地由培训中心、科技研发区、科技服务区、营销服务区、企业孵化区构成。培训中心设在科技园股份公司，与综合管理部合署办公，负责制定基地的相关政策，协调与学校教务和研究生管理部门的联系并共同制定大学生实践教学计划，对大学生创业团队和创业项目进行审核，指导入驻基地的大学生开展创业活动等；从物理空间上与科技园股份公司共同使用办公室、会议室和教室。科技研发区设在园区的创新园内，原则上入驻创新园的学校和企业或校企合作研发载体在不涉及国家保密和企业商业秘密的领域，均对学生开放，接纳创新创业项目和团队开展科技研发活动。科技服务区和营销服务区设在技术转移服务平台体系和公共科技服务平台体系相应的各平台以及服务园中相应具有技术和营销服务功能的机构。企业孵化区设在创业园中，提供一定的免费或低租金试用场地和厂房；场地内水电暖、网络、电话等设施齐全，相关费用按照一定标准给予优惠，为处在创业起步阶段的大学生节省资金，降低创业成本。

（三）大学生创新创业基地制度建设

（1）大学生创新创业基地学校和园区共同管理体制。成立基地管理委员会，委员会下设办公室和培训中心，办公室设在教务处实践教学办公室，指导大学生创新教育工作；培训中心设在科技园股份公司，与综合管理部合署办公。

（2）基地管理委员会的主要职责：一是针对学生创新实践的改革与发展提供咨询意见和合理化建议；二是审定各类学生科研训练项目，对创新创业实践教育体系重大改革措施、方案以及学术活动、学科竞赛等提出意见和建议。

（3）基地的科技研发区、科技服务区、营销服务区、企业孵化区中所属各学院学科专业的挂牌机构，由各学院负责基地日常管理工作，组织项目申报，指导学生开展创新性研究工作，并指定专人管理基地。支持学生开展科技活动，充分发挥基地的资源效益。

（4）基地坚持“自主、开放、创新”的原则，坚持学生为主体、指导教师为主导的培养模式，充分发挥学生自主学习与获取信息的能力；基地的所有资源，包括场地、仪器、网络资源、文献资料等，全面而有序地对学生开放；鼓励学生参与创新、竞赛等活动，激发勇于实践、勇于探索、勇于创新的兴趣，培养学生的创造力。

（5）各基地要根据各自特点，建立健全内部规章制度，重视和加强内部管理，重视学风建设和学术道德建设，加强数据、资料、成果的科学性和真实性审核以及档案管理。

(6) 实行登记制度，凡在基地做实验的师生应填写相关登记表。为了合理使用资源，课外教学或成批使用实验室设备仪器的学生，须提前预约。

(7) 培训中心定期开展培训指导工作。指导教师须由学术造诣较高、具有丰富教学经验、责任心强并至少具有副高级职称的教师担任，人选由所在学院推荐，教务处备案。指导教师应具有科研经历，具备开发设计创新实验项目(题目)的能力。鼓励有自主开发创新实验项目(题目)能力的博士、硕士研究生参加大学生创新创业实践教育指导工作。

(8) 培训中心指导教师的工作业绩考核由教务处和教师所在学院共同负责，教师完成的教学工作量纳入教师所在学院的教学工作量考核范围。

七、园区创新链载体建设与空间布局规则

科技创新理论和实证研究结论表明：地区科技资源(要素)丰裕度高的高新技术研发优势领域正是地区高新技术产业创新率高或产业创新率持续增高，创新产品销售利润率高的高新技术产业领域，两者之间显示出强的正相关性。这与产业技术和产品结构关联性准则的内涵是一致的，为在园区选择研发载体和产业载体建设提供了指导。其次，结合技术经济发展的长波理论，能够为技术进步的方向提供预测，从园区长期可持续发展的视角考虑，为在园区超前布局技术链研发载体提供了判断依据。同时，创新和知识溢出是趋于集中化的，企业获取技术的需求是企业进入园区发展的主要动机之一，所以研发聚集体知识溢出的水平决定诱导高技术企业进驻园区概率大小和成功率；而产学研合作研发的成功率和产业主体进入规模的扩大，会进一步刺激研发规模的扩大，从而形成研发集群与产业集群之间互动的正反馈机制。

(一) 园区创新链载体建设规则

国家大学科技园既是科技创新重要基地，又是促进科技与经济相结合的重要载体。如果将科技与经济结合的过程分为上游、中游、下游三个阶段，即“科研—开发—产业化”，大学科技园则隶属于中游阶段，它具有连接上游科研与下游产业化的显著功能，最主要功能体现在“开发”上，是加速科技成果向现实生产力转化的桥梁与纽带。所以，园区创新体系中研究与开发体系的“工程技术研究中心”有关载体建设的选择处于整个创新链载体建设选择的首位，它受下述 4 种决策变量的制约：①南京理工大学“十二五”重点发展的优势学科专业；②南京市“十二五”重点发展的高技术新兴产业中，在产业链上尚存的研发不足领域和方向，同时又处于产业链的战略环节；③学校建设的产学研基地(校地合作研究院)所在江苏各地区“十二五”重点发展的高技术新兴产业中，在产业链上尚存的研发不足领域和方向，同时

又处于产业链的战略环节；④上述产业链中行业龙头企业愿意合作建设的研发载体。

（二）园区创新链载体空间布局规则

就“科研—开发—产业化”这条创新链而言，在地域空间布局要遵循知识溢出的空间经济性原则，尽可能降低联系成本，提高研究与开发之间的转换效率和科技成果转化为生产力的效率。换言之，就是任意两个创新链上已被选择建设的载体在空间布局时，决策变量有两个，其决策顺序要看两个载体在“科研—开发—产业化”创新链上的位置，如果是顺序位置，则两个载体空间布局以直线距离最短为优；如果是非顺序位置，则以上游载体距下游直接用户载体直线距离最短的空间布局为优。

（三）园区“一区多园多基地”发展模式的建设规则

大学科技园在空间上实施一区多园多基地扩展模式时，新园区和新基地选址与建设的一般性原则有4个：①利用资源空间集中与通达性便利的原则；②地区知识系统与高技术产业系统交互原则；③R&D资源优先配置和技术链相对完备的原则；④获取技术劳动力和土地等要素相对价格优势原则。同时，要通过准确的战略定位，诠释建设都市型高科技园区和基地的特点和发展内涵。

八、园区周边商业环境和基础设施建设

1. 生活服务业空间分布

白下区月牙湖畔尤其是月牙湖东侧的苜蓿园街道的住宅区主要是20世纪90年代中后期开始开发建设的，居住环境较好，小区配套设施相对齐全，但是整体上看，商业等配套设施也比较缺乏，影响了城市居民的日常生活。在白下区南部的护城河沿岸、海福巷和绕城公路以外新开发的居住空间，这些居住小区多为2000年以后开发的新居住小区，小区环境相对较好。

餐饮企业大部分分布在中山南路、中山东路、王府大街、苜蓿园大街、建邺路和洪武路。其中餐饮业的龙头企业南京紫金向阳渔港酒店有限公司分布在苜蓿园大街。白下区还集中了一些老字号的餐饮企业，如太平南路的绿柳居等，建邺路虽然集中的餐饮企业数量最多，但是规模都不大。

白下区是休闲娱乐业发达的城区，主要集中在洪武路、中山东路、瑞金路、延龄巷、汉中路等路段。其中洪武路、中山东路、瑞金路聚集了众多南京市知名的休闲娱乐中心，如石鼓路酒吧风情街，洪武路的红粉佳人、麦乐迪，瑞金路的万紫千红娱乐有限公司等。

星级宾馆的分布比较分散，集中趋势不明显。主要集中在太平南路、中山东路、秣陵路、汉中路等。白下区旅行社数量众多，规模较大，分布也相对集中，主要

分布在中山南路、洪武路、建邺路、石鼓路、正洪街等道路上。尤以中山南路集中度最高，集中了5家主要旅行社，洪武路的东航国旅及春秋旅行社规模最大，建邺路的舜天旅行社、开元旅行社规模次之。

目前，白下区大力发展电子商务，扶持苏果网上电子商城、汇购信息服务平台建设；完成新百商店提档升级，推动友谊华联商厦整体改造。

2. 商务服务业空间分布

白下区以商务服务业著称，服务业门类齐全，包括工程技术与规划管理、咨询与调查服务、法律企业服务和管理服务等。企业数量多，并且拥有数个规模大、辐射力强的企业。

从行业的空间分布看，工程技术与规划管理业较为集中分布在中山南路、御道街、王府大街、洪武路、白下路。其中王府大街以南京市测绘勘察院为代表，中山南路以南京市建筑设计研究院为代表，丰富路的江苏交通工程咨询监理有限公司规模也较大，洪武路集中了6家大型工程技术与规划管理企业，集中度最高，但企业规模中等。

白下区咨询与调查服务业也呈现出集中分布的态势。中山南路、中山东路、太平南路、洪武路、正洪街集中分布了大量的咨询与调查服务企业。除了正洪街分布了2家咨询与调查企业外，其他几条路均集中分布了4家主要的咨询调查企业，就总体规模而言，中山南路集中的企业规模最大。

白下区法律服务业分布非常分散，但大多都分布在中心市区，特别是以新街口为核心的周边地区。代表性企业有洪武路的刘洪律师事务所及建邺路的天豪律师事务所。白下区的主要企业管理服务企业集中分布在中山东路、汉中路两条路上。白下区其他商务服务业企业也呈现较为明显的集聚现象，如中华路集聚了各类商务服务业企业5家，提供会展、咨询、报关等服务。

3. 金融业空间分布

以洪武南路为代表集中了多家中资银行的地区分行总部，形成了南京独有的金融一条街，中山南路也集中了中国银行等数家银行，成为南京金融保险机构数量最多的地区。目前，白下区出台《白下区现代服务业提速发展计划》，在产业和空间上加快现代服务业发展，杭州银行南京分行开业，英大泰和、十竹斋典当等保险担保机构相继落户白下区，并新组建两家小额贷款公司。

4. 拥有发达的交通、通信基础设施

白下区作为中心城区，起到区域内商流、物流、信息流集聚中心和辐射中心的作用，拥有一个较为发达的交通、通信体系，其经济发展也带动了整个区域的经济进步。白下区的交通、通信条件的配套，不仅使城乡之间的动态经济联系保持畅通，而且使栖霞区、玄武区、秦淮区和江宁区构成了一个密切联系、不可分割的集商品交换中心、金融中心、信息中心、科研中心为一体的综合性多功能经济区位。

九、园区发展的相关经济分析

依据白下区光华路段目前写字楼商业用房房屋租金标准，估算大楼房屋月租金为 35 元每平方米，鼓励校内人员或学生创业优惠月租金为 20 元每平方米。大楼共 8 层，每层面积为 3 800 平方米。大楼总投入约 1.3 亿元人民币。根据目前国家对高校产业园区评估指标体系，现有规模应配备相关管理人员 10 人，管理人员平均年薪 8 万～10 万，因此管理人员工资水平估算为每年 100 万元。房屋租金收入需缴纳营业税和教育费附加等，税率为 17.65%。现分别以各种情况进行经济盈亏测算。

（一）大楼 1-8 层全部向外进行正常招商出租，租金为 35 元每平方米，总投资额为 1.3 亿元，管理人员工资支出为 100 万元，税率为 17.65%。

1. 房屋空置率假定 50%，20%，0 的情况下毛利润和投资收益率测算情况如表 8-1 所示。

表 8-1　不同房屋空置率下的毛利润和投资收益率测算表

	房屋空置率 50%	房屋空置率 20%	房屋空置率 0
租金收入/元	6 048 000	9 676 800	12 096 000
营业税等支出/元	1 067 472	1 707 955.2	2 134 944
管理人员工资支出/元	1 000 000	1 000 000	1 000 000
毛利润/元	3 980 528	6 968 844.8	8 961 056
投资收益率/%	3.061 9	5.360 6	6.893 1

注：毛利润＝租金收入－税金－管理人员工资

投资收益率＝毛利润÷总投资额

2. 毛利润对房屋空置率的敏感度分析

空置率从 20%下降到 0 的毛利润变化率＝(8 961 056－6 968 844.8)÷6 968 844.8＝28.587 4%

敏感系数＝28.587 4%÷20%＝1.429 4

说明毛利润对房屋空置率是敏感的，公司为了提高盈利需要利用多种宣传方式积极进行招商宣传，以提高利润率。因为房屋出租率每提高 10%，毛利润可增加 14.29%。

3. 毛利润对租金的敏感度分析

租金提高 20%，即提高到 42 元每平方米，房屋空置率为 0 时，毛利润＝10 953 267.2 元

租金提高 20%的毛利润增加率＝(10 953 267.2－8 961 056)÷8 961 056＝22.231 9%

敏感系数=22.231 9%÷20%=1.111 6

说明毛利润对租金是敏感的，因为房屋租金每增加 10%，毛利润可增加 11.12%。

4. 静态投资回收期

第一年房屋空置率为 50%，第二年房屋空置率为 20%，第三年及以后房屋空置率为 0，总投资额 1.3 亿元，不考虑资金的时间价值，静态投资回收期为 T。

T=2+(130 000 000− 3 980 528−6 968 844.8)÷8 961 056=15.985 2(年)

（二）大楼中共 7 层向外进行正常招商出租，租金为 35 元每平方米，其余 1 层向校内大学生或科技人员创业优惠出租，租金为 20 元每平方米，税率为 17.65%。总投资额为 1.3 亿元，管理人员工资支出为 100 万元。

1. 优惠出租房屋空置率为 0，正常出租房屋空置率假定为 50%，20%，0 情况下毛利润和投资收益率测算情况如表 8-2 所示。

表 8-2　不同房屋空置率下的利润和投资收益率测算

	房屋空置率 50%	房屋空置率 20%	房屋空置率 0
租金收入/元	6 156 000	9 331 200	11 448 000
营业税等支出/元	1 086 534	1 646 956.8	2 020 572
管理人员工资支出/元	1 000 000	1 000 000	1 000 000
毛利润/元	4 069 466	6 684 243.2	8 427 428
投资收益率/%	3.130 4	5.141 7	6.482 6

注：毛利润=租金收入−税金−管理人员工资

投资收益率=毛利润÷总投资额

2. 毛利润对房屋空置率的敏感度分析

空置率从 20% 下降到 0 的毛利润变化率=(8 427 428−6 684 243.2)÷6 684 243.2=26.079 0%

敏感系数=26.079 0%÷20%=1.304 0

说明毛利润对房屋空置率是敏感的，公司为了提高盈利需要利用多种宣传方式积极进行招商宣传，以提高利润率。因为房屋出租率每提高 10%，毛利润可增加 13.04%。

3. 静态投资回收期

第一年房屋空置率为 50%，第二年房屋空置率为 20%，第三年及以后房屋空置率为 0，从第一年起优惠出租房屋空置率均价定为 0，总投资额 1.3 亿元，不考虑资金的时间价值，静态投资回收期为 T。

T=2+(130 000 000−4 069 466 −6 684 243.2)÷8 427 428=16.149 8(年)

（三）大楼中共 6 层向外进行正常招商出租，租金为 35 元每平方米，其余两层中层向校内大学生或科技人员创业优惠出租，租金为 20 元每平方米，税率为

17.65%；另一层不收租金，专门给予向学校进行教育捐赠的单位使用。总投资额为 1.3 亿元，管理人员工资支出为 100 万元。

如果单位向学校进行教育捐赠以抵免房屋租金支出，不需受所得税成本列支的限额规定。而且作为支持国家教育建设的公益活动行为，可以扩大单位社会知名度，同时也获得学校一系列的便利资源。作为学校如果接受个人或单位教育捐赠，国家可以进行 1∶1 教育费用的配套，不仅对教育事业发展有利，而且由于高校产业园区是学校的组成部分，也减少了应缴纳的营业税等税收支出，因此是个多方共赢的决策。

净收入＝(35×3 600×6＋20×3 600)×12×(1－17.65%)＋35×3 600×12×2＝11 206 296

毛利润＝11 206 296－1 000 000＝10 206 296(元)

投资收益率＝10 206 296÷130 000 000＝7.851 0%

注：此时把产业园与高校作为一个整体看待。

(四) 盈亏平衡分析

如果国家高校产业园为鼓励校内科技人员和大学生创业，拿出较大份额进行优惠出租，或者以捐赠抵免租金的方式，但同时考虑自身经济利益和投资产出，相关盈亏平衡分析如下。

1. 存在正常出租和优惠出租情况

拿出 1 层楼面即 3 600 平方米进行优惠出租的静态投资回收期为 16.149 8 年，因此假定投资回收期为 20 年，正常租金为 35 元每平方米，优惠租金为 20 元每平方米，正常出租的楼层数为 X，优惠出租的楼层数为 8－X，房屋空置率为 0，管理人员工资为 100 万元，总投资为 1.3 亿元。

$[35\times 3\,600X+20\times 3\,600\times(8-X)]\times 12\times(1-17.65\%)-1\,000\,000=130\,000\,000\div 20$

$X=3.388\,1$

在 20 年的回收期下，盈亏平衡点时正常出租的房屋面积 3.388 1×3 600＝12 197.16 平方米。其余可作为向大学生或校内科技人员创业的优惠出租。

2. 存在正常出租，优惠出租及捐赠抵免房租的情况

拿出 1 层楼面即 3600 平方米，假定投资回收期为 20 年，正常租金为 35 元每平方米，优惠租金为 20 元每平方米，正常出租的楼层数为 Y，捐赠抵免房租的楼层数为 7－Y，房屋空置率为 0，管理人员工资为 100 万元，总投资为 1.3 亿元。(注：以高校产业园作为独立主体看待)

$(35\times 3600Y+20\times 3600\times 1)\times 12\times(1-17.65\%)-1\,000\,000=130\,000\,000\div 20$

$Y=5.452\,0$　$7-Y=1.548$

在 20 年的回收期下，盈亏平衡点时正常出租的房屋面积 5.452 0×3 600＝

19 627.2 平方米，1 层 3 600 平方米作为大学生和校内科技人员创业的优惠出租，1.548×3 600＝5 572.8 平方米进行企业捐赠以抵免房租。

（五）股权投资形式抵免房租

对于高校产业园来说，仅仅依靠收取房租作为唯一主要收入来说是远远不够的，而且将会逐步丧失发展活力，最终的发展是渐渐走向衰败。要获得持续的增长率并且能够尽快收回投资额，对于园区内有广阔发展前景的企业，完全可以不收取房租，以股权抵租金，以风险投资的形式获得高额的股权投资收益。

（1）根据目前产业园内投资情况，假设项目投资成功率为 40%，投资失败率为 60%。如果投资失败则收益为 0，以 1 层房屋租金作为股权投入金额，6 层正常以租金 35 元每平方米出租，1 层以优惠租金 20 元每平方米出租，各项收益如表 8-3 所示。

表 8-3　投资收益情况表

	成功获得 2 倍收益	成功获得 4 倍收益	成功获得 10 倍收益
风险投资收益/元	120 960	241 920	6 048 000
租金收入/元	8 182 296	8 182 296	8 182 296
利润总额/元	7 303 256	7 424 216	13 230 296
投资收益率/%	5.617 9	5.710 9	10.177 2

（2）根据目前产业园内投资情况，假设项目投资成功率为 40%，投资失败率为 60%。如果投资失败则收益为 50%，以 1 层房屋租金作为股权投入金额，6 层以正常租金 35 元每平方米出租，1 层以优惠租金 20 元每平方米出租，各项收益如表 8-4 所示。

表 8-4　各项收益情况表

	成功获得 2 倍收益	成功获得 4 倍收益	成功获得 10 倍收益
风险投资收益/元	1 663 200	2 872 800	6 501 600
租金收入/元	8 182 296	8 182 296	8 182 296
利润总额/元	8 845 496	10 055 096	13 683 896
投资收益率/%	6.804 2	7.734 7	10.526 1

（3）根据目前产业园内投资情况，假设项目投资成功率为 40%，投资失败率为 60%。如果投资失败则收益为 50%，以 2 层房屋租金作为股权投入金额，5 层以正常租金 35 元每平方米出租，1 层以优惠租金 20 元每平方米出租，各项收益如表 8-5 所示。

表 8-5 各项收益情况表

	成功获得 2 倍收益	成功获得 4 倍收益	成功获得 10 倍收益
风险投资收益/元	3 326 400	5 745 600	13 003 200
租金收入/元	6 945 588	6 945 588	6 945 588
利润总额/元	9 271 988	11 691 188	18 948 788
投资收益率/%	7.132 3	8.993 2%	14.576 0

由以上分析可看出:

① 在投资失败情况下如果投资损失额较大时,需要获得成功的项目投资收益增长巨大,才能保持较高的投资收益率。

② 如果投资失败情况的风险适中,以股权形式投资抵免租金方式会大大提高投资收益额。

因此,作为高校产业园,仅仅是以收取租金使用方式与园区企业保持较为简单的"房东房客"式关系,将会大大延长投资回收期,且发展前景黯淡。而在提供好服务的同时积极以各种创新方式介入园区企业的发展,不仅可大大提高投资收益率,缩短投资回收期,同时也会使园区的发展前景更为辉煌。

参考文献

[1] 邱成利.创新环境及对新产业成长的作用机制[J]. 数量经济与技术经济研究,2002,(4).

[2] 张满银,杨丽芸,韩大海. 区域创新网络理论述评[J]. 当代经济研究,2011, (6):30-35.

[3] Huang Xichuan. Hi-tech Industries Entrance Motivation: Monitoring and Creation of Regional Innovation Environment-take the sci-tech resource spatial layout in the local government urban construction planning for example[A]. See: Universidad Nacional de General Sarmiento (UNGS). Proceedings of the 9th Globelics International Conference[C]. Buenos Aires: Universidad Nacional de General Sarmiento (UNGS),2011.

[4] 刘友金,刘莉君.基于混沌理论的集群式创新网络演化过程研究[J]. 科学学研究 2008,26(1):185-190.

[5] 杨震宁,吕萍等.企业入住科技园的动机及影响因素模型研究[J]. 科学学研究,2008,26(1):137-143.

[6] 黄西川等. 基于技术链与产业链交互效应的创新集群构建路径研究[A]. //

中国科学学与科技政策研究会. 第六届中国科技政策与管理学术年会论文集[C]. 北京:中国科学学与科技政策研究会,2010.

[7] 黄西川等. 产业集群化发展南京军工民用产业基地的路径与方法研究[R]. 南京市科学技术局技术报告 200802031,南京:南京理工大学,2010.